区域教育治理现代化丛书 / 总主编 卢晓中

2019年
广东省教育事业
发展统计分析

主 编 卢晓中 卢 勃
副主编 魏天翔 陈 斌

华南理工大学出版社
SOUTH CHINA UNIVERSITY OF TECHNOLOGY PRESS
·广州·

图书在版编目（CIP）数据

2019 年广东省教育事业发展统计分析/卢晓中，卢勃主编．—广州：华南理工大学出版社，2020.11

（区域教育治理现代化丛书/卢晓中主编）

ISBN 978－7－5623－6501－3

Ⅰ.①2… Ⅱ.①卢… ②卢… Ⅲ.①地方教育－教育事业－统计分析－广东省－2019 Ⅳ.①G527.65

中国版本图书馆 CIP 数据核字（2020）第 203186 号

2019 年广东省教育事业发展统计分析

卢晓中　卢　勃　主编

出 版 人：卢家明

出版发行：华南理工大学出版社

（广州五山华南理工大学 17 号楼，邮编 510640）

http：//www.scutpress.com.cn　E-mail：scutc13@scut.edu.cn

营销部电话：020－87113487　87111048（传真）

责任编辑：黄冰莹

责任校对：刘绮雯

印 刷 者：广州市新怡印务股份有限公司

开　　本：787mm×1092mm　1/16　**印张**：16.75　**字数**：292 千

版　　次：2020 年 11 月第 1 版　2020 年 11 月第 1 次印刷

定　　价：96.00 元

编 委 会

前　言

正如哲学家柏拉图所言：“今日之我已非往昔之我”。在中国经济飞速发展的今天，要想全面透彻掌握教育事业的发展变化，需要通过对教育数据的钻研和分析，进行全面呈现与深刻挖掘。在此背景下，广东省教育统计学会与华南师范大学区域教育治理现代化研究中心，以促进广东教育事业发展为宗旨，谨怀客观科学、严谨细致的治学态度，合作编撰此书，深刻反映2019年广东省各级各类教育的最新发展情况，为教育决策提供必要依据。

本书由六部分构成。第一部分概述广东省教育事业总体进展。第二至第五部分分述学前教育、义务教育、高中阶段教育与高等教育的基本情况。第六部分作为附录，将各级教育的相关数据以表格形式呈现出来，供读者查阅参考。

本书在编写中着力强调并坚持以下原则：

（一）数据来源客观真实

本书以广东省教育厅发展规划处2019年最新教育事业统计数据为参照，择取若干典型指标，较为翔实地反映了各级各类教育的规模发展及普及水平、办学条件变化情况、教师队伍发展情况等。

（二）文字与图表相结合的展示方式

通过文字、彩色图表等多种形式力图全方位、多角度展示2019年全省各级各类教育事业发展的基本情况、教育事业发展的新特点与新变化，客观清晰反映目前教育事业发展的事实，为教育规划发展宏观管理和相关研究提供参考。

（三）对比性强

本书除对教育事业发展情况进行层次区分外，还对区域、城乡、地市的不同发展情况进行区分，继而深入地比较分析，使读者对教育事业发展情况更加明了。

本书作出以下特别说明：

（一）划分为珠江三角洲、东翼、西翼和山区四地区。珠江三角洲指广州、深圳、东莞、中山、珠海、江门、惠州、佛山、肇庆；东翼指汕头、汕尾、潮州、揭阳；西翼指湛江、茂名、阳江；山区指韶关、梅州、河源、清远、云浮。

（二）农村如无特殊说明均为“大农村”概念，即指除“主城区”外的其他地区。

（三）指标口径：进城务工人员随迁子女和农村留守儿童受教育情况的统计，指经教育行政部门审批、备案的学校的数据。

（四）由于数值按四舍五入取值，部分指标百分比加总后可能不等于100%。

本书作为区域教育治理现代化丛书系列和广东省教育科研重大项目“广东省教育事业发展‘十三五’规划研究”的部分成果，得到相关资助和指导。特别感谢广东省教育厅发展规划处谢春艳处长等领导及专家对编写工作的大力支持与帮助。因数据量巨大，统计分析工作繁杂，书中若有疏漏谬误之处，敬请大家批评指正。联系电话：020－85217721，电子邮件：gdaoes@163.com。

广东省教育统计学会

华南师范大学区域教育治理现代化研究中心

2020年4月

目　录

第一部分　教育事业总体进展

2019 年，广东省各级各类教育蓬勃发展，教育公平进一步推进，入学机会继续扩大，教育质量逐步提高。学前教育规模有较大幅度增长，毛入园率上升较快；义务教育普及与巩固水平进一步提高；高中阶段教育规模略有减小，师资及办学条件进一步改善；高等教育规模增长较多，重点正转向结构优化与质量提高。

一、教育事业发展规划目标实现程度

教育事业统计数据显示，2019 年广东省各项教育事业发展顺利，《广东省中长期教育改革和发展规划纲要（2010—2020 年）》（下称《省教育规划纲要》）提出的后期（2020 年）发展目标实现程度较高，为未来《省教育规划纲要》的全面落实奠定了坚实基础。

1. 学前教育规模发展较快，后期普及目标提前实现

《省教育规划纲要》提出要基本普及学前教育，到 2020 年，普及学前三年教育，学前三年毛入园率达 100% 以上。

各地积极贯彻落实广东省人民政府《关于加快学前教育发展的实施意见》，实施学前教育三年行动计划初见成效。2019 年，学前教育规模达到 464.50 万人，为 2020 年规划目标的 165.89%；学前教育三年毛入园率达到 111.57%，全省规范化幼儿园占比达 74.89%，比上年增加 0.43%，学前教育公共资源得到有效扩大。

2. 义务教育普及水平保持高位，后期目标已基本实现

《省教育规划纲要》提出巩固提高九年义务教育水平。到 2020 年，全面提高普及水平，全面提高教育质量，基本实现区域内均衡发展，确保适龄儿童少年接受良好义务教育。

2019 年，义务教育阶段在校生为 1422.46 万人，为 2020 年规划目标的 122.63%，义务教育普及水平继续保持高位；小学学龄儿童入学率达

100.00%，初中（不包含职业初中）毛入学率为117.08%；小学五年保留率为99.93%，小学毕业生升学率为96.50%，初中三年保留率为96.44%，巩固目标基本实现。全省公办义务教育标准化学校覆盖率达97.14%，比上年减少2.21%。

3. 高中阶段教育距后期规划发展目标略有差距

《省教育规划纲要》提出要加快普及高中阶段教育，逐年提高高中阶段教育毛入学率，促进普通高中与中等职业学校规模相当，全面满足初中毕业生接受高中阶段教育的需求。

2019年，广东省高中阶段教育在校生规模为327.48万人，比上年增加2.77万人，比2020年规划目标少2.52万人，主要是由于高中阶段学龄人口增加，特别是中等职业学校在校生增加，比上年增加2.74万人。中等职业学校招生52.77万人，占高中阶段教育招生总数的45.21%；中等职业学校在校生143.74万人，占高中阶段教育在校生总数的43.89%。

2019年，广东省高中阶段教育毛入学率达96.69%，比2020年90%以上的规划目标高6.69%，后期目标实现度达107.43%。

4. 高等教育后期规划目标部分实现

《省教育规划纲要》提出高等教育大众化水平进一步提高，毛入学率达到50%左右。2019年，各种形式的高等教育在校总规模（不包含军事学校人数）达到325.08万人，为2020年规划目标的103.20%。普通本专科在校生为205.40万人，为2020年规划目标的95.53%，在校研究生12.96万人，为2020年规划目标的70.05%。

2013年底，根据2010年第六次全国人口普查数据，以及近年广东省高等教育发展情况，广东省教育厅向省人大提交了高等教育毛入学率规划目标值的调整修订建议。根据省人大常委会批准的广东省“十三五”规划纲要部分指标调整的决议，广东省高等教育毛入学率2020年目标值建议调整为50%。

2019年，广东省高等教育毛入学率为48.80%。《省教育规划纲要》教育事业规划目标实现情况见表1-1。

表 1－1　《省教育规划纲要》教育事业规划目标实现情况

类　别	《省教育规划纲要》目标			2019 年	2019 年目标实现程度（%）
	2009 年	2015 年	2020 年		
学前教育					
幼儿园在园人数（万人）	249.50	290.00	280.00	464.50	165.89
学前三年毛入学率（%）	77.30	全省 90，珠江三角洲发达地区 95	100 以上	111.57	123.97
九年义务教育					
在校生（万人）	1391.30	1170.00	1160.00	1422.46	122.63
小学适龄儿童入学率（%）	99.90	100.00	100.00	100.00	100.00
高中阶段教育					
在校生（万人）	377.90	440	400 左右	327.48	67.43
毛入学率（%）	79.90	90.00	90 以上	96.69	107.43
职业教育					
中等职业学校在校生(万人)	185.50	220.00	200 左右	85.97	42.99
高等教育					
在学总规模（万人）	208.30	286.00	315.00	325.08	103.20
在校研究生（万人）	6.60	12.00	18.50	12.96	70.05
普通本专科生（万人）	133.40	196.00	215.00	205.40	95.53
成人本专科生（万人）	46.30	58.00	62.00	93.15	150.24
毛入学率（%）	27.50	32.00	36.00	48.80	135.56

二、各级各类教育规模发展

2019 年，广东省共有各级各类学校 36 054 所，比上年增加 1277 所。其中幼儿园为 19 885 所，比上年增加 932 所；义务教育阶段为 14 277 所，比上年增加 360 所（小学为 10 565 所，比上年增加 257 所；初中阶段学校为 3712 所，比上年增加 103 所）；高中阶段学校为 1597 所，比上年减少 22 所（普通高中为1008所，比上年减少5所；中等职业学校为426所，比上年减少18所；技工学校为163所，比上年增加1所）；普通高等学校为154所，比上年增加1所；特殊教育学校为141所，比上年增加6所。

从学校层类构成来看，2019年广东省各级各类学校中，幼儿园占55.15%，义务教育学校占39.60%，高中阶段学校占4.43%，普通高等学校占0.43%，特殊教育学校占0.39%。

2019年，广东省各级各类学历教育在校生为2544.81万人，比上年增加109.35万人。随着教育普及程度的提高，学前教育阶段和小学教育阶段在校生规模持续扩大。受学龄人口变化影响，初中和高中阶段在校生随之减少。详见表1－2。

表1－2　2015—2019年广东省各级各类学历教育规模

单位：万人

年份	高等教育	高中阶段	初中教育	小学教育	学前教育
2015	272.51	322.62	355.32	868.88	402.28
2016	275.66	303.95	347.84	905.22	421.66
2017	280.58	288.65	356.10	941.96	441.41
2018	296.00	324.71	372.47	988.37	449.11
2019	325.08	327.48	389.03	1033.43	464.50

（1）学前教育规模有较大幅度增长。2019年，广东省共有幼儿园约1.99万所，比上年增加932所；在园幼儿园人数464.50万人，比上年增加15.39万人，增长3.43%。

（2）特殊教育规模有较大幅度增加。2019年，广东省特殊教育在校生为5.29万人，比上年增加0.50万人，增长10.3%。

（3）义务教育规模有所扩大。2019年，广东省义务教育阶段在校生为1422.46万人，比上年增加61.62万人；其中小学在校生为1033.43万人，比上年增加45.06万人，增长4.56%；初中阶段在校生为389.03万人，比上年增加16.56万人，增长4.45%。

（4）高中阶段教育规模有所增加。2019 年，广东省高中阶段在校生为 327.48 万人，比上年增加 2.77 万人；其中，普通高中在校生为 183.74 万人，比上年减少 0.03 万人，下降 0.02%；中等职业学校在校生为 143.74 万人，比上年增加 2.74 万人，上升 1.9%。

（5）高等教育规模有所增加。2019 年，广东省各种形式高等教育在校（不含军事学校人数）总规模达 325.08 万人，比上年增加 29.08 万人，增长 9.82%。

从教育结构看，随着各级教育规模的快速发展和普及水平的逐步提高，高等教育、高中教育、初中教育、学前教育、小学和特殊教育规模略有扩大。2019 年，各级各类教育在校生总数中，小学教育占 40.66%，高中阶段教育占 12.88%，高等教育占 12.79%，学前教育占 18.28%，特殊教育占 0.21%，初中阶段教育占 15.31%（图 1－1）。

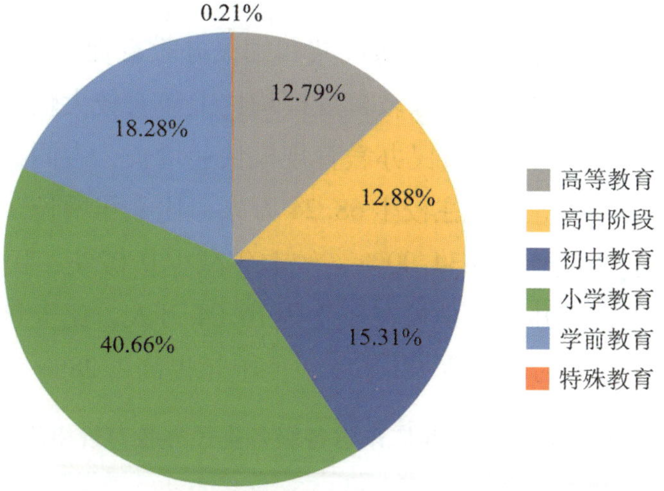

图 1－1　2019 年广东省各级各类教育在校生规模比重

各级教育普及水平不断提高，受教育机会进一步扩大。2019 年，学前教育毛入园率达 111.57%，比上年增加 0.9%；义务教育普及水平处于高位，小学学龄儿童入学率达 100.00%，比上年减少 0.03%；初中（不包含职业初中）阶段毛入学率达 117.08%，比上年减少 0.20%；高中阶段（不包含技工学校与成人高中）毛入学率达 96.69%，比上年增加 0.201%；高等教育毛入学率达 48.80%，比上年提高 6.4%（图 1－2）。

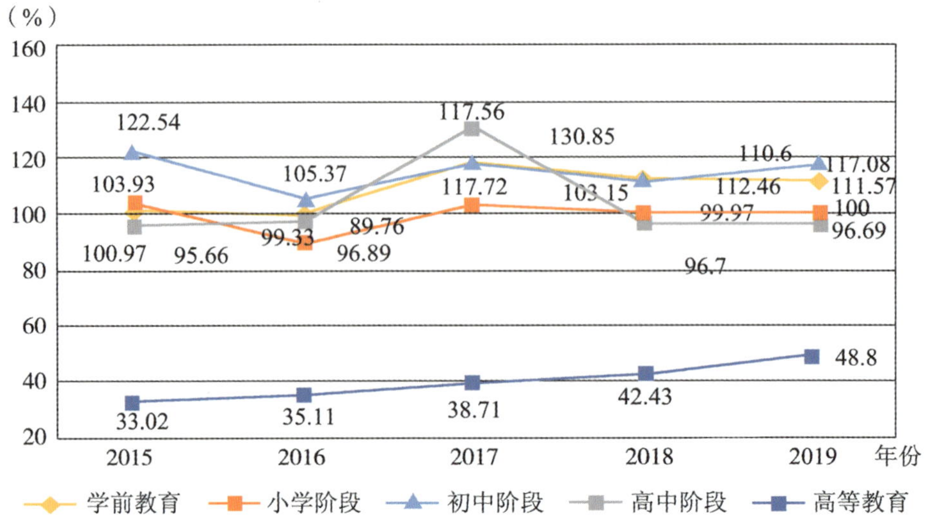

图1－2　2015—2019年广东省各级教育毛入学率

三、各级各类民办教育规模发展

广东省进一步贯彻落实《中华人民共和国民办教育促进法》及其实施条例，引导民办教育健康发展。各级民办教育规模均比上年有较大幅度增长，所占比重也进一步提高。非义务教育阶段民办教育规模快速增长，占同级教育的比重继续提高。2019年，民办高等教育在校生68.24万人，比上年增长2.19%，占广东省高等教育在校生总数的比例为34.00%，较上年减少0.02%，民办中职学校发展尤为迅速，2019年，民办中职学校在校生为16.04万人，比上年增加6.37%，占广东省中职学校在校生的比重达18.66%，比上年提高1.28%。

表1－3　2018年、2019年广东省各级各类民办教育规模及所占比重

各级教育	在校生规模（万人）		占同级教育的比重（%）	
	2019年	2018年	2019年	2018年
高等教育（不含成人）	68.24	66.78	34.00	34.02
高中阶段	41.02	37.96	15.21	14.04
其中：普通高中	24.98	22.89	13.59	12.46
其中：中职学校	16.04	15.08	18.66	17.38
初中	90.41	85.36	23.24	22.92
小学	228.55	221.99	22.12	22.46
幼儿园	327.14	313.05	70.43	69.71

四、各级各类学校办学条件

2019 年，随着教育经费投入与资源配置水平的提高，各级各类学校办学条件进一步改善。

1. 专任教师

2019 年，广东省各级各类学校专任教师数为 146.56 万人，比上年增加 4.90 万人。其中，特殊教育专任教师人数增长较快，由上年的 4842 人增加到 5326 人，增长 10.00%。

学前教育专任教师数比上年有所增长，为 30.80 万人，比去年增加 1.51 万人。

义务教育阶段专任教师人数有所增长。小学专任教师为 55.32 万人，比上年增加 2.29 万人，增长 4.32%；初中阶段专任教师为 29.16 万人，比上年增加 5182 人，增长 1.81%。

高中阶段专任教师人数比上年略有减少。其中，普通高中专任教师为 14.88 万人，比上年减少了 0.73%；中等职业学校专任教师为 4.40 万人，比上年减少了 0.01 万人，减少 0.23%。

高等教育专任教师有所增加，为 11.47 万人，比上年增长 5.99%（图 1－3）。

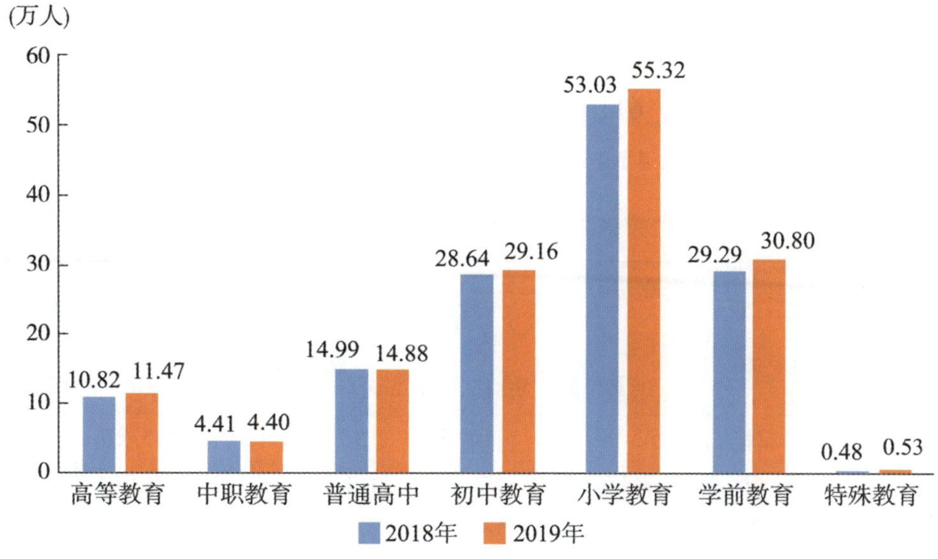

图 1－3　2018 年、2019 年广东省各级各类教育专任教师数

2. 校舍面积

2019 年，广东省各级各类学校拥有校舍建筑面积总量达 38 539.44 万平方米，比上年增加 2156.56 万平方米，增长 5.93%。其中，幼儿园和小学校舍建

筑总面积增长最快，增幅分别高达 8.75% 和 6.63%。见表 1-4。

表 1-4　2019 年广东省各级各类学校校舍面积情况

各级教育	校舍建筑总面积（万平方米）			生均校舍建筑面积（平方米）		
	2019 年	比上年增长	比上年增长（%）	2019 年	比上年增长	比上年增长（%）
普通高校	6183.57	317.50	5.41	27.85	0.94	3.49
普通高中	5369.21	161.94	3.11	29.22	0.88	3.11
中职学校	1659.94	36.10	2.22	19.31	0.59	3.15
初中	9896.26	605.09	6.51	25.44	0.50	2.00
小学	11 274.03	701.38	6.63	10.91	0.21	1.96
幼儿园	4156.43	334.55	8.75	8.95	0.44	5.15
合计	38 539.44	2156.56	5.93	121.68	3.56	3.42

注：普通高校和中等职业学校含独立产权和非学校产权独立使用两部分，仪器设备值等条件指标下同。

3. 教学、科研仪器设备资产值

2019 年，广东省各级各类学校教学、科研仪器设备资产总值为 1097.31 亿元，比上年增加 100.78 亿元，增长 10.11%。其中，普通高校和小学教学科研仪器设备资产值增长较快，比上年分别增长 14.52%、11.41%。普通高校、普通高中、初中、小学生均教学科研仪器设备资产值均比上年有所提高，分别为 17 732.42 元、6115.82 元、5526.14 元、2596.42 元，比上年分别增长 12.46%、7.50%、6.45%、6.55%。如表 1-5 所示。

表 1-5　2019 年广东省各级各类学校教学科研仪器设备资产值情况

各级教育	总值（亿元）			生均（元）		
	2019 年	比上年增长	比上年增长（%）	2019 年	比上年增长	比上年增长（%）
普通高校	417.21	52.90	14.52	17 732.42	1965.26	12.46
普通高中	112.37	7.86	7.52	6115.82	426.76	7.50
中职学校	84.42	-9.08	-9.71	9820.49	-960.85	-8.91
初中	214.98	21.63	11.19	5526.14	334.97	6.45
小学	268.32	27.47	11.41	2596.42	159.61	6.55
合计	1097.31	100.78	10.11	41 791.29	1925.75	4.83

注：普通高校和中职学校“总值”中含非产权独立使用部分，指学校租借用一年以上的教学科研仪器设备值，不含学校与其他单位共用的教学科研仪器设备值。

五、各级各类学校办学效益

2019 年，各级各类学校办学效益逐步提高，教师配置状况也有所改善。

1. 校均规模

2019 年，广东省初等、中等教育学校校均规模均有所变化。其中，小学校均规模为 978 人，比上年增加 19 人；初中（不包含职业初中）校均规模为 1048 人，比上年增加 16 人；普通高中校均规模为 1823 人，比上年增加 9 人；中等职业学校校均规模为 2018 人，比上年增加 211 人。如图 1－4 所示。

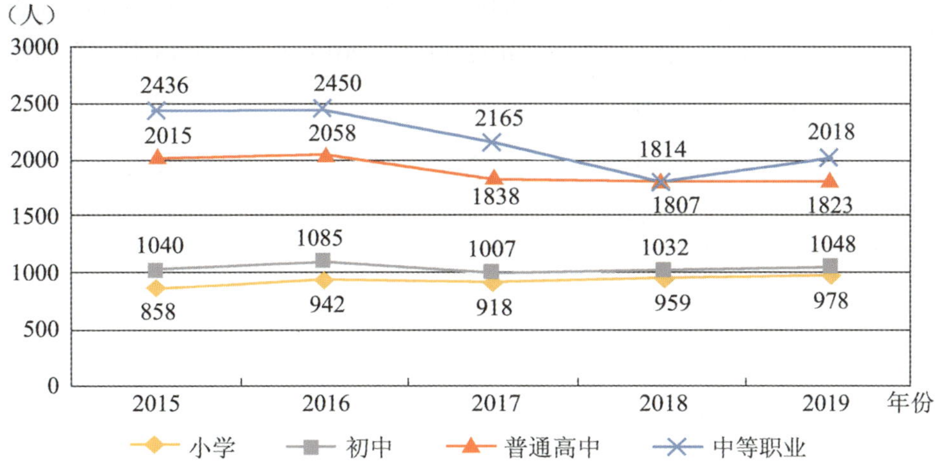

图 1－4　2015—2019 年广东省初等、中等教育学校校均规模变化情况

广东省普通高校校均规模为 14 239 人，比上年增加 1323 人。其中，普通本科院校为 19 382 人，比上年增加了 1674 人；普通专科院校为 10 278 人，比上年增加了 848 人。如图 1－5 所示。

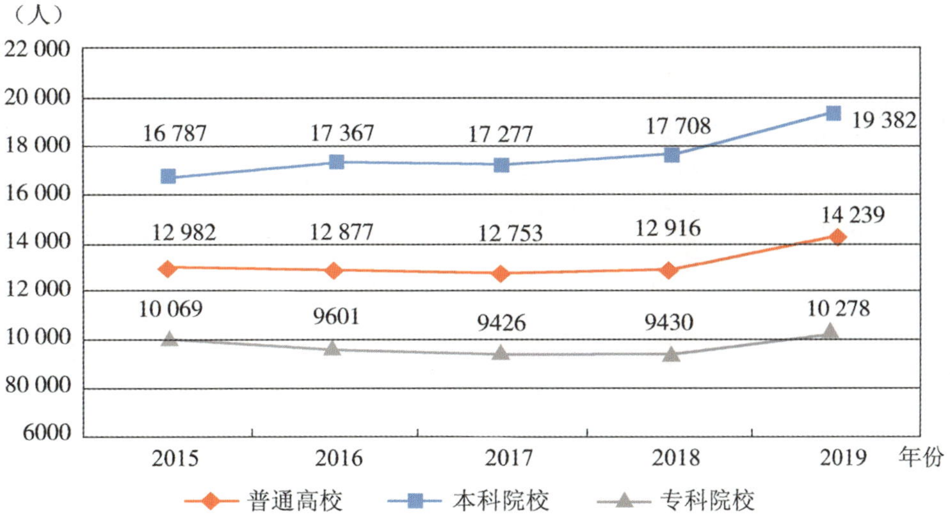

图 1－5　2015—2019 年广东省普通高校校均规模变化情况

2. 班额

基础教育学校平均班额相对稳定。2019 年，广东省小学平均班额为 40 人，与上年持平；初中平均班额为 46 人，与上年持平；普通高中平均班额为 49 人，与上年持平。小学 56 人及以上大班班额数比上年减少 3202 个，初中 56 人及以上大班班额数比上年减少 791 个，普通高中 56 人及以上大班班额数比上年减少 673 个。如表 1－6 所示。

表 1－6　2018 年、2019 年广东省基础教育学校班额情况

类别	大班班额数（个）		超大班班额数（个）		平均班额（人）	
	2018 年	2019 年	2018 年	2019 年	2018 年	2019 年
普通高中	2871	2198	122	86	49	49
初中	1921	1130	2	2	46	46
小学	7894	4692	0	0	40	40

3. 生师比

2019 年，从专任教师配置情况看，各级各类学校专任教师配置情况都有所变化，普通高校生师比为 19.12∶1；中等职业学校生师比由上年的 19.66∶1 下降到 19.52∶1；普通高中生师比由上年的 12.25∶1 上升到 12.35∶1；初中生师比由上年的 13.00∶1 上升到 13.34∶1；小学生师比由上年的 18.64∶1 上升到 18.68∶1；学前教育生师比由上年的 15.34∶1 下降到 15.08∶1。如图 1－6 所示。

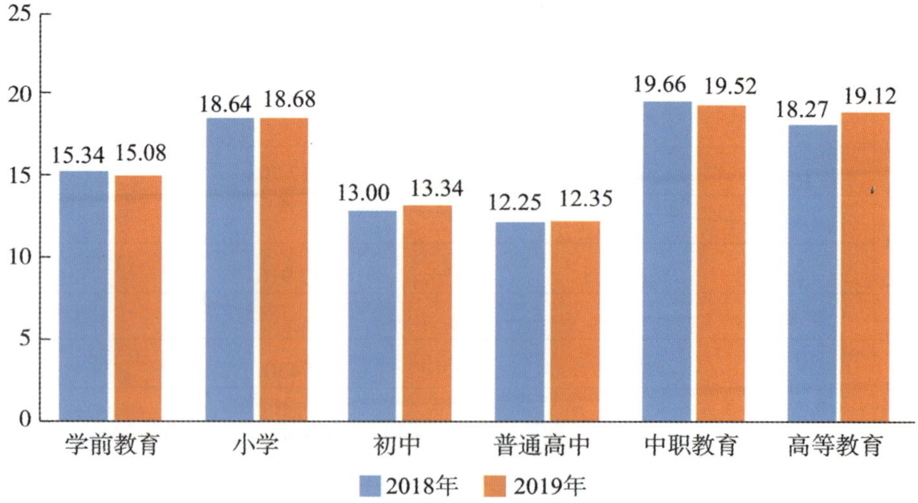

图 1－6　2018 年、2019 年广东省各级各类学校生师比情况

六、小结

“十三五”期间，广东省坚持教育优先发展战略，加强顶层设计和总体规划，积极推进教育“创强争先建高地”中心工作，进一步强化教育的工作统筹、资金统筹和考核统筹。深化省级政府教育统筹综合改革，改变了条块分割模式，优化了资源配置，进一步扩大和落实了学校办学自主权，增强了教育管理的协同性、整体性和科学性，有力地促进了全省教育的协调发展，较大地提升了区域教育发展质量和水平。

首先，公共教育服务均等化提高，幼儿保教体系得到完善，学前教育毛入学率达111.57%，坚持实施九年义务教育，义务教育在校生为1422.46万人，为2020年规划目标的122.63%，义务教育实施得到加强，高中阶段教育在校生规模为327.48万人，比上年增加2.77万人，比2020年规划目标少2.52万人，高中阶段教育距后期规划发展目标略有差距，还应加强高中阶段教育的实施，切实高质量高水平地推进高中阶段教育的实施；高等教育大众化水平进一步提高，普通本专科在校生达205.40万人，在校生数量持续增加，为社会培养的高素质劳动力不断增加，不断地推进一流大学和一流学科建设，加快了高水平大学建设，建设若干国内一流、世界知名的高水平大学和学科。总体来讲，各级教育普及水平不断提高，受教育机会进一步扩大。

其次，教育发展基础能力得到明显提升，随着教育经费投入与资源配置水平的提高，各级各类学校办学条件进一步改善。其中，2019年，广东省各级各类学校专任教师人数为146.56万人，比上年增加4.90万人，广东省各级各类学校拥有校舍建筑面积总量达38 539.44万平方米，比上年增加2156.56万平方米，增长5.93%，广东省各级各类学校教学、科研仪器设备资产总值为1097.31亿元，比上年增加100.78亿元，增长10.11%，师资水平、办学水平得到明显提升。

最后，教育的现代化水平不断提高，不断推进教育现代化先进县（市、区）、先进市全覆盖水平，现代教育体系得到完善。

第二部分　学前教育

2019 年，学前教育在经费投入、覆盖规模、办学质量、师资培训、管理体系等方面都获得了较大的发展，“入园难”问题初步缓解。但是，学前教育城乡普惠性资源依然短缺，公办、民办教育比例不够协调，运行保障机制建设相对滞后，教师数量不足、职业吸引力不强，保育教育质量有待进一步提高。

一、学前教育规模发展与普及水平情况

2019 年，全省进一步加大学前教育投入力度，努力实施学前教育三年行动计划与督查工作，有力推进了我省学前教育事业科学、健康、可持续发展。

1. 学前教育机构继续增加，珠江三角洲和东翼增长较快

2019 年，全省幼儿园数为 19 885 所，比上年增加 932 所，增长 4.92%。从区域上来看，东翼幼儿园数增幅最大，为 10.10%；珠江三角洲和山区次之；西翼增幅最小，为 1.28%。如表 2－1 所示。

表 2－1　2018 年、2019 年广东省学前教育机构数变化情况

地区	幼儿园数（所）		增长率（%）
	2018 年	2019 年	
全省	18 953	19 885	4.92
珠江三角洲	8503	8943	5.17
东翼	3088	3400	10.10
西翼	4224	4278	1.28
山区	3138	3264	4.02

从类型上来看，2019 年城区幼儿园数为 11 156 所，比上年增长 4.19%；其中，城区公办和民办幼儿园数分别增长 5.65%、3.86%。镇区及乡村幼儿园数比上年增长 5.86%。如表 2－2 所示。

表 2 - 2　2018 年、2019 年广东省学前教育机构城乡分布情况

地区		幼儿园数（所）		增长率（%）
		2018 年	2019 年	
城区	公办	2001	2114	5.65
	民办	8706	9042	3.86
	合计	10 707	11 156	4.19
镇区及乡村	公办	2988	3096	3.61
	民办	5258	5633	7.13
	合计	8246	8729	5.86

分地市看，2019 年全省 21 个市幼儿园数有不同程度的增减，特别是汕尾、广州、湛江和揭阳，分别比上年增加了 171 所、120 所、120 所和 100 所，茂名、潮州分别比上年减少了 114 所和 20 所。如表 2 - 3 所示。

表 2 - 3　2019 年广东省各地区学前教育机构数比上年增长的分档情况

数量（所）	珠江三角洲	东翼	西翼	山区
120 以上	广州	汕尾	湛江	
90 ～120		揭阳		
60 ～90	深圳	汕头		
30 ～60	佛山 惠州 东莞 肇庆 江门		阳江	清远
0 ～30	中山 珠海			梅州 韶关 云浮 河源
-30 ～0		潮州		
-30 以上			茂名	

分城乡看，2019 年全省普惠性幼儿园数量总体增长 14.05%，其中深圳和佛山两市增长数量在 60 所以上。城区普惠性幼儿园在民办幼儿园中的比例由 2018 年的 62.58% 上升至 67.39%，镇区及乡村该数据由 2018 年的 67.74% 上升至 74.26%。2019 年广东省城区和镇区及乡村普惠性幼儿园增长情况如表 2 - 4 所示。

表 2－4　2018 年、2019 年广东省普惠性幼儿园变化情况（所）

地区	2018 年		2019 年		增长率（%）	
	城区	镇区及乡村	城区	镇区及乡村	城区	镇区及乡村
全省	5448	3562	6093	4183	11.84	17.43
珠江三角洲	3393	941	3566	991	5.10	5.31
东翼	708	700	785	848	10.88	21.14
西翼	790	889	982	1134	24.30	27.56
山区	557	1032	620	1210	11.31	17.25

2. 入园人数较上年有所减少，整体普及程度有所提升

2018 年，经过各地政府积极努力，办学空间得到了有效的拓宽。2019 年全省新入园（班）幼儿数为 180.82 万人，比上年减少 20.05 万人，降低 9.98%。究其根本是 2019 年教育部规范了统计报表幼儿园“招生”定义，仅指首次进入学前教育的幼儿人数，由其他园转入的幼儿不计，因此 2019 年学前教育招生数有所降低。如图 2－1 所示。学前教育毛入园率 111.57%，超过

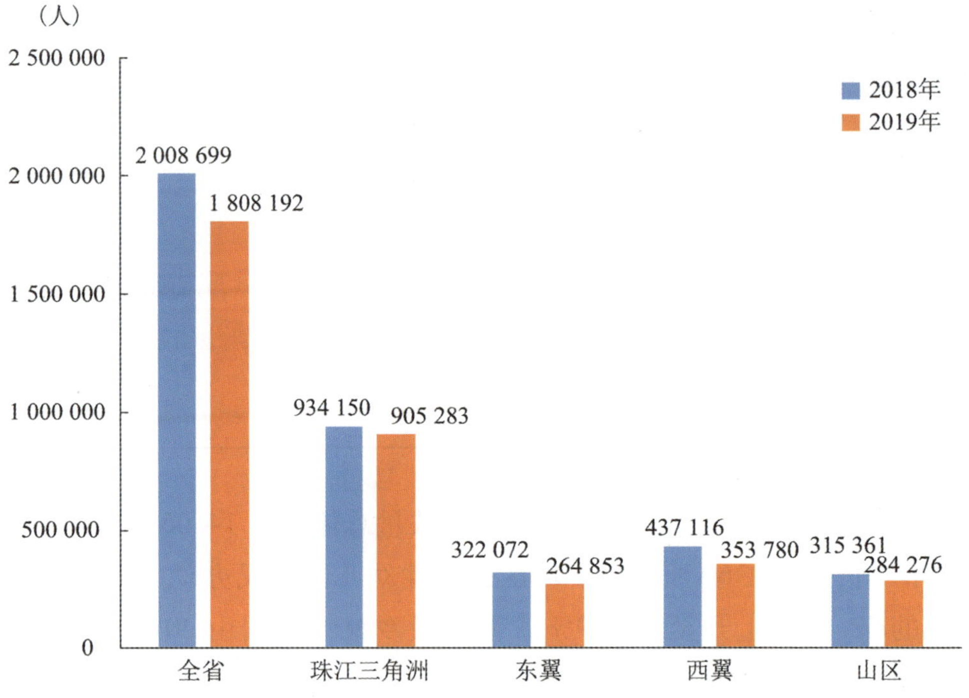

图 2－1　2018 年、2019 年广东省学前教育新入园（班）幼儿数变化情况

《广东省发展学前教育三年行动计划》中全省学前教育毛入园率达到86%以上的目标，比2018年减少0.9%。

分区域看，2019年4个地区新入园幼儿数均有所下降，珠江三角洲、东翼、西翼和山区比2018年分别减少了28 867人、57 219人、83 336人和31 085人，降低比例分别为3.09%、17.77%、19.06%和9.86%。（各地市学前教育招生情况详见附表1－1）

2019年全省在园（班）幼儿数比上年增长3.43%。分城乡看，2019年城区在园幼儿为1 971 101人，比上年增长4.13%，镇区及乡村在园幼儿为2 673 940人，比上年增长2.92%。

分区域来看，东翼地区在园（班）幼儿数增幅最大。2019年，东翼地区在园（班）幼儿数比上年增长5.37%。如表2－5所示。

表2－5　2019年广东省分区域在园（班）幼儿数增长情况

单位：人

地区	2019年在园（班）幼儿数			比上年增长人数	增长率（%）
	城区	镇区及乡村	合计		
全省	1 971 101	2 673 940	4 645 041	153 929	3.43
珠江三角洲	1 420 671	1 094 623	2 515 294	87 300	3.60
东翼	141 736	512 087	653 823	33 337	5.37
西翼	230 531	563 960	794 491	37 911	5.01
山区	178 163	503 270	681 433	－4619	－0.67

从各地市看，学前教育在园（班）规模有不同程度的增长和降低，其中汕尾市增幅最大，为20.66%，河源市下降最多，为2.18%。（各地市学前教育在园（班）情况详情见附表1－2）

3. 幼儿园在园（班）幼儿中非本地户籍生和省外户籍生均有所减少

2019年，我省幼儿园共有非本地户籍学生1 493 578人，占全省在园（班）幼儿总数的32.15%。与上年相比，非本地户籍学生数减少了1.45%。其中，2019年，我省幼儿园在园（班）幼儿中，省外户籍学生数占全省在园（班）幼儿总数的15.63%。与上年相比，省外户籍学生数减少了31 677人，减少了

4.18%。如表2-6所示。

表2-6 2018年、2019年广东省幼儿园在园（班）幼儿的户籍与非户籍生情况

单位：人

类别	2018年	2019年	比上年增长人数	增长率（%）
在园幼儿数	4 491 112	4 645 041	153 929	3.43
非本地户籍生	1 515 528	1 493 578	-21 950	-1.45
所占比例（%）	33.75	32.15	—	—
（其中）省外户籍学生	757 519	725 842	-31 677	-4.18
所占比例（%）	16.87	15.63	—	—

全省各区域非本地户籍学前教育在园（班）幼儿数各不相同。2019年，非本地户籍学前教育在园（班）幼儿数所占比例最高的是珠江三角洲，占全省非本地户籍在园（班）幼儿数的85.56%，相比上年降低0.75%，而东翼、西翼和山区分别比上年上升0.29%、0.20%、0.46%。如图2-2所示。

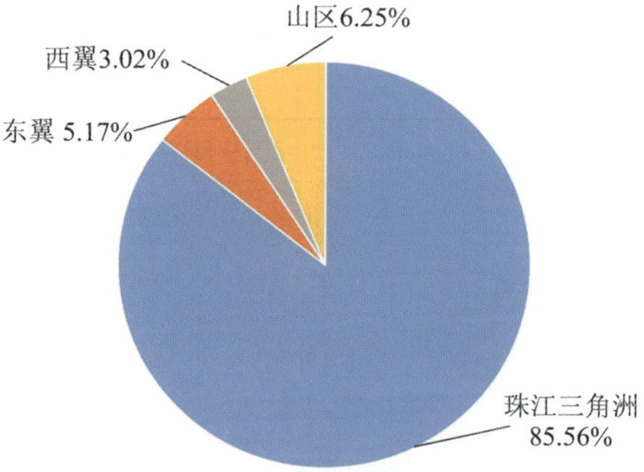

图2-2 2019年广东省各区域学前教育在园（班）幼儿中非本地户籍人数比例情况

4. 小学附设班幼儿园规模呈现下降趋势，珠江三角洲地区下降明显

2019年，全省小学附设班的在园（班）幼儿数为23.84万人，比上年减少37 010人，下降13.44%。

从区域来看，2019年各地区小学附设班幼儿园的规模大多有所下降，其中珠江三角洲地区小学附设班幼儿园的规模下降了34.71%，下降最多；西翼地区有所增长，增长了9.76%，其小学附设班幼儿园的规模是全省最高的。如表2-7所示。

表 2－7 2018 年、2019 年广东省分区域小学附设班幼儿园人数占学前教育总规模的变化情况

地区	2018 年		2019 年		比上年增长	
	在园（班）幼儿数（人）	占学前教育总规模比例（%）	在园（班）幼儿数（人）	占学前教育总规模比例（%）	在园（班）幼儿数（人）	比例（%）
珠江三角洲	43 515	0.97	28 411	0.61	－15 104	－34.71
东翼	91 578	2.04	71 954	1.55	－19 624	－21.43
西翼	82 900	1.85	90 995	1.96	8095	9.76
山区	57 461	1.28	47 084	1.01	－10 377	－18.06

从各地市看，我省有小学附设班幼儿园的 21 个市中，18 个市的小学附设班幼儿园在园（班）幼儿数均有变化。与上年相比，肇庆、汕尾和揭阳小学附设班幼儿园在园（班）幼儿数分别减少 12 250 人、8868 人和 6371 人；茂名、湛江、佛山小学附设班幼儿园在园（班）幼儿数分别增加 6203 人、3320 人、85 人。人数变化情况如表 2－8 所示。（各地市学前教育小学附设班幼儿园在园（班）幼儿数情况详见附表 1－3）

表 2－8 2019 年广东省分地市小学附设班幼儿园在园（班）幼儿数的变化情况

增长范围	地市
2000 人以上	茂名、湛江
0～2000 人	佛山、深圳、珠海、中山
－2000～0 人	广州、东莞、江门、潮州、韶关、梅州、阳江
－2000 人以上	惠州、河源、云浮、清远、汕头、揭阳、汕尾、肇庆

5. 小学教育招生中接受过学前教育的比重继续增长，珠江三角洲增幅较大

分城乡看，2019 年全省城区小学招生中接受过学前教育的人数为 757 153 人，比上年增加 13 981 人，增长 1.88%。2019 年我省镇区及乡村小学招生中接受过学前教育的人数比上年增加 40 454 人，增长 3.60%。如表 2－9 所示。

表 2－9　2019 年广东省分城乡小学招生中接受过学前教育的人数变化情况

单位：人

类别	2018 年	2019 年	比上年增长	增长率（%）
城区	743 172	757 153	13 981	1.88
镇区及乡村	1 124 554	1 165 008	40 454	3.60

从区域来看，珠江三角洲、东翼、西翼和山区小学招生中接受过学前教育的人数均有所增加，2019 年比上年分别增长 0.76%、6.29%、6.16% 和 3.96%。如表 2－10 所示。

表 2－10　2019 年广东省分区域小学招生中接受过学前教育的人数与比例变化情况

地区	接受过学前教育的人数（人）			接受过学前教育的比例（%）	
	2019 年	比上年增长	增长率（%）	2019 年	比上年增长
珠江三角洲	1 022 123	7759	0.76	98.40	－0.57
东翼	291 806	17 264	6.29	98.46	0.93
西翼	312 956	18 155	6.16	99.84	0.47
山区	295 276	11 257	3.96	99.88	0.24

从各地市看，我省 21 个市，2019 年小学招生中接受过学前教育的人数大多有所上升。如表 2－11 所示。小学招生中接受过学前教育的人数增长率超过 10% 的地市为汕尾市。（各地市小学招生中接受过学前教育的人数情况详见附表 1－4）

表 2－11　2019 年广东省分地市小学招生中接受过学前教育的人数变化情况

增长范围	地市				
10%～15%	汕尾				
5%～10%	揭阳	湛江	茂名	清远	珠海
	云浮	梅州			
0%～5%	潮州	佛山	中山	肇庆	汕头
	广州	阳江	惠州	东莞	韶关
－5%～0%	河源	江门	深圳		

二、学前教育教师队伍发展情况

学前教育教师规模继续增长；教师学历水平继续提升，教师素质有所改善；学前教育教师培训以校级为主。

1. 学前教育专任教师规模持续增长，东翼地区和西翼地区增幅较大

2019 年，全省学前教育专任教师人数为 307 952 人，比上年增加 15 099 人，增长 5.16%；在园幼儿数与专任教师数比为 15.08:1。分城乡看，2019 年，城区学前教育专任教师数为 144 031 人，比上年增长 4.35%；镇区及乡村学前教育专任教师数为 163 921 人，比上年增长 5.88%。分区域看，2019 年广东省各区域学前教育专任教师数量与上年相比均有较大幅度增长，其中西翼地区增幅最大，为 36.54%。如表 2－12 所示。

表 2－12　2019 年广东省分区域学前教育专任教师规模变化情况

单位：人

地区	城区	镇区及乡村	合计	比上年增长	增长率（%）
全省	144 031	163 921	307 952	15 099	5.16
珠江三角洲	104 305	72 193	176 498	34 681	24.45
东翼	11 328	32 643	43 971	11 217	34.25
西翼	16 216	30 978	47 194	12 630	36.54
山区	12 182	28 107	40 289	8675	27.44

分地市看，我省 21 个地市学前教育专任教师数均有不同程度的增长和减少，其中增幅超过 15% 的地市是汕尾市。（各地市学前教育专任教师数情况详见附表 1－5）

2019 年，全省幼儿园园长数为 2.96 万人，比上年增加 1344 人，增长 4.76%；全省幼儿园保育员数为 13.04 万人，增长 5.57%。全省幼儿园保健医生数为 17 322 人，其中珠江三角洲地区的幼儿园保健医生数多达 11 881 人，占全省幼儿园保健医生数的 68.55%。

2. 学前教育生师比略有下降，城乡、区域差距仍然显著

2019 年，全省学前教育生师比为 15.08:1，比上年下降 0.25%。其中，农村生师比为 16.28:1，城市生师比为 13.67:1，城乡差距依然显著。与上年相比，珠江三角洲、东翼、山区生师比均有所下降，西翼地区生师比有所上升，如表2－13所示。

表2－13　2019年广东省分区域学前教育生师比情况

地区	2018年			2019年			比上年增长（%）
	城市	农村	合计	城市	农村	合计	
全省	13.71:1	16.78:1	15.34	13.67:1	16.28:1	15.08	-0.25
珠江三角洲	13.67:1	15.59:1	14.46	13.60:1	15.09:1	14.25	-0.21
东翼	12.79:1	30.49:1	15.48	12.49:1	32.47:1	14.87	-0.61
西翼	13.82:1	18.20:1	16.61	14.21:1	18.21:1	16.83	0.23
山区	14.83:1	18.58:1	17.46	14.63:1	17.91:1	16.91	-0.55

3. 学前教育教师学历水平及幼儿教育专业毕业的教师比例有所提升

2019年，全省学前教育专任教师中专科及以上学历比例为81.00%，比上年增长2.33%。分城乡看，2019年，广东省镇区及乡村专任教师中专科及以上学历比例为77.33%，比城区低7.55%，城乡间差距依然较大。分区域看，全省各区域该比例均有提升。2019年，珠江三角洲地区专任教师中专科及以上学历比例达86.17%，比上年增长3.53%。珠江三角洲地区增幅最大为3.53%，东翼地区专任教师中专科及以上学历比例为四个地区中最低，如表2－14所示。

表2－14　2018年、2019年广东省分区域学前教育专任教师中专科及以上学历比例变化情况（%）

地区	2018年			2019年			比上年增长
	城市	农村	合计	城市	农村	合计	
全省	82.38	75.35	78.67	84.88	77.33	81.00	2.33
珠江三角洲	84.47	80.04	82.65	87.32	83.91	86.17	3.53
东翼	71.57	67.80	68.82	73.10	68.54	69.75	0.93
西翼	78.17	73.50	75.19	79.81	73.47	75.65	0.46
山区	80.83	73.55	75.73	81.67	74.81	76.88	1.16

学前教育专任教师中幼儿教育专业毕业的比例有所增长。2019 年，广东省学前教育专任教师中幼儿教育专业毕业的比例为 92.31%，比上年增长 1.19%。分区域看，西翼地区增长幅度最大，比上年增长 2.15%；珠江三角洲地区也有所增长，比上年增长 1.31%，如图 2－3 所示。分地市看，学前教育专任教师中幼儿教育专业毕业的比例比上年有所降低的地市为河源、中山、潮州、汕尾、清远、惠州、广州和阳江，其中增幅超过 5% 的地市为佛山、珠海、梅州。（各地市学前教育专任教师中幼儿教育专业毕业数情况详见附表 1－6）

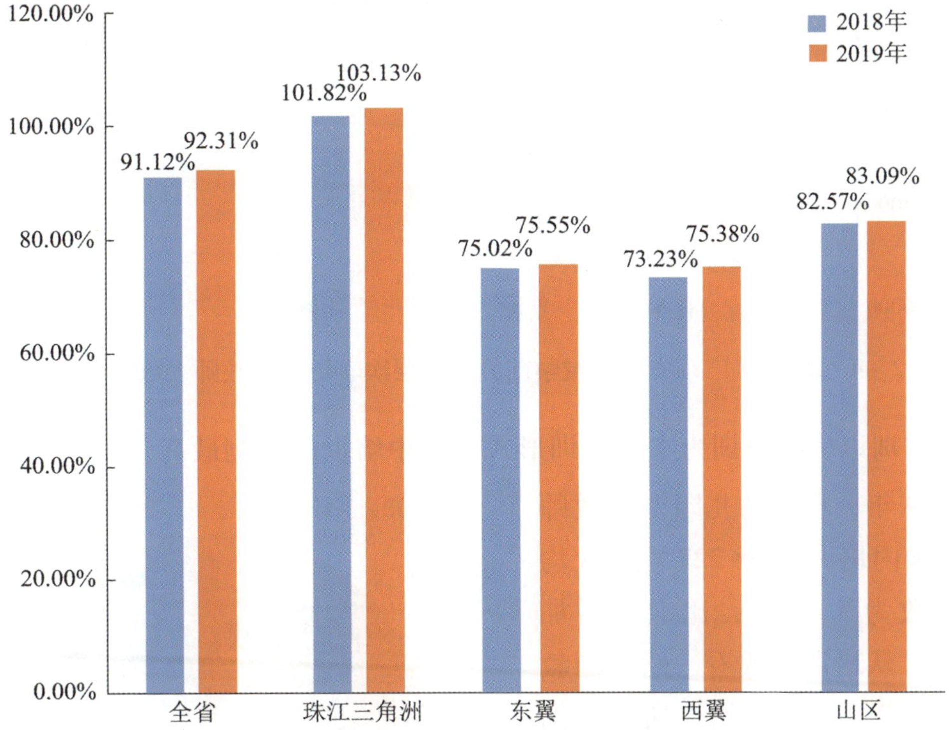

图 2－3　2018 年、2019 年广东省分区域学前教育专任教师中幼儿专业毕业的比例变化情况

学前教育研究生、本科毕业、专科毕业专任教师人数及高中以下毕业专任教师有所提高，高中毕业人数有所下降。专科毕业和本科毕业专任教师人数变化最大。分区域看，珠江三角洲地区专科层次和本科层次的专任教师数增长幅度最大，且高中毕业层次的专任教师数减少最多；珠江三角洲地区高中以下毕业层次专任教师数也有所减少，如图 2－4 所示。

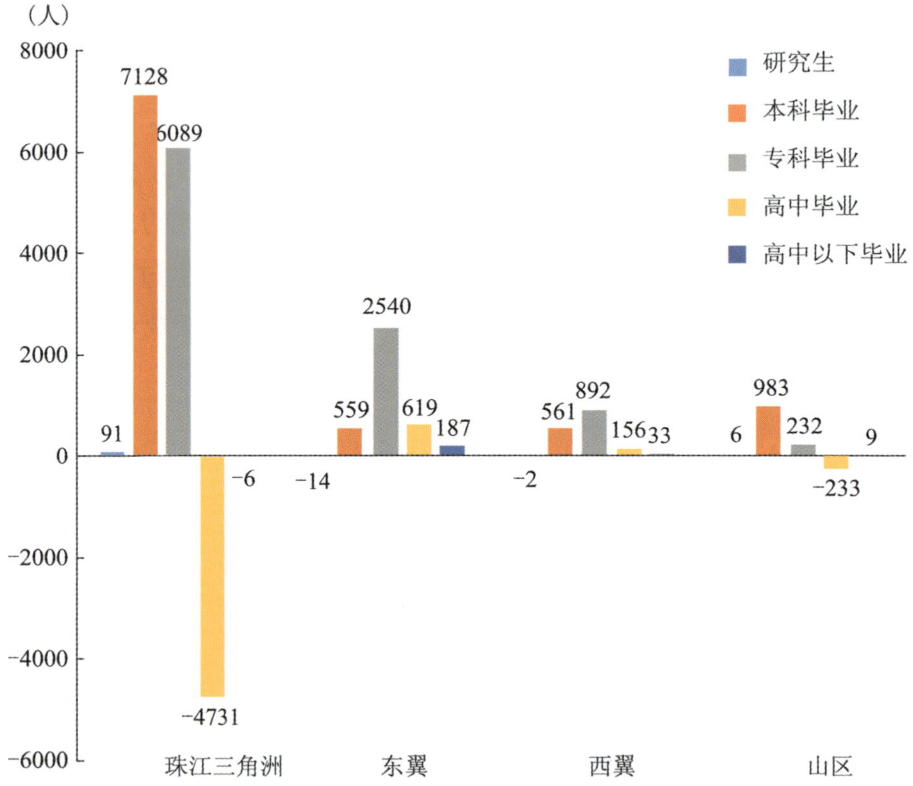

图2－4　2019年广东省分区域学前教育各层次学历专任教师人数变化情况

4. 培训以校级培训为主，培训形式以集中培训的比例最高

2019年，全省幼儿园专任教师共接受国内培训1 778 227次，人均培训次数为5.77次，比上年增加0.05次。从培训形式看，幼儿园教师接受的培训中集中培训所占比例最高。2019年，全省接受集中培训的幼儿园专任教师数占总培训人次的73.70%；其次是远程培训；跟岗实践所占的比例较低，如图2－5所示。分区域看，珠江三角洲、东翼和山区地区专任教师接受县级培训的人次比例结构类似，西翼地区接受省级培训比例小于市级培训，从培训总体结构看，校级的比例相对较高，如图2－6所示。

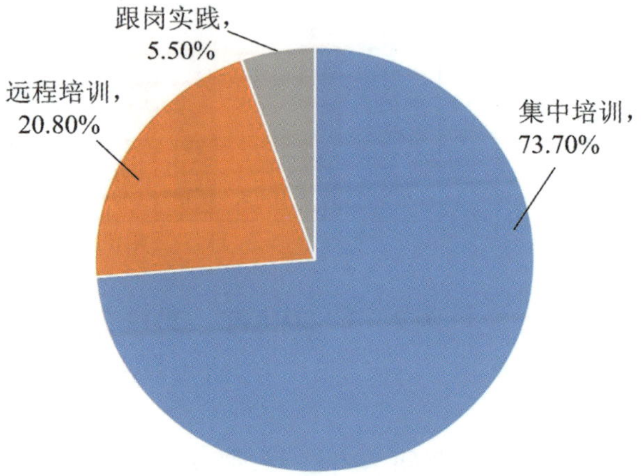

图2－5　2019年广东省幼儿园专任教师参加国内各级各类培训形式比例情况

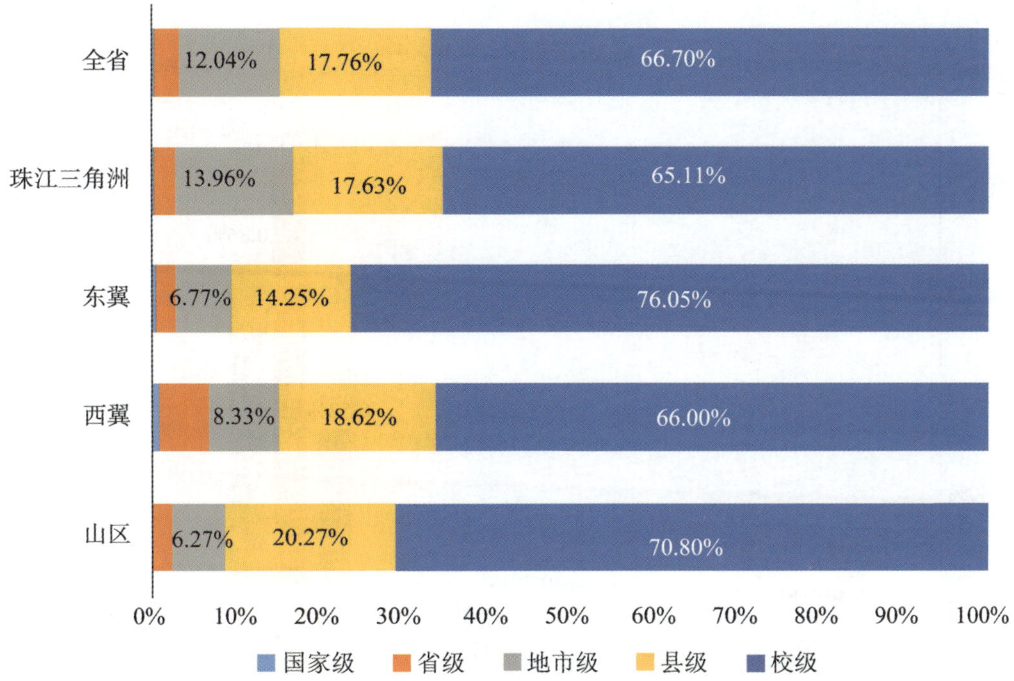

图 2-6 2019 年广东省分区域幼儿园专任教师参加国内各级各类培训总人次比例情况

5. 幼儿园代课教师城乡差距逐步缩小

2019 年，全省学前教育岗位教师中代课教师的比例为 0.18%。分城乡看，全省农村代课教师占岗位教师比例为 0.25%，比城区高 0.15%。分区域看，西翼地区该比例较高，为 0.86%，山区地区该比例为 0.01%，如图 2-7 所示。此外，2018 年珠江三角洲、东翼、西翼和山区农村学前教育岗位中代课教师的比例比城区分别高 0.01%、-0.07%、0.29% 和 -0.16%；2019 年，该数据分别为 0.01%、-0.05%、0.51% 和 0.02%，区域间的城乡差距仍然存在，如表 2-15 所示。

表 2-15 2018 年、2019 年广东省分区域学前教育岗位中代课教师比例情况

地 区	2018 年			2019 年		
	城市	农村	农村比城市	城市	农村	农村比城市
珠江三角洲	0.07%	0.08%	0.01%	0.03%	0.04%	0.01%
东翼	0.13%	0.05%	-0.07%	0.20%	0.15%	-0.05%
西翼	0.00%	0.29%	0.29%	0.52%	1.03%	0.51%
山区	0.34%	0.18%	-0.16%	0.00%	0.02%	0.02%

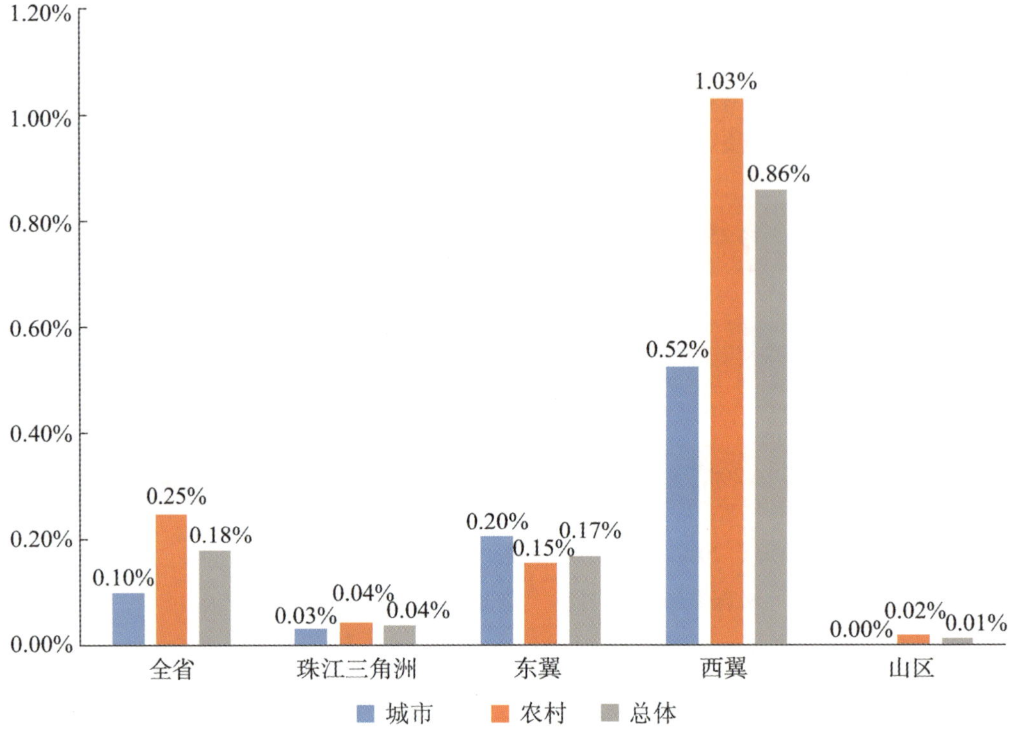

图 2－7　2019 年广东省分区域学前教育代课教师占岗位教师的比例情况

三、幼儿园办学条件变化情况

2019 年，幼儿园校舍总面积增长较快，但生均校舍面积增长较慢，农村生均活动室面积仍未达标。

1. 幼儿园生均校舍面积略有增长

2019 年，全省幼儿园校舍总面积达到 4156.43 平方米，比上年增长 8.75%。幼儿园生均校舍面积为 8.95 平方米，比上年增加 0.44 平方米。对比 2018 年比 2017 年增加了 1.07 平方米，增长趋势较稳定。分区域来看，全省生均校舍面积均呈上升态势，其中山区地区增长最多，比上年增加 0.75 平方米，西翼地区增长为四个地区中最低，如图 2－8 所示。

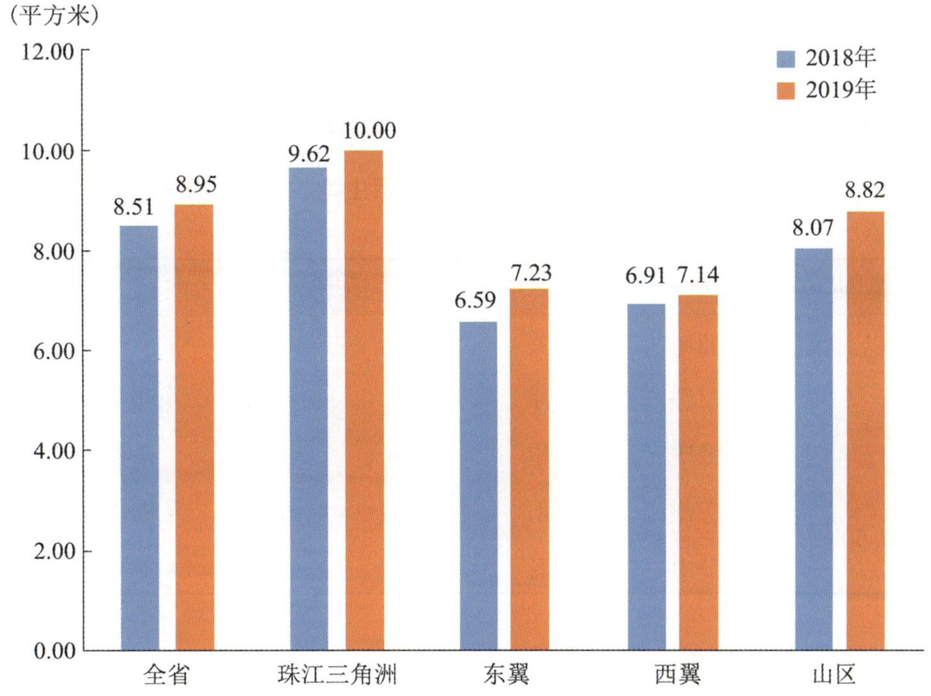

图 2－8　2018 年、2019 年广东省分区域幼儿园生均校舍面积变化情况

分城乡看，城市幼儿园的生均校舍面积仍高于农村。2019 年，全省城市幼儿园生均校舍面积为 9.59 平方米，达到《城市幼儿园建筑面积定额（试行）》规定的 8.8 平方米的最低标准，农村幼儿园生均校舍面积仅为 8.48 平方米，如表 2－16 所示。

表 2－16　2018 年、2019 年广东省分城乡幼儿园生均校舍面积情况

单位：平方米

项　目	年　份		增　加
	2018	2019	
校舍占地面积	38 218 834. 45	41 564 343. 61	3 345 509. 16
生均校舍面积	8. 51	8. 95	0. 44
城市校舍面积	17 614 603. 19	18 896 856. 05	1 282 252. 86
城市生均校舍面积	9. 31	9. 59	0. 28
农村校舍面积	20 604 231. 26	22 667 487. 56	2 063 256. 30
农村生均校舍面积	7. 93	8. 48	0. 55

分地市来看，2019 年我省各地市幼儿园生均校舍面积，相比上年有所增加（表 2－17）。其中生均校舍面积增加超过 1.00 平方米的地市有汕尾和韶关 2 市。（各地市幼儿园生均校舍占地面积情况详见附表 1－7）

表 2－17　2019 年广东省分地市幼儿园生均校舍面积变化情况

单位：平方米

增加范围	地市					
1.00 以上	汕尾	韶关				
0.50～1.00	阳江	云浮	清远	河源	汕头	惠州
	肇庆	梅州	潮州	江门	东莞	
0～0.50	广州	揭阳	湛江	珠海	佛山	深圳
	中山	茂名				

2. 幼儿园生均活动室面积较去年略有增长

2019 年，全省幼儿园活动室总面积为 17 138 490.69 平方米，比上年增长 9.30%；生均活动室面积为 3.69 平方米，与上年相比增加 0.20 平方米。

分区域来看，2019 年珠江三角洲、东翼、西翼和山区幼儿园生均活动室面积均略有增加。其中，山区地区增幅最大，比上年增加了 0.32 平方米，西翼为四区域中最低，如表 2－18 所示。

表 2－18　2018 年、2019 年广东省分区域幼儿园生均活动室面积情况

单位：平方米

地区	年份		增加
	2018	2019	
全省	3.49	3.69	0.20
珠江三角洲	3.95	4.14	0.19
东翼	2.81	3.06	0.26
西翼	2.79	2.89	0.10
山区	3.26	3.58	0.32

分城乡看，2019 年全省城市幼儿园活动室面积为 8 098 138.98 平方米，比上年增长 8.12%；城市幼儿园生均活动室面积为 4.11 平方米，比上年增加

0.15 平方米，达到了《城市幼儿园建筑面积定额（试行）》中幼儿园生均活动室面积应达到3 平方米的规定。农村幼儿园活动室面积为9 040 351.71 平方米，比上年增长10.38%，其中，生均活动室面积为3.38 平方米，比上年增加0.23 平方米。如表2－19 所示。

表2－19　2018 年、2019 年广东省分城乡幼儿园生均活动室面积情况

单位：平方米

项　目	年　份		增　加
	2018	2019	
活动室总面积	15 680 057.7	17 138 490.69	1 458 432.99
生均活动室面积	3.49	3.69	0.20
城市活动室面积	7 489 798.24	8 098 138.98	608 340.74
城市生均活动室面积	3.96	4.11	0.15
农村活动室面积	8 190 259.46	9 040 351.71	850 092.25
农村生均活动室面积	3.15	3.38	0.23

分地市来看，2019 年我省所有地市学前幼儿园生均活动室面积，与上年相比有所增加。其中生均活动室面积增加数超过0.50 平方米的地市只有汕尾1 市。如表2－20 所示。（各地市幼儿园生均活动室面积情况详见附表1－8）

表2－20　2019 年广东省分地市幼儿园生均活动室面积增减情况

单位：平方米

增长范围	地市				
0.50 以上	汕尾				
0.20～0.50	阳江	韶关	清远	云浮	肇庆
	汕头	惠州	江门	河源	梅州
	东莞	潮州	广州		
0～0.20	揭阳	珠海	深圳	佛山	湛江
	中山	茂名			

3. 幼儿园生均户外场地面积与上年相比有所增长

2019 年，全省幼儿园户外场地总面积为30 582 419.43 平方米，比上年增长7.79%；生均户外场地占地面积为6.58平方米，比上年增加0.26平方米。

分区域来看，2019年全省各地区生均户外场地面积，与上年相比均有所增加。其中，山区增幅最大，增加0.39平方米。珠江三角洲地区生均户外场地占地面积仍最大，东翼地区则仍然最小，且与其他地区的差距较大。如表2-21所示。

表2-21　2017年、2018年广东省分区域幼儿园生均户外场地占地面积情况

单位：平方米

地区	年份		增加
	2018	2019	
全省	6.32	6.58	0.26
珠江三角洲	7.28	7.54	0.26
东翼	4.09	4.24	0.15
西翼	5.33	5.63	0.30
山区	6.02	6.41	0.39

分城乡来看，2019年，城市幼儿园生均户外场地面积低于农村幼儿园生均户外场地面积。2019年，城市幼儿园生均户外场地面积为6.41平方米，比上年增加0.23平方米；农村幼儿园生均户外场地面积为6.71平方米，比上年增加0.29平方米。如表2-22所示。

表2-22　2018年、2019年广东省分城乡幼儿园生均户外场地占地面积情况

单位：平方米

项目	年份		增加
	2018	2019	
户外场地总面积	28 373 322.72	30 582 419.43	2 209 096.71
生均户外场地面积	6.32	6.58	0.26
城市户外场地面积	11 692 193.36	12 628 891.75	936 698.39
城市生均户外场地面积	6.18	6.41	0.23
农村户外场地面积	16 681 129.36	17 953 527.68	1 272 398.32
农村生均户外场地面积	6.42	6.71	0.29

分地市来看，2019 年我省各地市学前幼儿园生均户外场地占地面积与上年相比，均有所增加。生均户外场地占地面积增长超过 10% 的地市为肇庆；生均户外场地占地面积增长在 5% 以下的地市为惠州、河源、潮州、梅州、东莞、汕尾、佛山、深圳、揭阳、珠海、中山。如表 2－23 所示。（各地市幼儿园生均户外场地占地面积情况详见附表 1－9）

表 2－23　2019 年广东省分地市幼儿园生均户外场地占地面积变化情况

增长范围	地市					
10% 以上	肇庆					
5% ～10%	清远	韶关	汕头	湛江	茂名	江门
	云浮	广州	阳江			
0 ～5%	惠州	河源	潮州	梅州	东莞	汕尾
	佛山	深圳	揭阳	珠海	中山	

4. 幼儿园生均图书数较上年有所增长

2019 年，全省幼儿园图书总藏量大幅度增加，图书总藏量为 51 037 473 册，比上年增长 8.84%；幼儿园生均图书数也有所增加，比上年增加 0.55 册。

分区域来看，2019 年珠江三角洲、东翼、西翼和山区生均图书数均呈上升态势，山区增幅最大，增加了 0.80 册，山区为四个地区中生均图书数量最高，如表 2－24 所示。

表 2－24　2018 年、2019 年广东省分区域幼儿园生均图书情况

单位：册

地区	年份		增加
	2018	2019	
全省	10.44	10.99	0.55
珠江三角洲	10.97	11.41	0.44
东翼	9.65	10.28	0.63
西翼	9.11	9.74	0.63
山区	10.75	11.55	0.80

分城乡来看，城市幼儿园的生均图书数仍高于农村。2019 年，全省城市幼儿园生均图书数为 11.80 册，比上年增加 0.63 册；农村幼儿园生均图书数为

10. 39 册，比上年增加 0. 48 册。如表 2－25 所示。

表 2－25　2018 年、2019 年广东省分城乡幼儿园生均图书情况

单位：册

项　目	年　份		增　加
	2018	2019	
图书总藏量	46 891 188	51 037 473	4 146 285
生均图书	10. 44	10. 99	0. 55
城市图书	21 139 386	23 264 072	2 124 686
城市生均图书	11. 17	11. 80	0. 63
农村图书	25 751 802	27 773 401	2 021 599
农村生均图书	9. 91	10. 39	0. 48

从各地市来看，2019 年全省各地市学前幼儿园生均图书数与上年相比，大部分都有所增加。生均图书增加数超过 1 册的地市有阳江、深圳、肇庆和韶关 4 市；生均图书数与上年相比有所减少的城市为惠州。如表 2－26 所示。（各地市幼儿园生均图书情况详见附表 1－10）

表 2－26　2019 年广东省分地市幼儿园生均图书情况

单位：册

增长范围	地　市						
1 册及以上	阳江	深圳	肇庆	韶关			
0 ～1 册	河源	清远	汕尾	汕头	梅州	湛江	潮州
	揭阳	中山	佛山	江门	东莞	云浮	广州
	珠海	茂名					
0 册及以下	惠州						

四、民办学前教育事业发展基本状况

1. 民办幼儿园

全省民办幼儿园数从 2007 年的 7241 所，发展到 2019 年的 14 675 所。增加了 7434 所，增长了 102. 67% （图 2－9）。2007—2019 年，民办幼儿园数在广

东省整个学前教育学校总数的比例从 68. 35% 提升到 73. 80% 。民办学前教育幼儿园规模得到快速发展。

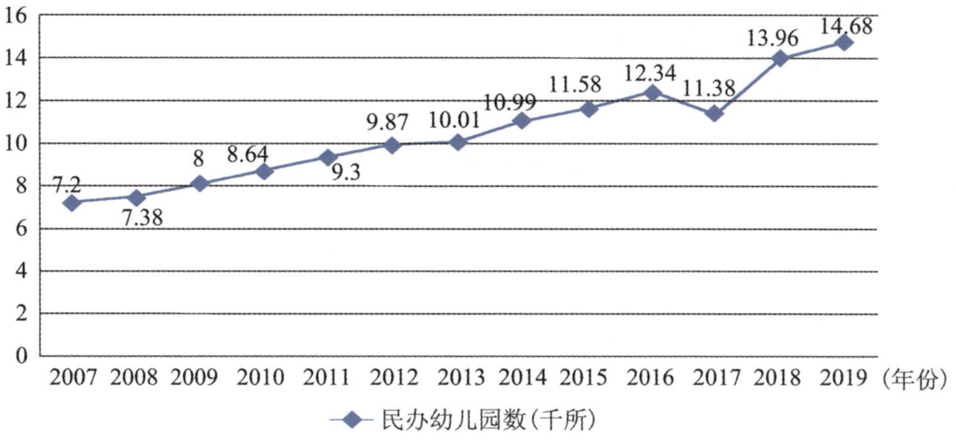

图 2 －9　2007—2019 年广东民办幼儿园数变化情况

全省民办幼儿园在园儿童数从 2007 年的 114. 92 万人，发展到 2019 年的 327. 10 万人，增加了 212. 18 万人，增长了 184. 63% （图 2 －10）。2007—2019 年，民办幼儿园在园儿童数在广东省整个学前教育在园儿童总数的比例从 51. 61% 提升到 72. 83% 。民办学前教育学生规模得到快速发展。

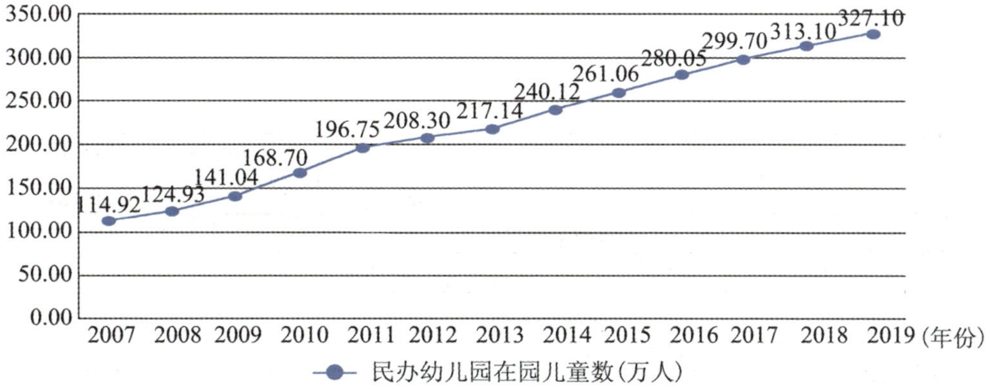

图 2 －10　2007—2019 年广东民办幼儿园在园儿童数变化情况

全省民办幼儿园的专任教师数从 2007 年的 7. 21 万人，发展到 2019 年的 22. 68 万人，增加了 15. 47 万人，增长了 214. 56% ，民办学前教育师资力量得到大幅提升（图 2 －11）。

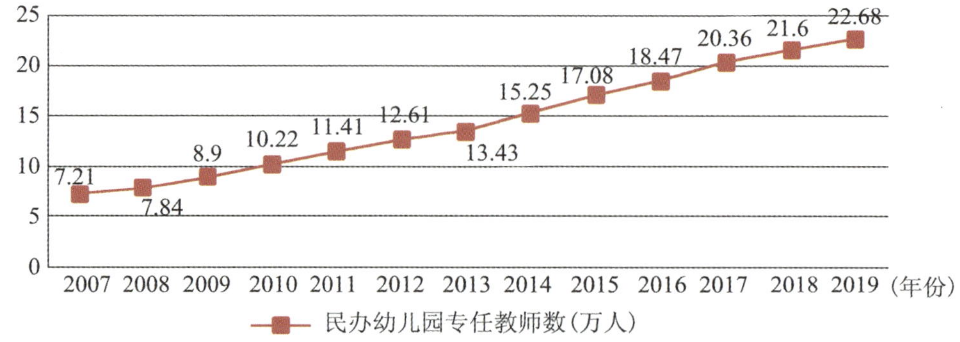

图 2－11　2007—2019 年广东民办幼儿园专任教师数变化情况

各项办学条件均有明显增幅（图 2－12、图 2－13）。

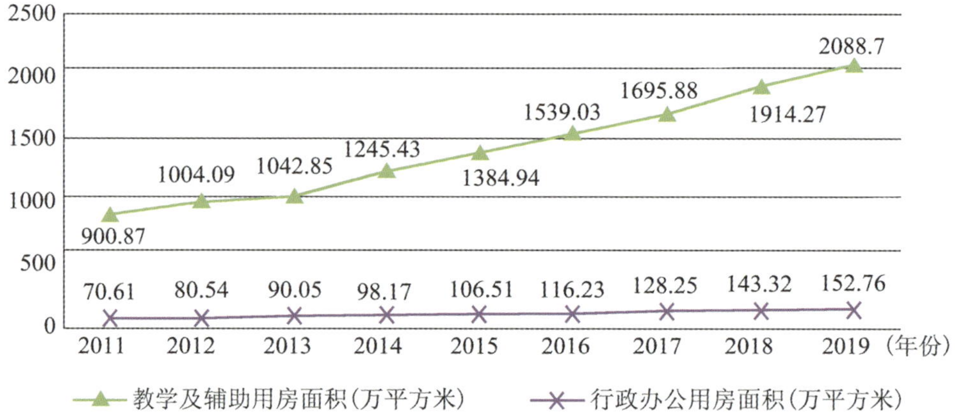

图 2－12　2011—2019 年广东民办幼儿园校舍面积变化情况

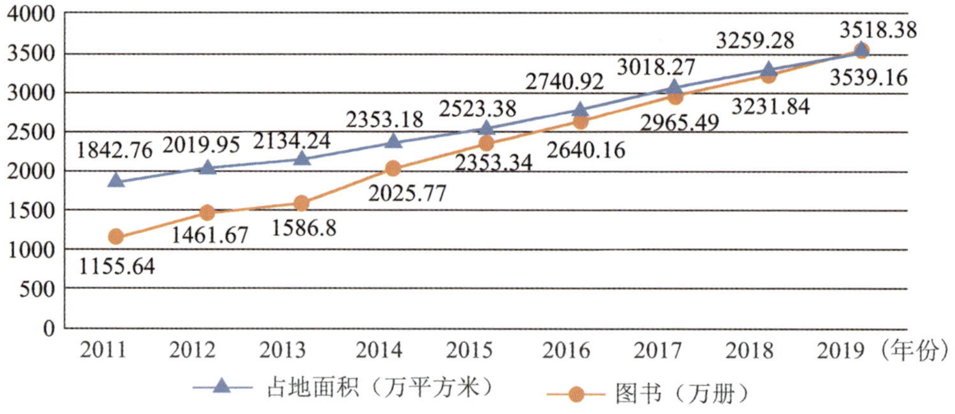

图 2－13　2011—2019 年广东民办幼儿园占地面积及其他办学条件变化情况

五、小结

2019 年广东省大力推进《广东省教育发展“十三五”规划》学前教育发展目标的落实，学前教育事业蓬勃发展。2019 年广东省学前教育已经提前完成《广东省教育发展“十三五”规划》的部分目标。

办学规模方面，2019 年广东省学前教育在园幼儿数已达 465 万，提前达到了《广东省教育发展“十三五”规划》中到 2020 年学前教育幼儿数达到 430 万人的目标值。2019 年学前教育毛入园率为 111.57%，超额完成《广东省教育发展“十三五”规划》中到 2019 年学前三年毛入园率达到 100% 以上的目标值。“十三五”规划提出要提高公益普惠性学前教育资源和规范化幼儿园覆盖面，全省公办幼儿园和普惠性民办幼儿园比例达 80% 以上，规范化幼儿园比例提高到 80% 以上。2019 年全省公办幼儿园和普惠性民办幼儿园比例达到 77.88%，规范化幼儿园比例为 74.89%（无法确切计算），与“十三五”规划标准还存在一定差距，政府应有效引导，不断扩大公办幼儿园和普惠性民办幼儿园建设，构建高品质公益性普惠性学前教育服务体系，有序扩大学前教育资源。

师资队伍建设方面，2019 年学前教育专任教师人数有了较大幅度的提升，生师比达到 15.08∶1，但城乡差距较大。教师学历水平继续提升，全省学前教育专任教师中专科及以上学历比例为 81.00%，教师素质有所改善，学前教育教师培训以校级为主，幼儿园代课教师城乡差距逐步缩小，但在满足我省对学前教育质量发展的要求上还有很大的发展空间。

办学条件方面，幼儿园校舍总面积增长较快，但生均校舍面积增长较慢，农村生均活动室面积仍未达标；全省幼儿园户外场地总面积为 30 582 419.43 平方米，与上年相比有所增长；全省幼儿园图书总藏量大幅度增加，图书总藏量为 51 037 473 册，幼儿园生均图书数为 10.99 册，城市幼儿园的生均图书数仍高于农村。

学前教育任重而道远，2019 年紧扣《广东省教育发展“十三五”规划》目标，不断加大政府投入，继续实施学前教育三年行动计划，合理规划和布局幼儿园，加快发展公办幼儿园和普惠性民办幼儿园，扩大规范化幼儿园覆盖面，继续加强教师培训，不断提升教师素质，提高办学条件，促进我省幼儿园健康、合理、高效发展。

第三部分　义务教育

2019 年，全省义务教育在办学质量、师资队伍建设、规模发展、办学条件改进等方面都取得了较大突破，城乡和区域教育发展差距进一步缩小，大中城市义务教育阶段“择校”热有所缓解。义务教育普及程度与巩固水平都有所提高，发展规模趋于稳定，进城务工人员随迁子女教育得到重视，教师队伍建设不断完善。在广东省教育发展“十三五”规划期间，全省要实现城乡义务教育均衡发展的目标。但由于区域间经济社会发展不均衡，义务教育发展区域间差异显著，同时农村留守儿童数量仍不断增加，留守儿童教育问题亟待解决，部分地区义务教育办学条件得到有效改善，但仍需加强。

一、义务教育普及程度与巩固水平

1. 义务教育普及程度稳中求进

2019 年，小学学龄儿童入学率达 100%。广东省初中普及程度较小学而言总体保持领先，2019 年，广东省初中阶段毛入学率为 117.08%，比上年增加了 0.21%，如图 3－1 所示。

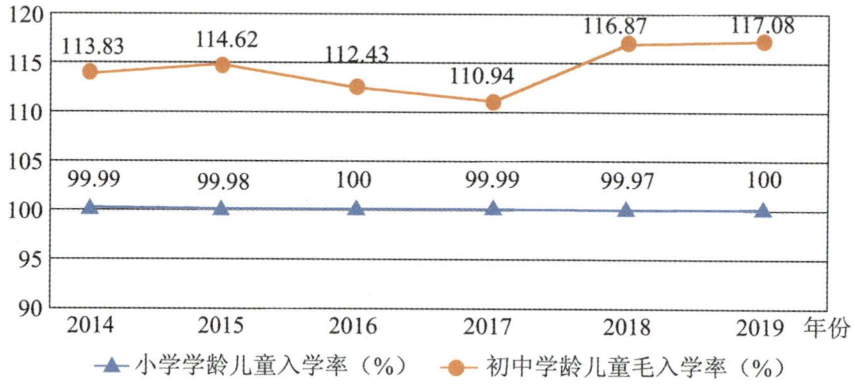

图 3－1　2014—2019 年广东省义务教育普及程度

2. 义务教育巩固水平稳步提高

2019 年，广东省小学五年保留率为 97.48%，小学五年保留率 100% 的目标尚未达到。2019 年，广东省初中三年巩固率为 96.44%，比上年增长了 0.54%。

广东省小学毕业生升学率为96.50%，比上年增长了0.32%，如图3－2所示。

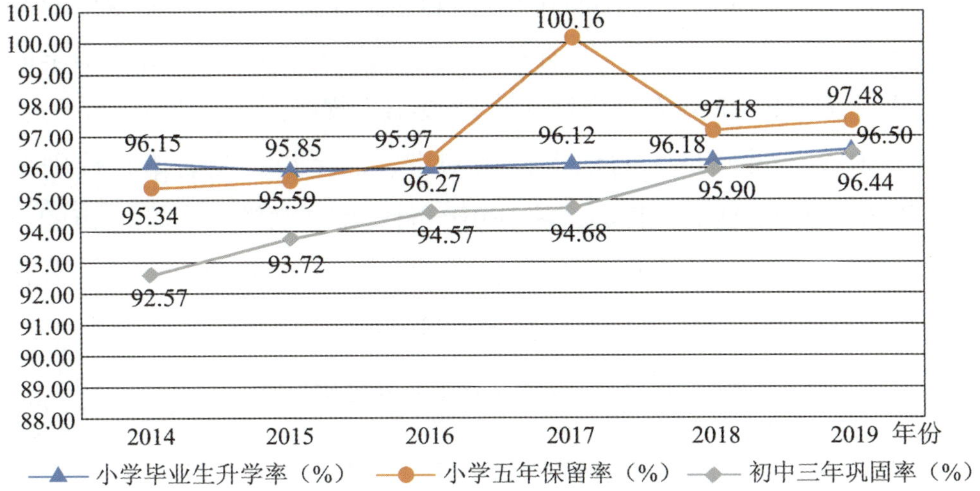

图3－2　2014—2019年广东省义务教育巩固情况

二、义务教育规模发展

1．小学招生人数七年持续增长，初中招生人数持续回升

小学招生人数连续七年呈增长趋势，初中招生人数自2015年以来也缓慢上升着。2019年，广东省小学招生194.42万人，比上年增加5.61万人，增长了2.97%。初中阶段招生数为138.03万人，比上年增加6万人，上升了4.54%，如图3－3所示。

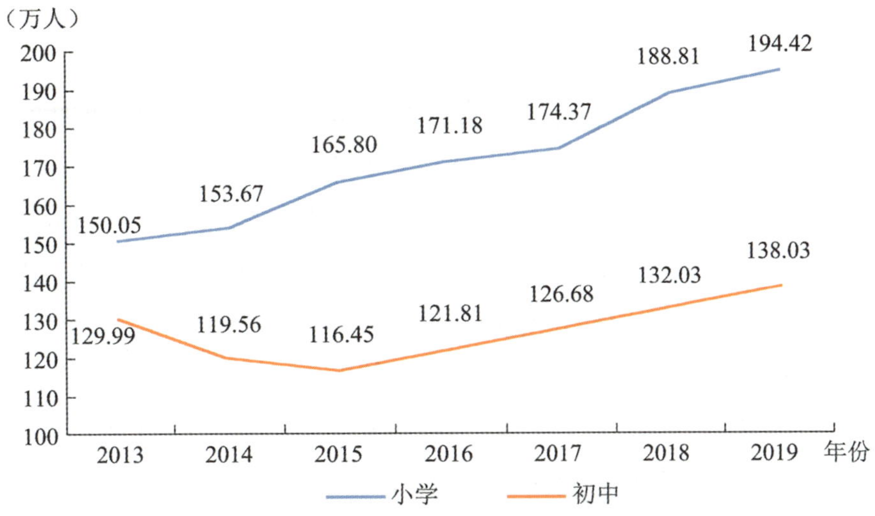

图3－3　2013—2019年广东省义务教育阶段招生规模变化情况

分城乡看，2019 年广东省小学阶段城市招生规模为 114.77 万人，农村招生数为 79.65 万人。珠江三角洲城市招生规模远超过农村，其他地区农村招生规模则大大超过城市，如表 3－1 所示。分区域来看，珠江三角洲小学阶段招生规模最大，为 103.87 万人，山区小学阶段招生规模最小，为 29.56 万人；分地市来看，2019 年增幅最大的地市是揭阳市、汕尾市、茂名市，分别增加了 7.86%、7.20% 和 6.94%，其中，深圳市、韶关市、河源市、江门市的招生规模较上年有所下降，分别减少了 1.15%、0.22%、0.37% 和 1.43%，其他地市均有增长。（各地市小学招生情况详见附表 2－1）

表 3－1　2019 年广东省义务教育招生情况

单位：万人

地　区	小　学				初　中			
	城市	农村	合计	比上年增长（%）	城市	农村	合计	比上年增长（%）
全省	114.77	79.65	194.42	2.97	81.01	57.02	138.03	4.55
珠江三角洲	81.37	22.5	103.87	1.35	53.78	15.62	69.40	5.07
东翼	11.24	18.4	29.64	5.29	9.54	13.68	23.22	2.02
西翼	12.46	18.88	31.34	5.66	10.22	12.62	22.84	5.04
山区	9.69	19.87	29.56	3.71	7.46	15.10	22.56	5.10

2019 年广东省初中阶段招生规模为 138.03 万人，比上年增加 6 万人。分城乡看，2019 年广东省初中阶段城市招生数共 81.01 万人；农村招生数 57.02 万人，占比 41.31%，珠江三角洲城市招生规模为 53.78 万人，远超过东翼、西翼、山区。如表 3－1 所示。分区域看，珠江三角洲初中阶段招生规模最大，为 69.40 万人，山区初中阶段招生规模最小，为 22.56 万人。分地市看，潮州市、珠海市和清远市增幅最大，分别增长了 9%、8.57% 和 8.21%；其中，韶关市和汕尾市的招生规模有所下降，分别减少了 1.04% 和 1.86%；其他地市均有增长。（各地市初中阶段招生情况详见附表 2－2）

2. 小学在校生规模略有增长，初中在校生出现回升现象

2019 年小学在校生总规模延续上年增长的趋势，达到 1033.43 万人，比上年增加 45.06 万人，增长了 4.56%。分区域看，珠江三角洲地区小学在校生占全省小学在校生比例最大，为 53.17%，最低为东翼地区，占比 15.39%，如图 3－4 与表 3－2 所示。分地市看，各市小学在校生规模均比上年有所增长，增长最多的是清远市，增长了 7.33%。（各地市小学在校生情况详见附表 2－3）

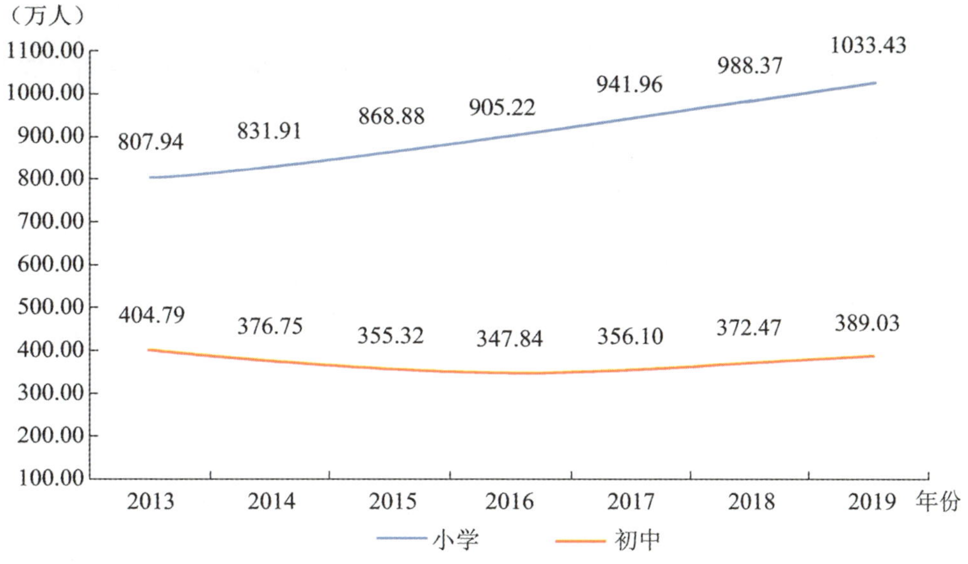

图 3－4 2013—2019 年广东省义务教育在校生规模变化情况

2019 年，初中在校生为 389.03 万人，比上年增加 16.56 万人，增长了 4.45%。分区域看，珠江三角洲的初中在校生人数比上年增加了 5.35%；山区的初中在校生人数比上年增加了 5.10%；东翼和西翼的增长趋势较为缓慢，分别增长了 2.53% 和 3.17%。农村初中在校生中，珠江三角洲地区的在校生规模最大，为 44.07 万人，占全省农村初中在校生的比例为 26.83%，如图 3－4 与表 3－2 所示。分地市来看，河源市初中在校生人数增幅最大，增加了 8.13%；韶关市初中在校生人数增幅最小，仅增加了 1.14%。（分地市初中在校生情况详见附表 2－4）

表 3－2　2019 年广东省义务教育在校生情况

单位：万人

地　区	小　学				初　中			
	城市	农村	合计	比上年增长（%）	城市	农村	合计	比上年增长（%）
全省	606.02	427.41	1033.43	4.56	224.78	164.25	389.03	4.45
珠江三角洲	427.54	121.93	549.47	4.45	148.74	44.07	192.81	5.35
东翼	61.24	97.79	159.03	3.64	26.86	40.11	66.97	2.53
西翼	66.29	98.85	165.14	5.53	28.42	36.74	65.16	3.17
山区	50.95	108.84	159.79	4.86	20.77	43.33	64.10	5.10

三、异地务工人员随迁子女与农村留守儿童发展情况

《广东省教育发展“十三五”规划》提出，在“十三五”规划时期，我省要实现1300万农业户口转为城镇化居民，异地务工人员随迁子女和留守儿童受教育问题将会非常突出。要进一步完善异地务工人员随迁子女平等接受义务教育政策，保障符合条件的异地务工人员随迁子女就学权利。扩大公益普惠性学前教育资源覆盖面，健全农村留守儿童教育服务体系，切实改善异地务工人员随迁子女、留守儿童、残障儿童、学习困难学生、家庭经济困难学生受教育状况，全面推进教育公平，合理配置教育资源。

1. 义务教育阶段近八成随迁子女在校生为小学生

2019年，广东省义务教育阶段随迁子女达460.31万人，与上年相比减少了1.44万人，其中，小学随迁子女人数占全省义务教育阶段随迁子女人数比例为75.71%。

分区域看，在珠江三角洲地区学校就读的随迁子女有370.81万人，占全省80.56%；在东翼地区和山区学校就读的随迁子女人数相近，分别占全省的7.84%和7.28%，而在西翼地区学校就读的随迁子女最少，仅占全省的4.33%。与上年相比，除东翼和山区义务教育阶段随迁子女人数比例略有增加，其他地区义务教育阶段随迁子女人数比例有所下降，如图3－5所示。

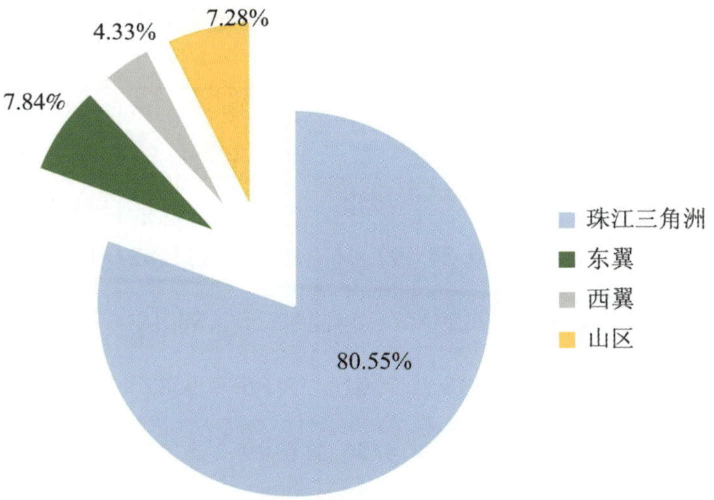

图 3－5　2019 年广东省义务教育阶段随迁子女在校生情况

2. 义务教育阶段随迁子女在校生八成集中在城市，小学显著多于初中

2019 年，在城市就读的义务教育阶段随迁子女有 381.72 万人。分区域看，珠江三角洲小学随迁子女最多，为 282.71 万人，但降幅较大，减少了 1.76%。与上年相比，除东翼和山区，其他地区小学阶段随迁子女在校生均有所下降；除西翼地区，其他地区初中阶段随迁子女在校生与上年相比，均有所增加，山区增幅最大，增加了 7.78%，如表 3－3 和表 3－4 所示。

表 3－3　2019 年小学阶段义务教育随迁子女在校生情况

单位：万人

地区	小学								
	2018 年			2019 年			增长率（%）		
	城市	农村	合计	城市	农村	合计	城市	农村	合计
全省	290.67	60.85	351.52	289.28	59.21	348.49	－0.48	－2.69	－0.86
珠江三角洲	243.83	43.94	287.77	241.25	41.46	282.71	－1.06	－5.65	－1.76
东翼	18.30	7.41	25.71	18.42	7.79	26.21	0.64	5.14	1.94
西翼	12.16	2.53	14.69	11.93	2.74	14.67	－1.87	8.08	－0.16
山区	16.38	6.97	23.35	17.68	7.23	24.91	7.96	3.71	6.69

表 3－4　2019 年初中阶段义务教育随迁子女在校生情况

单位：万人

地区	初中								
	2018 年			2019 年			增长率（%）		
	城市	农村	合计	城市	农村	合计	城市	农村	合计
全省	91.05	19.18	110.23	92.44	19.38	111.82	1.52	1.05	1.44
珠江三角洲	74.67	12.92	87.59	75.54	12.56	88.10	1.17	－2.78	0.58
东翼	6.61	2.57	9.18	7.01	2.86	9.87	6.09	11.15	7.51
西翼	4.55	0.94	5.49	4.26	0.99	5.25	－6.44	4.98	－4.48
山区	5.22	2.75	7.97	5.62	2.97	8.59	7.71	8.26	7.78

3．进城务工人员随迁子女超八成集中在珠江三角洲地区，总体规模较大

2019 年，广东省义务教育阶段进城务工人员随迁子女有 329.34 万人，比上年减少了 3.46 万人，减少 1.04%。分区域看，在珠江三角洲地区学校就读的进城务工人员随迁子女有 267.19 万人，比上年减少 1.98%，占全省进城务工人员随迁子女数的 81.13%；在东翼地区学校就读的进城务工人员随迁子女占全省的 7.18%，比上年略有增加；在西翼地区就读的随迁子女占全省的 4.51%，比上年减少 0.15%；在山区就读的进城务工人员随迁子女占全省的 7.19%，比上年上升 0.37%。如图 3－6 所示。

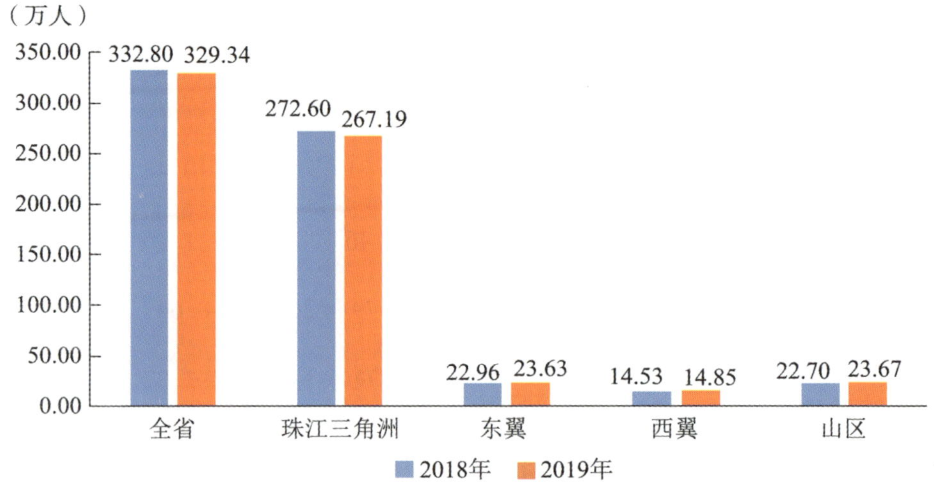

图 3－6　2018 年、2019 年广东省义务教育阶段进城务工人员随迁子女人数

4．珠江三角洲地区义务教育阶段进城务工人员随迁子女在校生和西翼小学阶段进城务工人员随迁子女在校生有所下降，其他地区均有所上升

2019 年，广东省进城务工人员随迁子女有 250.33 万人在小学就读，比上年减少 4.4 万人，下降 1.73%。分区域看，珠江三角洲小学随迁子女为 203.52 万人，比上年下降 2.53%；西翼地区为 11.11 万人，下降 0.93%；东翼地区为 17.80 万人，增长 1.89%；山区为 17.90 万人，增长 3.77%。如表 3－5 所示。

2019 年，广东省进城务工人员随迁子女有 79.01 万人在初中就读，比上年增加了 0.94 万人，增长 1.2%。西翼地区增长最快，比上年增长了 13%；仅珠江三角洲初中阶段随迁子女人数出现负增长，较上年下降了 0.2%，如表 3－5 所示。

表 3－5　2019 年分学段义务教育阶段进城务工人员随迁子女情况

单位：万人

地区	2018 年		2019 年		增长率（%）	
	小学	初中	小学	初中	小学	初中
全省	254.73	78.07	250.33	79.01	－1.73	1.20
珠江三角洲	208.80	63.79	203.52	63.66	－2.53	－0.20
东翼	17.47	5.50	17.80	5.83	1.89	6.07
西翼	11.21	3.31	11.11	3.74	－0.89	13.00
山区	17.25	5.47	17.90	5.77	3.77	5.48

5．进城务工人员随迁子女占在校生总数的比例较上年均有所下降

2019 年，广东省义务教育阶段进城务工人员随迁子女占在校生总人数的比例为 23.15%，比上年减少了 1.31%。其中，小学阶段随迁子女占在校生总规模的比例为 24.22%，珠江三角洲地区仍然最高，为 37.04%，比上年减少了 2.65%；西翼地区最低，为 6.73%，比上年下降了 0.44%。初中阶段随迁子女占在校生总人数的比例为 20.31%，珠江三角洲地区最高，达到 33.02%，比上年减少了 1.84%；西翼最低，为 5.74%，比上年增加 0.5%。如表 3－6 所示。

表3-6 2019年义务教育阶段进城务工人员随迁子女在校生人数比例（%）

地区	2018年			2019年			增长率		
	小学	初中	合计	小学	初中	合计	小学	初中	合计
全省	25.77	20.96	24.46	24.22	20.31	23.15	-1.55	-0.65	-1.31
珠江三角洲	39.69	34.86	38.44	37.04	33.02	36.00	-2.65	-1.84	-2.44
东翼	11.38	8.41	10.50	11.19	8.70	10.46	-0.19	0.29	-0.04
西翼	7.17	5.24	6.61	6.73	5.74	6.45	-0.44	0.50	-0.16
山区	11.32	8.97	10.65	11.20	9.00	10.57	-0.12	0.03	-0.07

6．进城务工人员随迁子女外省迁入的比例高于省内流动；珠江三角洲以外省流入为主，其他地区以省内流动为主

总体而言，义务教育阶段的进城务工人员随迁子女中外省迁入的比例一般高于省内流动，但具体情况因地而异。2019年，在广东省义务教育阶段就读的进城务工人员随迁子女中，外省迁入的占54.17%。其中，珠江三角洲地区进城务工人员随迁子女以外省迁入为主，为59.09%，比上年下降了0.16%；其他地区进城务工人员随迁子女则以省内流动为主，东翼地区占53.24%、西翼地区占82.04%、山区地区占71.34%，但西翼地区和山区的增速小于东翼地区的1.67%，分别为0.39%和0.62%，如表3-7所示。

表3-7 2019年义务教育阶段进城务工人员随迁子女来源情况（%）

地区	2018年		2019年		比上年增长	
	外省迁入	省内流动	外省迁入	省内流动	外省迁入	省内流动
全省	54.67	45.33	54.17	45.83	-0.51	0.51
珠江三角洲	59.25	40.75	59.09	40.91	-0.16	0.16
东翼	48.43	51.57	46.76	53.24	-1.67	1.67
西翼	18.35	81.65	17.96	82.04	-0.39	0.39
山区	29.28	70.72	28.66	71.34	-0.62	0.62

2019年，在小学阶段就读的进城务工人员随迁子女中，外省迁入所占比例为54.80%；初中阶段就读者中，该比例为52.15%。其中，在珠江三角洲地

区小学阶段外省迁入所占比例最高，达59.77%；在西翼地区，小学、初中阶段就读者中，省内其他县迁入所占比例都是最高，分别高达82.13%和81.80%，如图3－7所示。

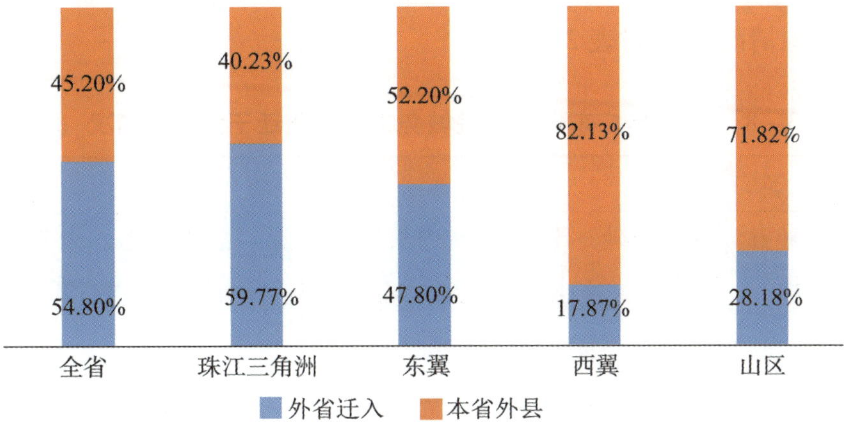

（a）小学阶段进城务工人员随迁子女来源

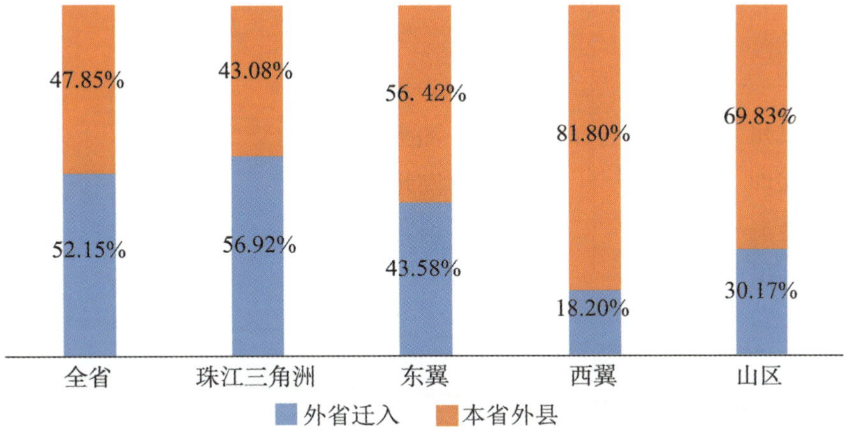

（b）初中阶段进城务工人员随迁子女来源

图3－7　2019年小学、初中进城务工人员随迁子女来源

分地市来看，在小学阶段，东莞、江门、中山3市的随迁子女中外省迁入所占比例较高，分别占本市进城务工随迁子女的71.93%、68.18%、67.50%。湛江、梅州、茂名、河源4个城市的随迁子女中从省内其他县迁入所占比例较高，分别占本市进城务工随迁子女的90.16%、78.63%、77.45%、77.07%，如表3－8所示。（各地市小学阶段进城务工人员随迁子女来源情况详见附表2－5）

在初中阶段，江门、东莞、中山 3 市的随迁子女中外省迁入所占比例较高，分别占本市进城务工随迁子女的 69.53%，69.49%，66.15%。湛江、梅州 2 市的随迁子女中从省内其他县迁入所占比例较高，分别占本市进城务工随迁子女的 91.52%、81.68%，如表 3－9 所示。（各地市初中阶段进城务工人员随迁子女来源情况详见附表 2－6）

表 3－8　2019 年广东省小学进城务工人员随迁子女来源情况（%）

分档	珠江三角洲		东翼		西翼		山区	
	外省迁入	省内其他县迁入	外省迁入	省内其他县迁入	外省迁入	省内其他县迁入	外省迁入	省内其他县迁入
80～100						湛江		
60～80	东莞 中山 江门			汕尾		茂名 阳江		韶关 河源 梅州 清远 云浮
40～60	广州 深圳 珠海 佛山 惠州 肇庆	广州 深圳 珠海 佛山 惠州 肇庆	汕头 潮州 揭阳	汕头 潮州 揭阳				
20～40		东莞 中山 江门	汕尾		茂名 阳江		韶关 河源 梅州 清远 云浮	
0～20					湛江			

表 3－9 2019 年广东省初中进城务工人员随迁子女来源情况（%）

分档	珠江三角洲		东翼		西翼		山区	
	外省迁入	省内其他县迁入	外省迁入	省内其他县迁入	外省迁入	省内其他县迁入	外省迁入	省内其他县迁入
80～100						湛江		梅州
60～80	东莞 中山 江门			汕尾		阳江 茂名		河源 清远 云浮
40～60	广州 深圳 珠海 佛山 惠州 肇庆	广州 深圳 珠海 佛山 惠州 肇庆	汕头 潮州 揭阳	汕头 潮州 揭阳			韶关	韶关
20～40		东莞 中山 江门	汕尾		阳江 茂名		河源 清远 云浮	
0～20					湛江		梅州	

7．广东省义务教育阶段在校生中农村留守儿童在校生数比上年稍有增加

广东省作为外来流动人口大省，外省迁入人口和进城务工人员的数量逐年递增，为社会发展带来一定正面影响以外，也引出一系列社会问题，其中备受关注的就是“留守儿童”问题。党中央和社会各界对“留守儿童”问题展开积极研究，以调整相应政策减少地域歧视和未成年人安全隐患等问题，更好地惠及全民。据统计，2019 年，广东省义务教育阶段在校生中农村留守儿童有 86.41 万人，比上年增加 0.4 万人，上升了 0.47%，如图 3－8 所示。从图中可以看出，2019 年广东省农村留守儿童在校生数有所增加。

2019 年小学在校生中，广东省农村留守儿童为 59.37 万人，比上年下降 0.03 万人，减少 0.05%。其中，除西翼地区小学留守儿童人数有所增加外，其他地区小学留守儿童人数均有所下降，东翼地区降幅最大，下降 3.94%。如

表 3 – 10 所示。

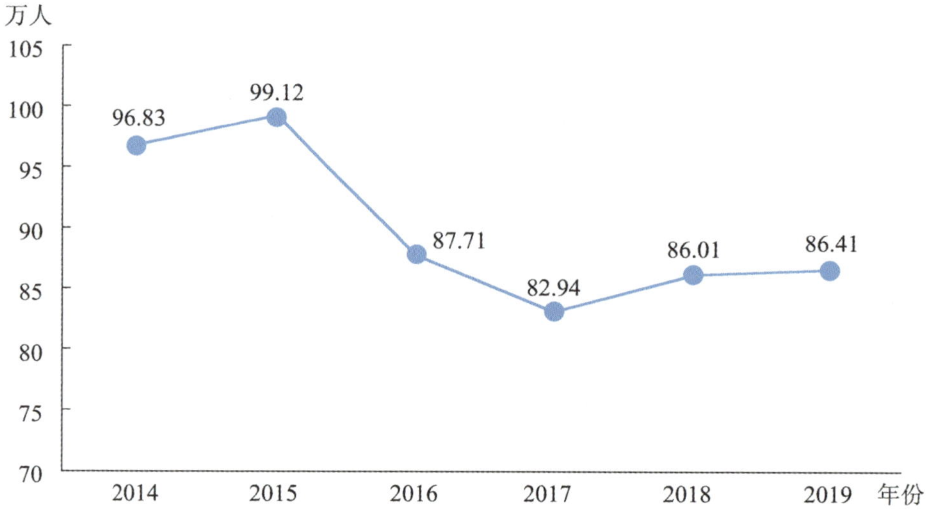

图 3 – 8　2014—2019 年广东省义务教育阶段农村留守儿童在校生人数

初中在校生中，2019 年农村留守儿童有 27.04 万人，比上年增加 0.43 万人，增长 1.6%。山区初中留守儿童最多，达到 11.01 万人，占全省农村初中留守儿童的 40.72%。如表 3 – 10 所示。

表 3 – 10　2018 年、2019 年广东省分区域小学、初中农村留守儿童在校生人数

单位：万人

地　区	小　学			初　中		
	2018 年	2019 年	增长（%）	2018 年	2019 年	增长（%）
全省	59.40	59.37	–0.05	26.61	27.04	1.62
珠江三角洲	8.184	8.179	–0.06	3.71	3.87	4.31
东翼	2.79	2.68	–3.94	1.38	1.41	2.17
西翼	23.84	24.23	1.64	10.9	10.75	–1.38
山区	24.59	24.27	–1.30	10.61	11.01	3.77

四、义务教育教师队伍发展情况

2019 年，全省义务教育阶段专任教师规模略有变化。小学专任教师为 55.32 万人，比上年增加了 2.29 万人；初中专任教师为 29.16 万人。另外，小学代课教师有 508 人，比上年减少 19 人；中学代课教师有 262 人，比上年增加 49 人。

1. 小学阶段生师比有升有降，初中阶段生师比则有所上升，教师配备状况有待改善

2019 年，广东省小学生师比从 18. 64∶1 上升为 18. 68∶1，其中，农村小学生师比为 17. 62∶1，明显低于城市，城市小学生师比上升幅度小于农村生师比上升幅度。与上年相比，除珠江三角洲外，东翼、西翼、山区各地区小学生师比都在上升，西翼小学阶段生师比由上年的 17. 82∶1 上升为 18. 35∶1，上升幅度最大，山区小学阶段生师比上升幅度最小，如表 3 – 11 所示。分地市来看，广东省各市小学生师比 9 市出现负增长，其中下降幅度最大的是深圳市、佛山市、梅州市，广东省教师配置状况在不断改善。（分地区小学阶段生师比详见附表 2 – 7）

表 3 – 11　2019 年广东省分区域、分城乡义务教育学校生师比

地区	小　学			初　中		
	城市	农村	合计	城市	农村	合计
全省	19. 51∶1	17. 62∶1	18. 68∶1	13. 84∶1	12. 71∶1	13. 34∶1
珠江三角洲	19. 28∶1	19. 02∶1	19. 22∶1	13. 81∶1	13. 73∶1	13. 79∶1
东翼	20. 34∶1	17. 61∶1	18. 57∶1	13. 12∶1	12. 22∶1	12. 57∶1
西翼	20. 18∶1	17. 30∶1	18. 35∶1	14. 42∶1	12. 79∶1	13. 46∶1
山区	19. 63∶1	16. 53∶1	17. 41∶1	14. 30∶1	12. 17∶1	12. 79∶1

2019 年，初中生师比由上年的 13. 00∶1 上升为 13. 34∶1。广东省城市初中生师比为 13. 84∶1，明显高于农村的 12. 71∶1，如表 3 – 11 所示。初中生师比除了深圳、东莞、佛山和中山 4 市外，其他各市都在上升，可见，初中教师配置有待改善。（分地区初中阶段生师比详见附表 2 – 8）

2. 山区、东翼、西翼地区义务教育教师学历层次提升较快，但初中阶段区域差距依然较大

义务教育教师学历合格率保持在较高水平，城乡差距已不明显。2019 年，小学及初中教师学历合格率为 99. 99%，小学未达到高中及以上学历人数为 97 人，初中未达到大专以上学历人数为 50 人。

义务教育高一级学历教师比例大幅提升。2019 年，广东省小学大专及以上学历教师比例达到 98. 55%，比上年提高 0. 41%。其中，城市小学为 99. 49%，农村小学为 97. 35%，相差 2. 14%；分区域看，山区地区小学大专及以上学历教师比例提升较快，比上年提高1.04%。如图3－9所示。分地市来看，广东省各市小学大专及以上学历教师比例均达到95%以上，其中广州、深圳、珠海、汕头、中山、东莞、佛山、江门以及茂名高达99%以上。（分地区小学大专及以上学历教师比例详见附表2－9）

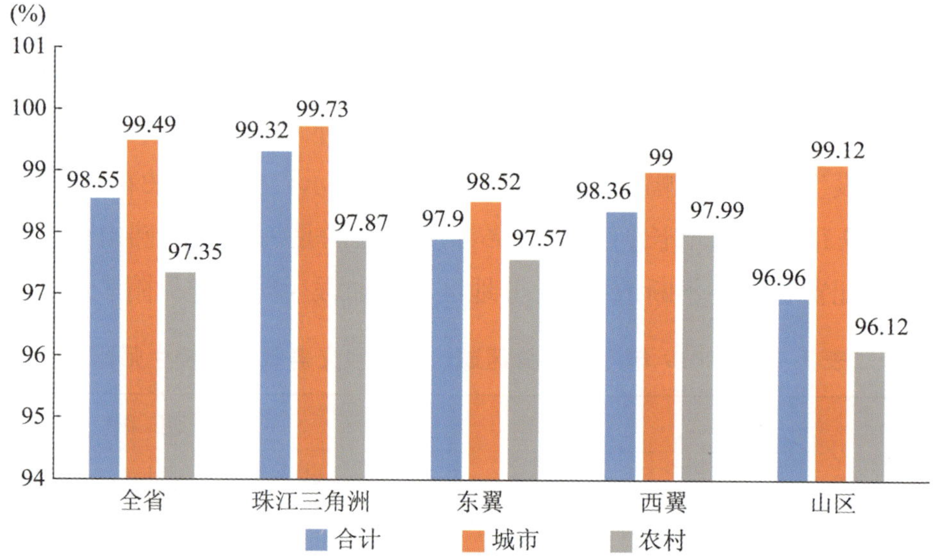

图3－9　2019年广东省分区域、分城乡小学大专及以上学历教师比例

2019年，广东省初中阶段本科及以上学历教师比例达到90.56%，比上年提高了1.11%。其中，城市初中为92.99%，农村初中为87.50%，相差5.49%。如图3－10所示。分区域看，东翼、西翼、山区初中本科及以上学历教师比例

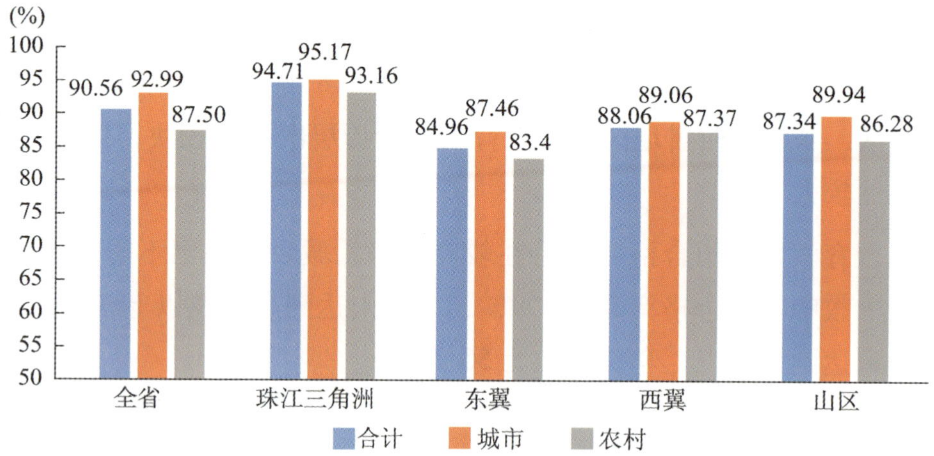

图3－10　2019年广东省分区域、分城乡初中本科及以上学历教师比例

分别比上年提升0.75%、1.31%、-2.10%，与珠江三角洲地区差异有所缩减，但整体来看，区域间差距依然较大。潮州市初中教师该比例还未达到80%，而广州、深圳、珠海、汕头、佛山、惠州、东莞、中山、肇庆和江门达到了90%以上。（分地区初中阶段本科及以上学历教师比例详见附表2-10）

3. 义务教育学校中级及以上职称教师比例变化较大，区域差距和城乡差距仍较大

2019年，广东省小学中级及以上职称教师比例为54.62%。其中城市小学为45.98%，农村小学为65.69%，相差19.71%。分区域看，珠江三角洲地区小学中、高级职称教师比例为44.48%，分别比东翼、西翼和山区低16.59%、22.71%和23.39%，珠江三角洲地区该指标农村比城市高出19.50%，如图3-11所示。分地市来看，韶关、梅州、江门、阳江和肇庆5市中级及以上职称教师比例达到70%。（分地区小学中级以上职称教师比例详见附表2-11）

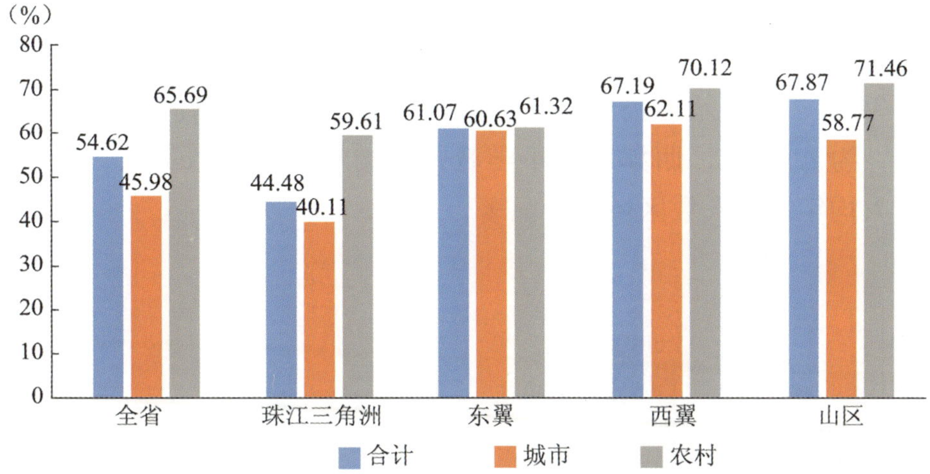

图3-11　2019年广东省分区域、分城乡小学中级及以上职称教师比例

2019年，广东省初中中级及以上职称教师比例为60.54%，比上年上升0.67%。其中城市初中为56.17%，农村初中为66.03%，相差9.86%。分区域看，山区初中，中级及以上职称比例为74.37%，分别比珠江三角洲、东翼和西翼高17.72%、18.15%和12.18%，如图3-12所示。分地市来看，深圳和东莞初中中级及以上职称教师比例尚未达到50%。（分地区初中中级及以上职称教师比例详见附表2-12）

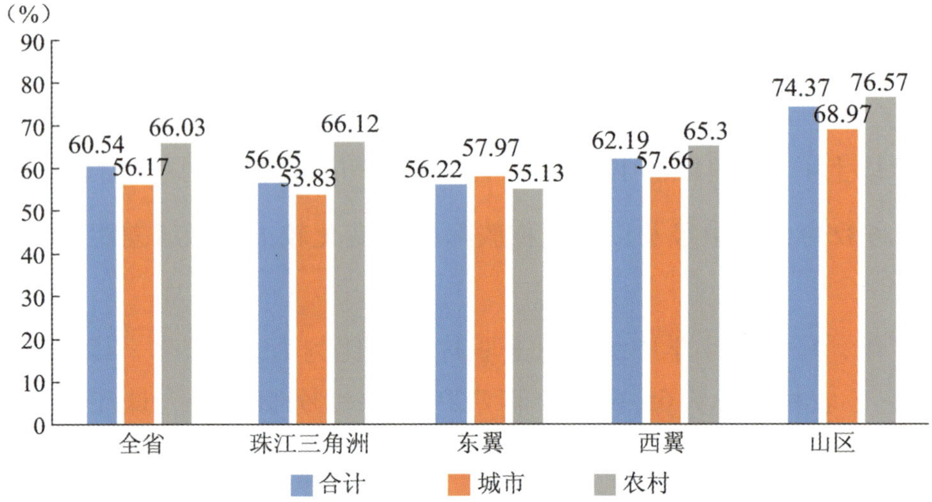

图 3－12　2019 年广东省分区域、分城乡初中中级及以上职称教师比例

4. 义务教育学校教师人均年培训次数有所增长，大部分培训时间在一个月以内，类型以校级和县级培训为主

2019 年，广东省小学教师人均年培训次数为 5. 71 次，比上年增加 0. 30 次，其中城市小学为 6. 98 次，比上年增加 0. 19 次，农村小学为 4. 09 次，比上年增加 0. 34 次，城乡差异仍然较大。分区域看，珠江三角洲教师人均年培训次数最高，为 7. 60 次，西翼地区小学教师人均年培训次数最低，为 3. 18 次，小学教师人均年培训次数区域差异显著，如图 3－13 所示。

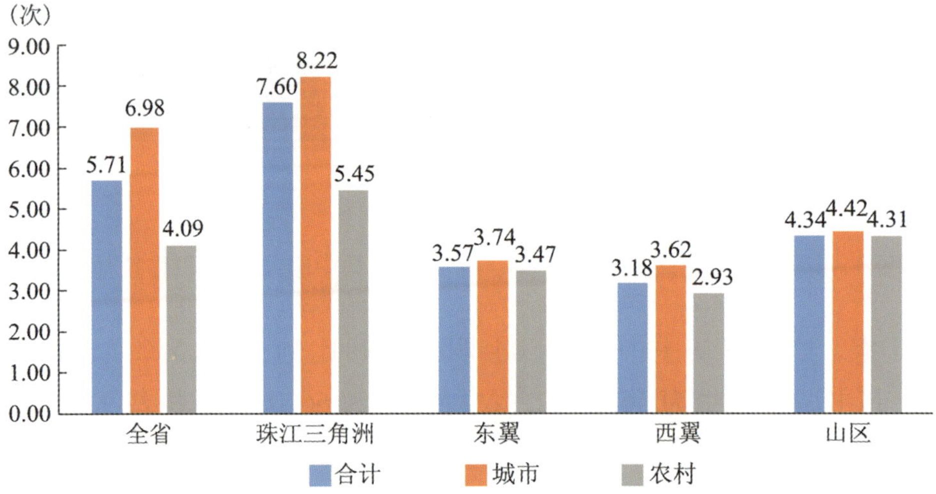

图 3－13　2019 年广东省分区域、分城乡小学教师人均年培训次数

2019 年，广东省初中教师人均年培训次数整体呈现上升趋势。广东省初中教师人均年培训次数为 5. 13 次，比上年增加 0. 19 次，城市初中为 5. 75 次，比

上年减少0.15次，农村初中为4.35次，比上年增加0.51次。分区域看，西翼地区初中教师培训次数增幅最大，与上年相比增加0.44次，东翼地区初中教师培训次数最少，仅为3.30次。分城乡看，西翼与珠江三角洲地区的城乡初中教师培训次数差异最大，其他地区城乡差异不明显，如图3－14所示。

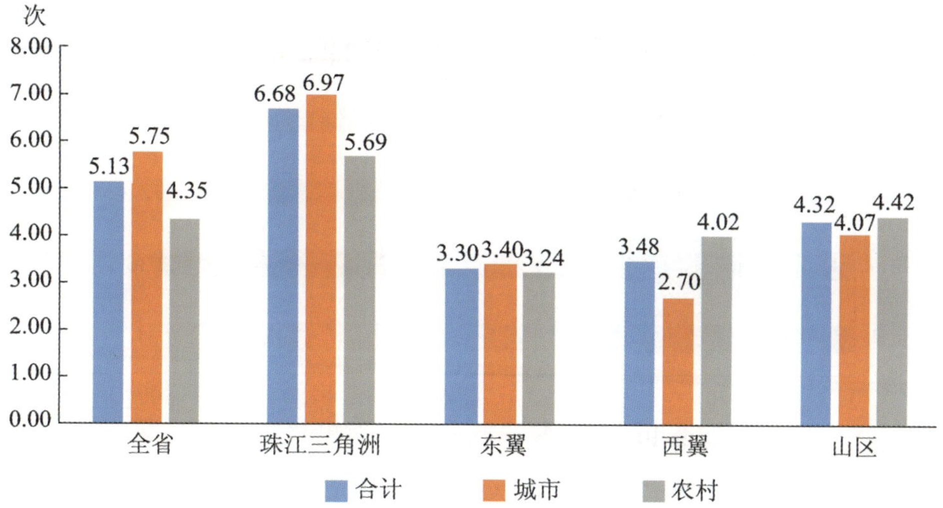

图3－14　2019年广东省分区域、分城乡初中教师人均年培训次数

从培训形式看，义务教育学校教师以集中培训为主要形式。2019年，小学教师接受集中培训次数占培训总次数的比例为64.42%，初中为62.60%。分区域看，西翼小学、初中以及山区初中教师集中培训所占比例未超过60%，如表3－12所示。

表3－12　2019年广东省义务教育学校教师培训形式占总次数比重情况（%）

地区	集中培训	远程培训	跟岗实践
小学			
全省	64.42	33.27	2.31
珠江三角洲	66.87	30.77	2.36
东翼	63.50	34.78	1.72
西翼	51.33	45.87	2.80
山区	61.15	36.75	2.10
初中			
全省	62.60	35.04	2.35
珠江三角洲	64.77	32.70	2.53
东翼	65.26	32.67	2.07
西翼	51.58	47.29	1.13
山区	59.72	37.51	2.77

从培训类型看，义务教育学校教师的培训仍以集中培训、远程培训为主。2019年，小学教师接受集中培训次数占培训总次数的比例为64.42%，小学教师接受远程培训次数占培训总次数比例为33.27%，如图3-15所示。分区域看，除珠江三角洲、东翼外，西翼和山区的远程培训次数均超过35%。

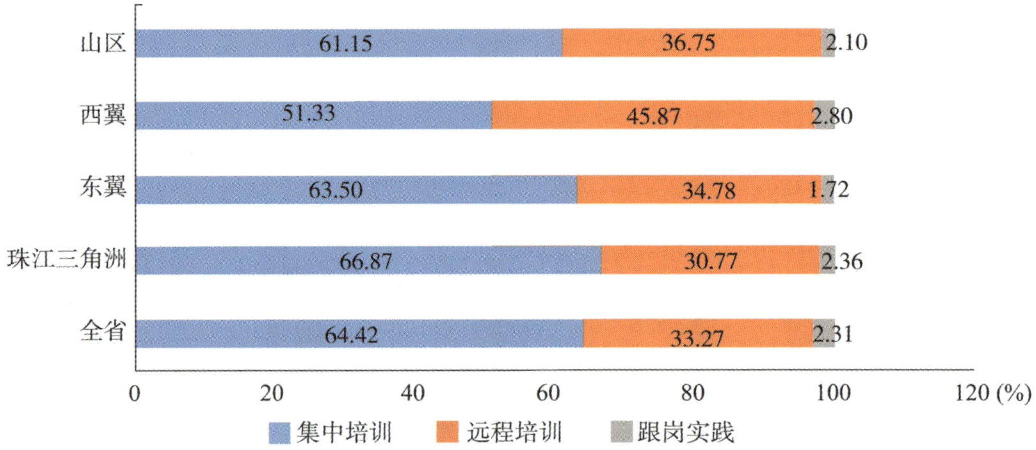

图3-15　2019年广东省小学教师培训类型的构成

2019年，初中教师接受集中培训次数占培训总次数的比例为62.60%，初中教师接受远程培训次数占总培训次数的比例为35.04%。分区域看，除东翼和珠江三角洲外，西翼和山区义务教育学校教师参加远程培训次数均超过35%，如图3-16所示。

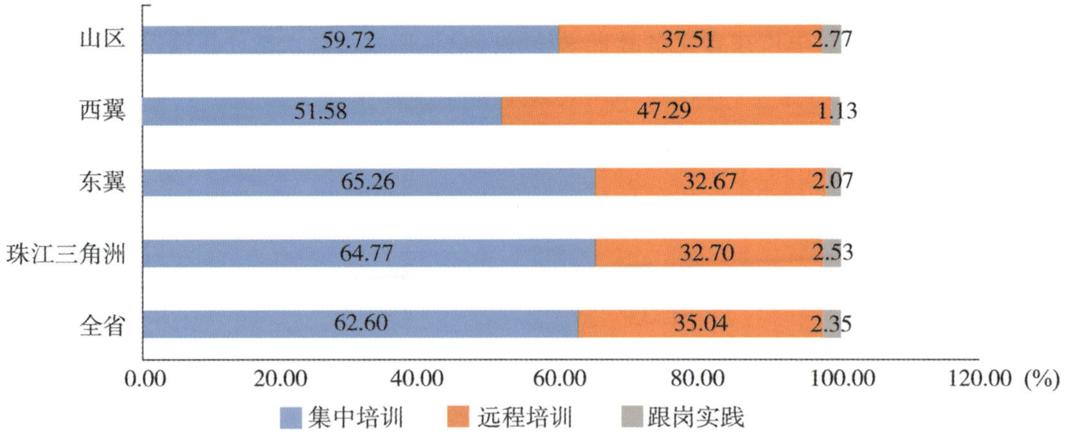

图3-16　2019年广东省初中教师培训类型的构成

五、义务教育学校办学条件变化情况

各级政府积极贯彻"新增教育经费主要用于农村"的政策，农村义务教育保障新机制顺利推进，农村义务教育投入大幅增加，农村小学、初中基本办学条件得到明显改善。但是，义务教育学校办学条件的城乡和区域差距依然较大。

1. 义务教育生均占地面积均略有减少

2019 年，广东省义务教育校舍总面积达到 438 984 041. 21 平方米，比上年增加 8 805 985. 31 平方米。其中小学生均占地面积为 24. 12 平方米，初中生均占地面积为 48. 76 平方米。分城乡看，小学农村义务教育的生均占地面积都高于城市。2019 年，广东省义务教育小学生均占地面积城市和农村分别为 16. 97 平方米和 34. 27 平方米。广东省义务教育初中生均占地面积城市和农村分别为 42. 19 平方米和 57. 73 平方米，如表 3 – 13 所示。

表 3 – 13 2018 年、2019 年广东省义务教育分城乡生均占地面积情况

单位：平方米

项目	年份				增减	
	2018 年		2019 年			
	小学	初中	小学	初中	小学	初中
占地总面积	244 196 760. 70	185 981 295. 20	249 310 940. 09	189 673 101. 12	5 114 179. 39	3 691 805. 92
生均占地面积	24. 71	49. 93	24. 12	48. 76	–0. 58	–1. 18
城市占地面积	99 865 352. 55	92 445 759. 06	102 843 713. 38	94 846 262. 60	2 978 360. 83	2 400 503. 54
城市生均占地面积	17. 46	43. 65	16. 97	42. 19	–0. 49	–1. 45
农村占地面积	144 331 408. 13	93 535 536. 11	146 467 226. 71	94 826 838. 52	2 135 818. 57	1 291 302. 41
农村生均占地面积	34. 65	58. 22	34. 27	57. 73	–0. 38	–0. 49

分区域来看，全省生均占地面积比上年略有下降，珠江三角洲、东翼、西翼、山区比上年均有减少，分别比上年减少 0.24 平方米、0.13 平方米、2.65 平方米和 1.21 平方米，如图 3－17 所示。

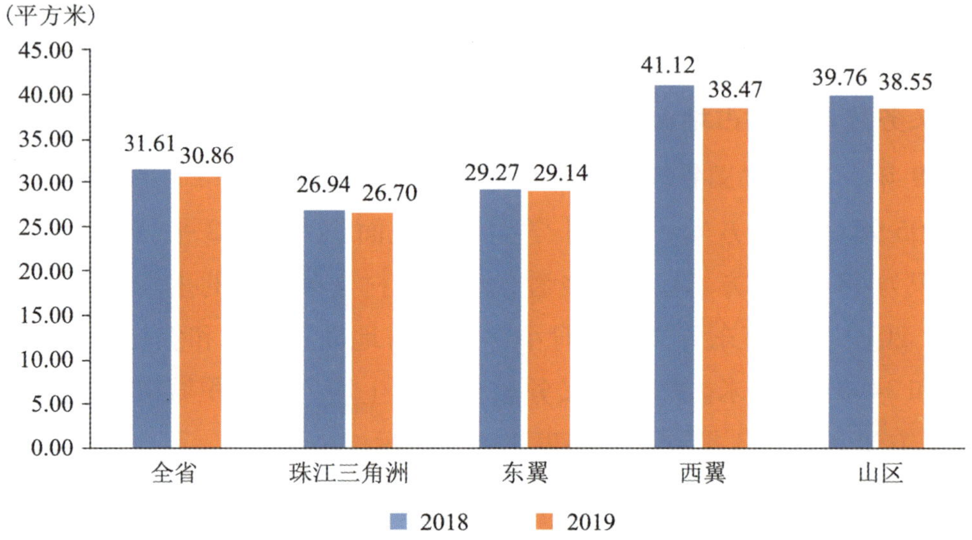

图 3－17　2018 年、2019 年广东省分区域义务教育生均占地面积变化情况

分地市来看，2019 年广东省小学各地市义务教育生均占地面积，相比上年有增有减，如表 3－14 所示。其中生均占地面积减少超过 1 平方米的地市有梅州、揭阳、湛江、韶关和清远 5 市。生均占地面积与上年相比有所增加的城市为深圳、广州、河源、汕尾、阳江和肇庆。（分地市义务教育小学生均占地面积情况详见附表 2－13）

表 3－14　2019 年广东省分地市义务教育小学生均占地面积变化情况

单位：平方米

增长范围	地　市					
0 ～ 1	肇庆	河源	深圳	广州	阳江	汕尾
－1 ～ 0	珠海 潮州	佛山 汕头	惠州 茂名	东莞 云浮	中山	江门
－1 以下	梅州	揭阳	清远	湛江	韶关	

2019 年，全省初中分地市义务教育生均占地面积，相比上年有所减少，如表 3－15 所示。其中，生均占地面积增加 0 ～10 平方米的地市有广州、汕头、

佛山、韶关、汕尾、阳江、肇庆、云浮 8 个市，生均占地面积减少的地市有深圳、珠海、河源、梅州、惠州、东莞、中山、江门、湛江、茂名、清远、潮州、揭阳 13 个市。（分地市义务教育初中生均占地面积情况详见附表 2 – 14）

表 3 – 15 2019 年广东省分地市义务教育初中生均占地面积变化情况

单位：平方米

增加范围	地市							
0 ～10	广州	汕头	佛山	韶关	汕尾	阳江	肇庆	云浮
–10 ～0	深圳	珠海	河源	梅州	惠州	东莞	中山	江门
	湛江	茂名	清远	潮州	揭阳			

2. 义务教育寄宿生人数有所增加，生均宿舍面积比上年有所减少

2019 年，全省小学寄宿生规模达 54. 54 万人，比上年增加 5. 51 万人，增长 11. 24%；小学寄宿生占在校生的比例为 5. 28%，小学城市寄宿生占小学寄宿生的比例为 50. 81%。广东省小学寄宿生生均宿舍面积为 15. 38 平方米，与上年相比，上升了 0. 57 平方米，符合《广东省义务教育规范化学校标准（试行)》生均 4 平方米的标准。其中，西翼地区生均宿舍面积最低，为 9. 27 平方米，比东翼地区少 16. 89 平方米，地区间差异仍较大，如图 3 – 18 所示。

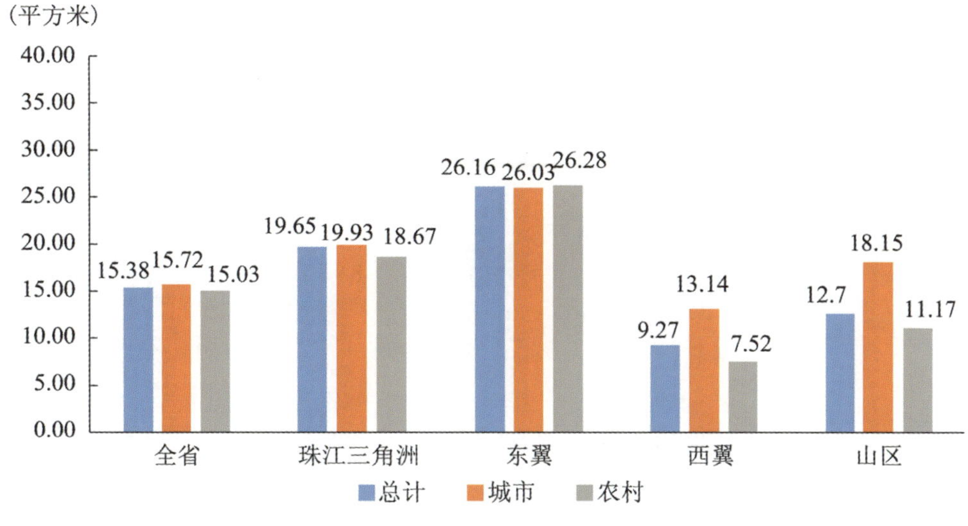

图 3 – 18 2019 年广东省分区域、分城乡小学寄宿生生均宿舍面积

分地市来看，小学生均宿舍面积最高的是梅州，最低的是云浮，其他各市均达到5平方米以上，分地市情况如表3－16所示。（分地区小学寄宿生生均住宿面积详见附表2－15）

表3－16　2019年广东省分地市小学寄宿生生均住宿面积

单位：平方米

增加范围	地　市						
10以上	梅州						
0～10	深圳	佛山	韶关	河源	东莞	中山	阳江
	湛江	肇庆	清远	云浮			
－10以下	广州	惠州	汕尾	江门	茂名	潮州	揭阳
	珠海	汕头					

2019年，广东省初中寄宿生规模达150.27万人，比上年增加11.24万人，增加8.08%。初中寄宿生占在校生的比例为38.63%，初中城市寄宿生占初中寄宿生比例为49.24%。全省初中寄宿生生均宿舍面积为11.34平方米，比上年上升0.11平方米，符合《广东省义务教育规范化学校标准（试行）》生均4.5平方米的标准。其中西翼为8.91平方米，比东翼地区少5.91平方米，区域差异显著。如图3－19。

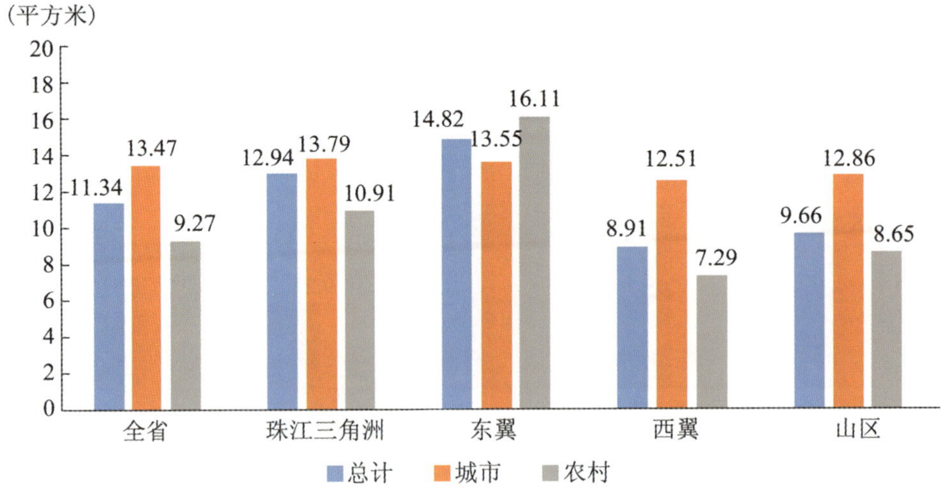

图3－19　2019年广东省分区域、分城乡初中寄宿生生均宿舍面积

分地市来看，佛山、河源、江门、阳江、茂名、清远和云浮等市初中寄宿生生均宿舍面积未达到10平方米以上，其他地市均达到10平方米以上；与上年相比，汕头、佛山、韶关、梅州、东莞、阳江、湛江、茂名、肇庆和云浮等市初中寄宿生生均宿舍面积略有上升，如表3－17所示。（分地区初中阶段寄宿生生均住宿面积详见附表2－16）

表3－17　2019年广东省部分地市初中寄宿生生均住宿面积

单位：平方米

增加范围	地　市					
0以上	汕头	佛山	韶关	梅州	东莞	阳江	湛江
	茂名	肇庆	云浮				
－1～0	广州	河源	惠州	江门	清远		
－1以下	珠海	深圳	汕尾	中山	潮州	揭阳	

3. **义务教育运动场地面积总体有所增加，各区域生均运动场地面积有增有减**

2019年，全省义务教育生均运动场地面积为9.98平方米，比上年减少0.09平方米。其中，全省义务教育小学生均运动场地面积为8.27平方米，比上年减少0.11平方米；初中生均运动场地面积为14.54平方米，与上年持平。

分城乡看，无论是小学还是初中，城市义务教育的生均运动场地面积都低于农村。2019年，全省小学城市义务教育生均运动场地面积为6.18平方米，比上年增加0.03平方米；初中城市生均运动场地面积为13.40平方米，比上年增加0.12平方米；小学农村义务教育生均运动场地面积为11.23平方米，比上年减少0.21平方米；初中农村义务教育生均运动场地面积为16.10平方米，比上年减少0.10平方米，如表3－18所示。

表3－18 2018年、2019年广东省分城乡义务教育生均运动场地面积情况

单位：平方米

项目	年份				增减	
	2018年		2019年			
	小学	初中	小学	初中	小学	初中
运动场地占地面积	82 839 744.30	54 149 443.34	85 436 121.65	56 574 898.12	2 596 377.35	2 425 454.78
生均运动场地面积	8.38	14.54	8.27	14.54	-0.11	0.00
城市运动场地面积	35 186 501.70	28 126 798.97	37 424 738.92	30 124 894.24	2 238 237.22	1 998 095.27
城市生均运动场地面积	6.15	13.28	6.18	13.40	0.03	0.12
农村运动场地面积	47 653 242.60	2 602 264.37	48 011 382.73	26 450 003.88	358 140.13	427 359.51
农村生均运动场地面积	11.44	16.20	11.23	16.10	-0.21	-0.10

分区域来看，除珠江三角洲，全省义务教育生均运动场地面积略有下降。2019年，西翼小学生均运动场地面积最高，为10.92平方米，比上年下降0.12平方米；山区初中生均运动场地面积最高，为16.68平方米，比上年减少0.31平方米；珠江三角洲地区小学生均运动场地面积最少，为6.90平方米，比上年增加0.04平方米，如表3－19所示。

表 3－19 2018 年、2019 年广东省义务教育生均运动场地面积变化情况

单位：平方米

地区	年份				增减	
	2018 年		2019 年			
	小学	初中	小学	初中	小学	初中
全省	8.38	14.54	8.27	14.54	－0.11	0.00
珠江三角洲	6.86	14.49	6.90	14.63	0.04	－0.14
东翼	8.54	12.44	8.33	12.17	－0.22	－0.27
西翼	11.04	14.47	10.92	14.63	－0.12	－0.16
山区	10.78	16.99	10.15	16.68	－0.63	－0.31

分地市来看，2019 年，全省义务教育小学生均运动场地面积与上年相比只有深圳、广州、东莞、汕头和茂名 5 市有所增加，其中汕头小学生均运动场地面积增幅最大，增加了 0.34 平方米，其他地市都有所减少，梅州小学生均运动场地面积降幅最大，减少了 0.88 平方米，如表 3－20 所示。（分地市义务教育小学生均运动场地面积情况详见附表 2－17）

表 3－20 2019 年广东省分地市义务教育小学生均运动场地面积变化情况

单位：平方米

增加范围	地市						
0.3 以上	汕头						
0～0.3	广州	东莞	茂名	深圳			
0 以下	珠海	中山	江门	肇庆	汕尾	潮州	揭阳
	阳江	湛江	佛山	韶关	河源	梅州	清远
	云浮	惠州					

2019 年，广东省义务教育初中生均运动场地面积与上年相比有增有减，其中，生均运动场地面积增加的有广州、深圳、佛山、汕头、韶关、茂名、肇庆、惠州、汕尾、东莞和阳江 11 市；生均运动场地面积减少 0.5 平方米以上的有珠海、河源、梅州和揭阳 4 市，如表 3－21 所示。（分地市义务教育初中生均运动场地面积情况详见附表 2－18）

表 3-21　2019 年广东省分地市义务教育初中生均运动场地面积变化情况

单位：平方米

增加范围	地市						
0 以上	广州	深圳	佛山	汕头	韶关	茂名	肇庆
	惠州	汕尾	东莞	阳江			
0 ～ -0.5		中山	江门	湛江	清远	潮州	云浮
-0.5 以下	珠海	河源	揭阳	梅州			

4. 义务教育生均图书数较上年有所增长

2019 年，广东省义务教育图书总藏量为 532 633 500 册，比上年增加约 1.93 千万册，增长 4%；其中，小学增加约 1.24 千万册，初中增加约 6.91 百万册；全省义务教育生均图书数有所浮动，其中，小学减少 0.08 册，初中减少 0.76 册。

分城乡来看，2019 年全省小学城市义务教育生均图书数为 29.43 册，比上年减少 0.17 册；初中城市义务教育生均图书数为 62.50 册，比上年减少 1.07 册。小学农村义务教育生均图书数为 29.60 册，比上年增加 0.04 册；初中农村义务教育生均图书数为 53.14 册，比上年减少 0.56 册，如表 3-22 所示。

表 3-22　2018 年、2019 年广东省分城乡义务教育生均图书情况

单位：册

项　目	年　份				增　减	
	2018 年		2019 年			
	小学	初中	小学	初中	小学	初中
图书总藏量	292 386 332	220 907 828	304 856 922	227 776 578	12 470 590	6 868 750
生均图书	29.58	59.31	29.50	58.55	-0.08	-0.76
城市图书	169 262 852	134 636 756	178 326 084	140 499 449	9 063 232	5 862 693
城市生均图书	29.60	63.57	29.43	62.50	-0.17	-1.07
农村图书	123 123 480	86 271 072	126 530 838	87 277 129	3 407 358	1 006 057
农村生均图书	29.56	53.70	29.60	53.14	0.04	-0.56

分区域来看，2019 年全省义务教育生均图书数，各区域小学初中生均图书数均呈下降趋势；其中，东翼小学生均图书数降幅最小，珠江三角洲地区初中生均图书数减少 0.78 册。此外，珠江三角洲地区小学生均图书数最高，为 29.95 册；珠江三角洲地区初中生均图书数最高，为 61.99 册，如表 3－23 所示。

表 3－23　2018 年、2019 年广东省分区域义务教育生均图书情况

单位：册

地区	年份				增减	
	2018 年		2019 年			
	小学	初中	小学	初中	小学	初中
全省	29.58	59.31	29.50	58.55	－0.08	－0.76
珠江三角洲	30.03	62.77	29.95	61.99	－0.08	－0.78
东翼	29.68	58.82	29.48	57.99	－0.02	－0.83
西翼	27.79	55.20	27.76	53.74	－0.03	－1.46
山区	29.80	53.70	29.77	53.67	－0.03	－0.03

从各地市来看，2019 年全省各地市义务教育小学生均图书数与上年相比有增有减，如表 3－24 所示。其中，生均图书数与上年相比有所增加的有韶关、河源、江门、肇庆、潮州、云浮、汕头、湛江和深圳等 9 市。（分地市义务教育小学生均图书情况详见附表 2－19）

表 3－24　2019 年广东省分地市义务教育小学生均图书情况

单位：册

增加范围	地市
0～1	韶关　河源　江门　肇庆　潮州　云浮　汕头　湛江　深圳
0 及以下	珠海　佛山　惠州　广州　梅州　揭阳　汕尾　东莞　清远　中山　阳江　茂名

2019 年，广东省初中分地市义务教育生均图书数，相比上年均有所变化。其中，生均图书增加数超过 5 册的地市有韶关市，生均图书增加 5 册以内的地市有深圳、汕头和江门等 3 市，如表 3－25 所示。（分地市义务教育初中生均

图书情况详见附表 2 – 20）

表 3 – 25　2019 年广东省分地市义务教育初中生均图书情况

单位：册

增加范围	地市
5 以上	韶关
0 ～5	深圳　汕头　江门
0 以下	广州　珠海　佛山　河源　惠州　汕尾　东莞　中山　阳江　湛江　茂名　肇庆　清远　潮州　揭阳　云浮　梅州

5．义务教育生均教学仪器设备值有所减少，城乡差距依然较大

2019 年，广东省小学生均教学仪器设备值为 2596. 42 元，比上年增加 59. 61 元，其中，城市小学比上年增加 169. 36 元，农村小学则比上年增加 124. 85 元。分区域来看，东翼、珠江三角洲地区、西翼、山区均比上年有所增加。如图 3 – 20 所示。

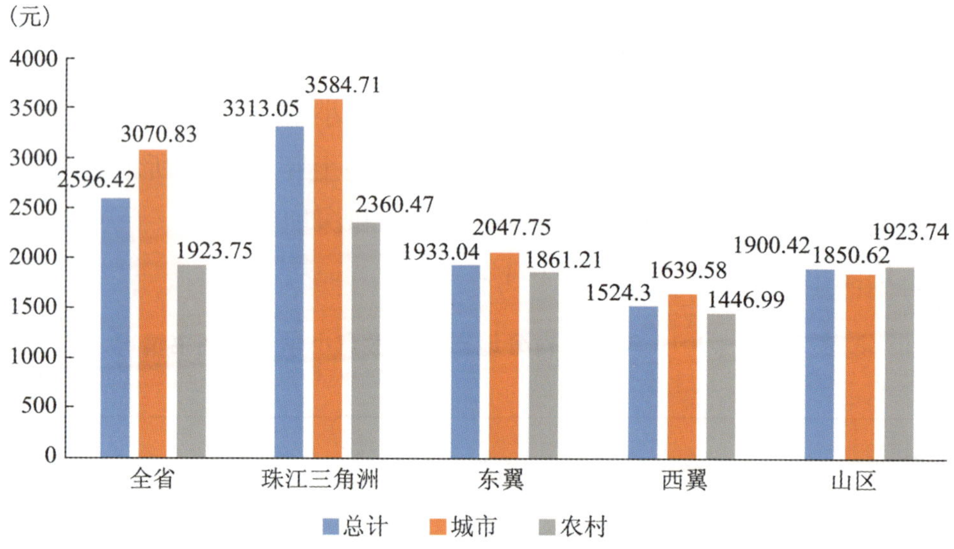

图 3 – 20　2019 年小学分区域、分城乡生均教学仪器设备值

分地市来看，深圳小学生均教学仪器设备值最大，为 6238. 70 元，除汕尾外，其他各地市均比上年有所增加，增幅最大的是深圳市，增加 498. 72 元，如表 3 – 25 所示。（分地区小学生均仪器设备值详见附表 2 – 21）

表 3－26　2019 年广东省分地市小学教学仪器设备值变化情况

单位：元

增长范围	地市						
200 以上	深圳	肇庆	佛山	汕头	清远		
100 ～200	河源	惠州	阳江	江门	湛江	茂名	潮州
0 ～100	广州	珠海	梅州	东莞	中山	揭阳	云浮
0 以下	汕尾						

2019 年，广东省初中生均教学仪器设备值为 5526. 14 元。分区域来看，各区域初中生均教学仪器设备值都有所增加，其中，珠江三角洲地区各市初中生均教学仪器设备值都很高，如图 3－21 所示。

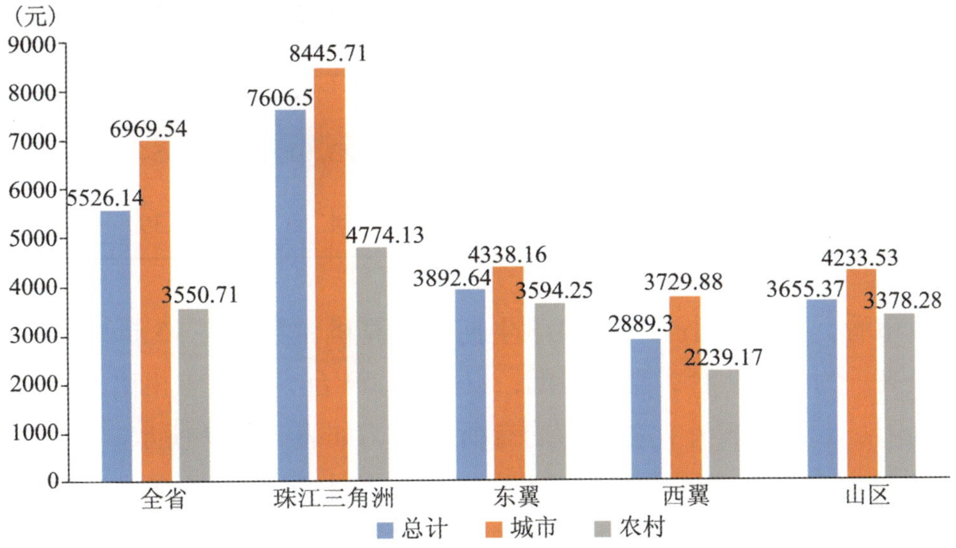

图 3－21　2019 年初中分区域、分城乡生均教学仪器设备值

分地市来看，各市初中生均教学仪器设备值与上年相比有增有减，如表 3－27 所示。（分地区初中阶段生均仪器设备值详见附表 2－22）

表 3－27　2019 年广东省分地市初中教学仪器设备值变化情况

单位：元

增长范围	地市								
400 以上	韶关	佛山	汕头	深圳	清远				
100 ～400	广州	惠州	江门	中山	湛江	肇庆	茂名	梅州	潮州
	云浮								
0 ～100	河源	东莞	阳江						
0 以下	揭阳	珠海	汕尾						

6．义务教育信息化水平逐步提高，区域间仍存在一定差距

小学、初中每百名学生拥有计算机台数不断增加，地区间差异有所缩小。2019 年，广东省小学每百名学生拥有计算机台数由上年的 21.30 台增加为 21.86 台，初中由上年的 38.74 台增加为 39.67 台，如表 3－28 所示。

表 3－28　广东省每百名学生拥有计算机台数

单位：台

地区	2018 年		2019 年		增长率（%）	
	小学	初中	小学	初中	小学	初中
全省	21.30	38.74	21.86	39.67	0.56	0.93
珠江三角洲	19.73	41.87	20.48	43.28	0.74	1.41
东翼	26.54	40.92	26.68	41.09	0.14	0.　17
西翼	22.25	32.01	22.79	33.01	0.54	1.00
山区	20.49	33.97	20.88	34.10	0.39	0.14

分地市看，各地市小学每百名学生拥有计算机台数均在 15 台以上，其中，深圳市最高，为 29.29 台，惠州最低，仅为 15.59 台，与上年相比，除了中山、江门、揭阳、云浮减少外，各地市均有所增加，如表 3－29 所示。另外，初中每百名学生拥有计算机台数均在 25 台以上，其中深圳市最高，为 70.16 台。与上年相比，各地市除河源、梅州、中山、江门、湛江、肇庆、揭阳和云浮等 8 市有所减少以外，其他地市均有所增加，如表 3－20 所示。（分地区义务教育学校每百名学生拥有教学用计算机台数详见附表 2－23）

表 3－29　2019 年小学分地市每百名学生拥有教学用计算机台数变化情况

单位：台

增减范围	地　市						
1 ～2	深圳	佛山	东莞	阳江	清远	潮州	
0 ～1	广州	珠海	汕头	惠州	汕尾	茂名	湛江
	韶关	河源	梅州	肇庆			
0 以下	揭阳	中山	江门	云浮			

表 3－30 2019 年初中分地市每百名学生拥有教学用计算机台数变化情况

单位：台

增减范围	地市						
1～4	广州	深圳	佛山	韶关	汕尾	东莞	茂名
	清远	潮州	阳江				
0～1	珠海	汕头	惠州				
0 以下	河源	梅州	中山	江门	湛江	肇庆	揭阳
	云浮						

7. 义务教育大班额问题得到一定程度的缓解，小学与初中均达到省规范化学校标准

2019 年，全省义务教育平均班额为 41 人，与上年持平。分区域看，珠江三角洲平均班额最大，为 45 人，西翼平均班额最小，为 37 人。如表 3－31 所示。

2019 年，广东省小学平均班额为 40 人，较上年持平，达到了广东省义务教育规范化学校标准规定的小学班额不超过 46 人的标准。分区域看，西翼小学平均班额最小，为 34 人，珠江三角洲地区平均班额最大，为 44 人，区域差距较大。与 2018 年相比，各地区都与上年持平。

2019 年，广东省初中平均班额为 46 人，与上年持平。已达到广东省义务教育规范化学校标准规定的不超过 50 人的标准。分区域看，除山区增加 1 人外，珠江三角洲、西翼、东翼都与上年持平。

表 3－31 义务教育平均班额统计情况

单位：人

地区	2018 年			2019 年		
	小学	初中	合计	小学	初中	合计
全省	40	46	41	40	46	41
珠江三角洲	44	46	45	44	46	45
东翼	36	45	38	36	45	38
西翼	34	47	37	34	47	37
山区	37	45	39	37	46	39

全省小学城区及镇区大班额现象仍较普遍，珠江三角洲和山区地区尤为突出。2019 年，全省小学大班数为 0.78 万个。全省小学 56 人及以上大班额的比例为 1.80%，与上年相比，下降了 2.09%。其中，城市为 2.85%，农村为 0.67%。如表 3－32 所示。

表 3－32　2019 年义务教育阶段大班额比例（%）

地区	小学			初中		
	城市	农村	合计	城市	农村	合计
全省	2.85	0.67	1.80	2.06	0.37	1.34
珠江三角洲	2.66	1.05	2.26	2.85	1.09	2.44
东翼	0.21	0.00	0.07	0.00	0.04	0.03
西翼	1.31	0.02	0.44	0.12	0.20	0.17
山区	10.28	1.55	3.76	1.70	0.09	0.59

分区域看，山区地区小学大班额比例最高，为 3.76%。其次珠江三角洲小学大班额比例为 2.26%，与 2018 年相比，东翼城市大班额比例下降最多，为 81.58%。分地市来看，除汕头、清远、潮州、云浮等市没有变化外，各地市变化情况有增有减。（各地区小学大班额比例详见附表 2－24）

2019 年，全省初中大班数为 0.13 万个。全省初中 56 人及以上大班额比例为 1.34%，比上年下降了 1.03%，其中大班额城市比例为 2.06%，乡村为 0.37%。分区域看，珠江三角洲的比例最高，为 2.44%，东翼最低，为 0.03%。与 2018 年相比，珠江三角洲的大班额比例下降最多，下降了 1.92%。城市大班额现象突出，也反映出义务教育资源配置的均衡问题仍有待改进。分地市来看，东莞市、惠州市大班额比例达 5% 以上，深圳、珠海、河源市大班额比例在 1 ～2 之间，其他各市比例则低至 1% 以下。（各地区初中阶段大班额比例详见附表 2－25）

六、广东省民办义务教育事业发展基本状况

1. 民办小学

学校数量变化情况。全省民办小学数从 2009 年的 827 所，发展到 2019 年的 673 所，减少了 154 所，数量有所下降（图 3－22），但其中一个原因是部分

小学升格为九年一贯制或者十二年一贯制学校，纳入了初、高中学校数统计。2010—2019 年，民办小学学校数在广东小学教育学校数总数的比例从 4.37% 提升到 6.37%。

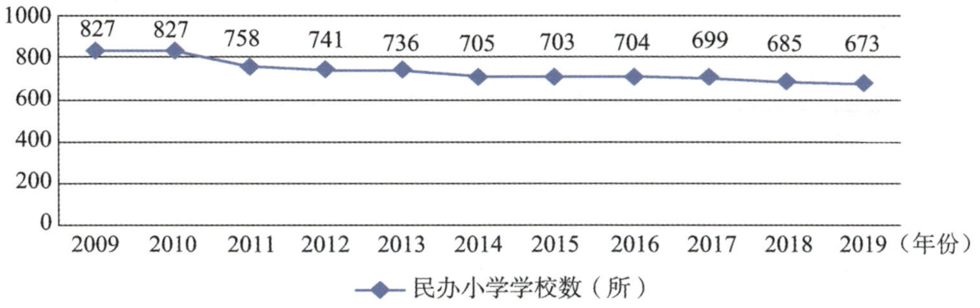

图 3－22 2009—2019 年广东民办小学学校数变化情况

学生数量变化情况。全省民办小学在校生人数从 2009 年的 135.29 万人，发展到 2019 年的 228.55 万人，增加了 93.26 万人，增长了 68.93%（图 3－23）。2011—2019 年，民办小学在校生人数在广东小学教育在校生总数的比例从 16.55% 提升到 22.15%。

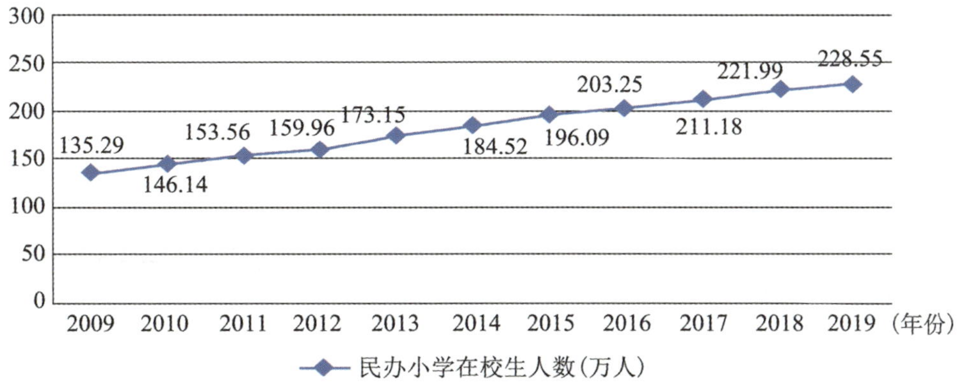

图 3－23 2009—2019 年广东民办小学在校生人数变化情况

教师变化情况。全省民办小学的专任教师数从 2009 年的 5.71 万人发展到 2019 年的 11.21 万人，增加了 5.5 万人，增长了 96.32%（图 3－24）。民办小学专任教师数近年增幅较大。

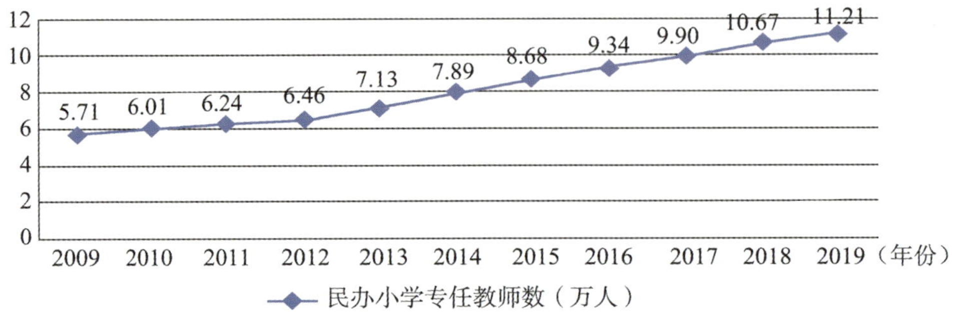

图3－24　2009—2019年广东民办小学专任教师数变化情况

办学条件变化情况。各项办学条件均有明显增幅（图3－25、图3－26、图3－27）。

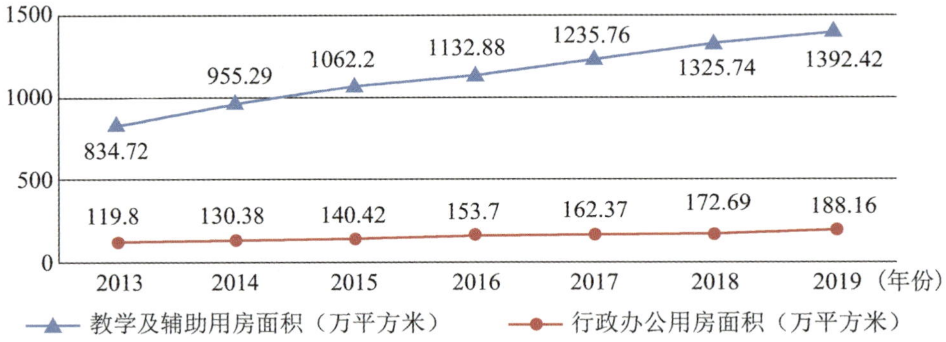

图3－25　2013—2019年广东民办小学校舍面积变化情况

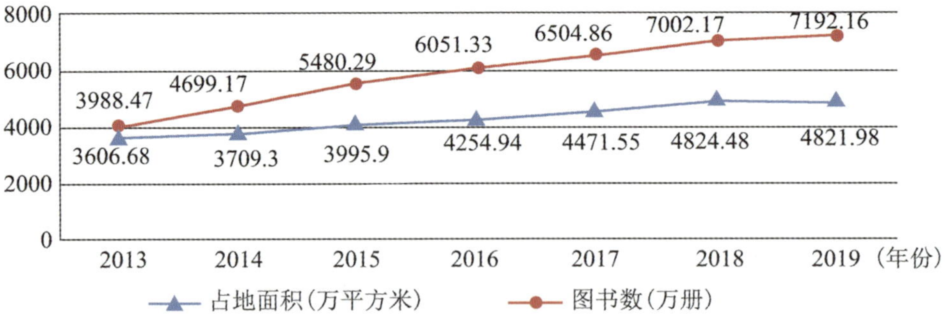

图3－26　2013—2019年广东民办小学占地面积及图书数变化情况

图3－27　2013—2019年广东民办小学其他办学条件变化情况

2．民办初中

学校数量变化情况。全省民办普通初中学校数从2009年的684所，发展到2019年的1049所，增加了365所，增长了53.36%（图3－28）。2011—2019年，民办普通初中学校数在广东整个初中教育学校总数的比例从19.48%提升到28.26%。民办普通初中学校数呈平稳增长态势。

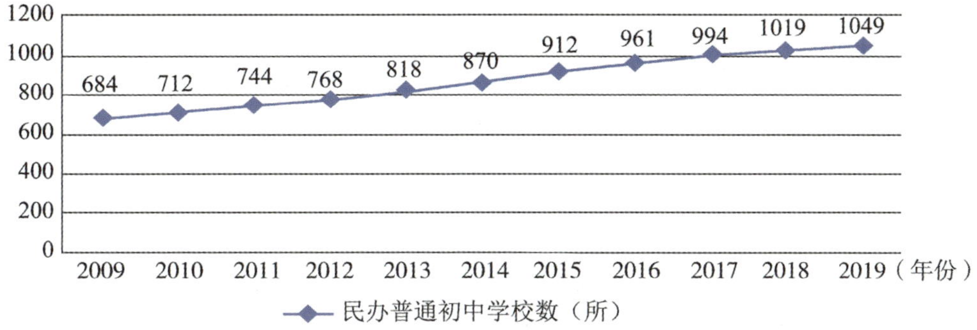

图3－28　2009—2019年广东民办普通初中学校数变化情况

学校数量及学生数量变化情况。全省民办普通初中在校生人数从2009年的54.04万人，发展到2019年的90.41万人，增加了36.37万人，增长了67.30%（图3－29）。2011—2019年，民办普通初中在校生人数在广东整个初中教育在校生总数的比例从16.72%提升到23.24%。

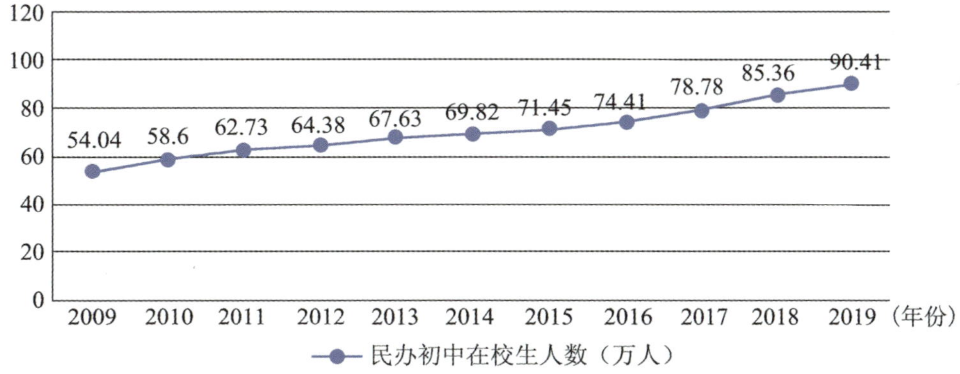

图3－29　2009—2019年广东民办普通初中在校生人数变化情况

教师变化情况。全省民办普通初中的专任教师数从2013年的3.66万人，发展到2019年的5.86万人，增加了2.2万人，增长了60.11%（图3－30）。

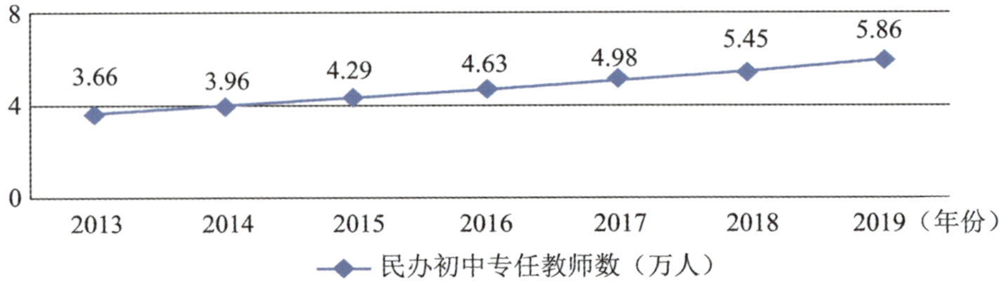

图3－30　2013—2019年广东民办普通初中专任教师数变化情况

办学条件变化情况。各项办学条件均有明显增幅（图3－31、图3－32、图3－33）。

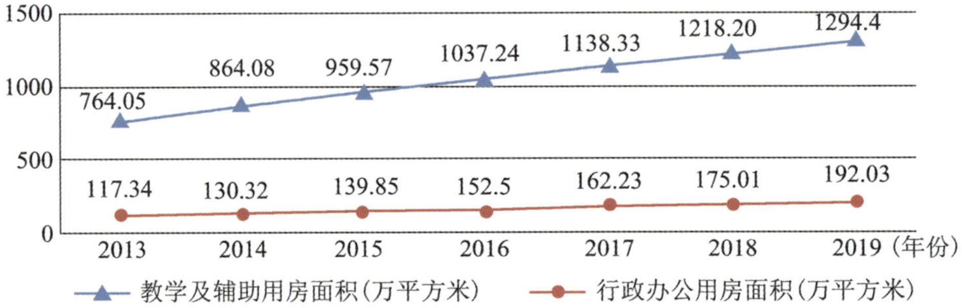

图3－31　2013—2019年广东民办普通初中校舍面积变化情况

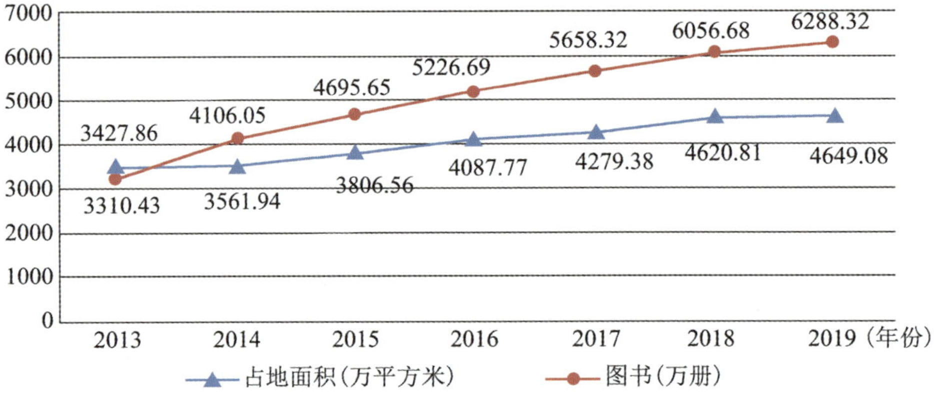

图3－32　2013—2019年广东民办普通初中占地面积及图书数变化情况

图 3－33　2013—2019 年广东民办普通初中其他办学条件变化情况

七、小结

广东省在《广东省教育发展“十三五”规划》的纲领性文件的统领指导下，2019 年全省义务教育的发展在办学规模、办学条件、办学质量和师资队伍建设等各方面取得了长足的进步。

首先，办学规模方面，2019 年，中小学在校生数为 1298 万人，已连续三年达到“十三五”规划中“2018 年义务教育在校生数达到 1280 万人”的目标；小学学龄儿童入学率为 103. 15%，已达到“2018 年小学适龄儿童入学率 99. 99% 的”目标；小学五年保留率为 100. 16%，超额完成 98. 50% 的阶段性目标。随着适龄人口规模结构的改变、人口生育政策的调整、新型城镇化加快推进，我省中小学在校生人数呈增长趋势。“十三五”规划中提出，实现基本公共教育服务均等化。要坚持九年义务教育，实现城乡义务教育均衡发展。实现县域均衡，建立健全“以县为主”的义务教育发展责任制，基本均衡县比例达 100%，探索市域义务教育均衡发展，推进义务教育现代化学校建设。

其次，办学条件方面，“十三五”规划中提出：“合理配置教育资源，科学规划义务教育学校设置，全面提升义务教育学校办学条件，有效扩大城镇教育资源，解决‘大班额’问题。”2019 年，小学阶段义务教育生均占地面积、生均图书和生均仪器设备值都偏少，小学教育资源比较紧缺；广东省小学农村大班额比例为 0. 67%，城市大班额比例为 2. 85%，义务教育大班额问题得到一定程度的缓解；小学、初中每百名学生拥有的计算机台数不断增加，义务教育信息化水平快速提高，大力推进义务教育现代化学校建设；义务教育城乡差距较大，义务教育均衡优质标准化水平有待继续提升。

最后，师资队伍建设方面，小学专任教师 55. 32 万人，小学生师比为 18. 68∶1，初中专任教师 29. 16 万人，初中生师比为 13. 34∶1，中小学教师配置有待完善，需要进一步落实“十三五”规划中提出的深入实施中小学新一轮

“百千万人才培养工程”。义务教育学校教师人均培训次数偏低，小学教师人均培训次数为5.71次，初中教师人均培训次数为5.13，培训时间在一个月以内，以校级和县级培训为主，培训质量不高，“十三五”规划中提出：“促进教师教育和教师专业发展。深化教师教育改革，推进教师职前教育与职后专业发展有效衔接。”目前，义务教育教师培训仍需加强，教师专业化发展有待提升。

第四部分　高中阶段教育

2019 年广东省全面落实《国家教育规划纲要》和《省教育规划纲要》，进一步普及高中教育的目标，高中教育普及水平稳定提升，高中办学条件得到进一步改善，图书数量和设备资产得到进一步提高，招生规模有所增加，全省高中阶段[1]教师数量和质量都得到提升。总体来说，高中阶段教育普及水平进一步提高。随着学龄人口的减少，整体规模略有减少，中职教育在校生减少明显，地区间高中教育发展的均衡性仍有待提高。

一、高中阶段教育规模与普及水平发展情况

1. 高中阶段招生规模有所增加

2019 年，全省高中阶段教育共招生 95.42 万人，比上年增加了 5.28 万人，上升 5.86%。如表 4－1 所示。

表 4－1　2018 年、2019 年广东省分区域高中阶段教育招生规模变化情况

单位：万人

地区	2018 年	2019 年	增加	增长率（%）
全省	90.14	95.42	5.28	5.86
珠江三角洲	45.35	47.90	2.55	5.62
东翼	14.97	15.78	0.81	5.41
西翼	15.47	16.30	0.83	5.37
山区	14.35	15.44	1.09	7.60

分区域来看，2019 年全省高中阶段教育招生规模均有所上升。其中，东翼地区高中阶段教育招生 15.78 万人，比上年增加 5.41%；山区高中阶段教育招生 15.44 万人，比上年增加 1.09 万人，增幅为 7.60%；珠江三角洲地区高中教育阶段招生 47.90 万人，比上年增加 2.55 万人，增幅为 5.62%；西翼高中

① 无特殊说明，本书中高中阶段教育包括普通高中和中等职业教育（未含技工学校）。

阶段教育招生规模比上年增加 5.37%，增至 16.30 万人。珠江三角洲与西翼两个地区的高中教育阶段招生规模增幅均低于全省平均水平。

分地市来看，全省 21 个地市，除广州市高中阶段教育招生规模有所减小之外，其他地市招生规模均有所增加。其中，佛山市增幅最大，达到 17.73%；潮州市增幅最小，为 2.05%。（分地市高中阶段招生情况详见附表 3－1）

2019 年，全省普通高中教育招生人数为 63.94 万人，比上年增长 3.52 万人，增长 5.82%。如表 4－2 所示。

分区域看，2019 年全省各区域普通高中教育招生规模都有所增加。其中，珠江三角洲普通高中教育招生人数在各区域中最多，为 29 万人，比上年增加了 16 095 人，增加 5.88%；东翼地区普通高中教育招生为 12.88 万人，比上年增加 8413 人；西翼地区普通高中教育招生为 11.21 万人，比上年增加 3510 人，增幅最小；山区地区普通高中教育招生规模在各区域中最小，招生数为 10.84 万人，比上年增加 7171 人，增长 7.08%，增幅最大。

分城乡看，2019 年全省城区普通高中教育招生 31.67 万人，比上年增加 14 524 人，增长 4.81%；镇区及乡村普通高中教育招生 32.27 万人，比上年增加 2.06 万人，增长 6.84%，增幅较大。

表 4－2　2019 年广东省普通高中教育招生规模变化情况

单位：万人

地区	2019 年			比上年增长情况（%）		
	城区	镇区及乡村	合计	城区	镇区及乡村	合计
全省	31.67	32.27	63.94	4.81	6.84	5.82
珠江三角洲	18.73	10.27	29.00	4.27	8.95	5.88
东翼	3.17	9.71	12.88	3.26	8.26	6.98
西翼	6.35	4.86	11.21	3.62	2.73	3.23
山区	3.41	7.43	10.84	11.91	4.99	7.08

2019 年，全省中等职业教育招生人数为 26.46 万人，比上年减少 3.26 万人，下降 10.98%。

分区域看，2019 年全省各区域中等职业教育招生规模除西翼外均有所下降。其中，珠江三角洲地区中等职业教育招生人数为 14.80 万人，比上年减少 3.17 万人，下降 17.64%，下降幅度在各区域中最大。西翼地区中等职业教育招生人数为4.66万人，比上年增加0.05万人，上升1.09%，下降幅度在各区域中最小。如表4-3所示。

表4-3　2018年、2019年广东省中等职业教育招生规模变化情况

单位：万人

地区	2018年	2019年	增加数量	增长率（%）
全省	29.72	26.46	-3.26	-10.97
珠江三角洲	17.97	14.80	-3.17	-17.64
东翼	2.92	2.81	-0.11	-3.77
西翼	4.61	4.66	0.05	1.09
山区	4.22	4.19	-0.03	-0.72

2019年，全省中等职业教育学校共招收农民学生204人，同比上年人数大幅增加。其中广州市招收2人，河源市招收26人，茂名市招收39人，潮州市招收131人，包括深圳市在内的其余17个地市并未招收农民学生。

2. 高中阶段教育在校生规模比上年有所减少

2019年，高中阶段教育在校生总规模为269.71万人，比上年减少0.72万人，下降了0.27%。

分区域来看，除珠江三角洲之外，2019年全省各区域高中阶段教育在校生规模均有所减小。其中，东翼地区在校生规模为44.57万人，比上年减少0.98万人，下降2.15%；西翼地区在校生规模为46.78万人，比上年减少1万人，在所有区域中降幅最大；山区地区，其在校生规模为43.57万人，比上年增加0.29万人，增加0.67%。如表4-4所示。

表4-4　2018年、2019年广东省分区域高中阶段在校生规模变化情况

单位：万人

地区	2018年	2019年	增加数量	增长率（%）
全省	270.43	269.71	-0.72	-0.27
珠江三角洲	133.82	134.79	0.97	0.72
东翼	45.55	44.57	-0.98	-2.15
西翼	47.78	46.78	-1	-2.09
山区	43.28	43.57	0.29	0.67

分地市来看，全省21个地市高中阶段教育在校生规模除深圳市、珠海市、佛山市、韶关市、河源市、惠州市、东莞市、中山市、阳江市9个地市外，其他均有所减小，降幅最大的是湛江市，比上年下降4.96%，茂名市在校生规模比上年下降0.38%，降幅最小。（分地市高中阶段在校生规模情况详见附表3-1）

2019年，全省普通高中在校生规模为183.74万人，比上年增长了258人，增长0.01%。如表4-5所示。

表4-5　2019年广东省分区域分城乡普通高中教育在校生规模变化情况

单位：万人

地区	2019年			比上年增长情况（%）		
	城区	镇区及乡村	合计	城区	镇区及乡村	合计
全省	92.11	91.63	183.74	0.26	-0.23	0.01
珠江三角洲	54.11	28.56	82.67	1.18	2.87	1.76
东翼	9.08	27.53	36.62	-1.98	-0.26	-0.69
西翼	19.08	14.21	33.29	-2.59	-5.56	-3.88
山区	9.83	21.33	31.16	3.15	-0.48	0.64

分区域看，2019年全省各区域普通高中教育在校生规模除东西翼区域外均有不同程度的增长。其中，山区地区普通高中教育在校生规模最小，为31.16万人，比上年增加了1986人，增长0.64%；在各区域中西翼地区下降幅度最大，其普通高中教育在校生规模为33.29万人，比上年减少1.34万人，下降3.88%；增长幅度最大的是珠江三角洲地区，其普通高中教育在校生人数为82.67万人，比上年增加1.43万人，增长1.76%。

分城乡看，2019年全省城区普通高中教育在校生规模为92.11万人，比上年增加2396人，增长了0.26%；镇区及乡村普通高中教育在校生规模为91.63万人，比上年减少2138人，下降0.23%。（分地市普通高中教育学生规模变化情况详见附表3-2）

2019年，全省中等职业教育在校生规模为85.52万人，比上年减少1.21万人，下降1.40%。如表4-6所示。

分区域看，2019年全省各区域中等职业教育在校生规模除西翼均有所下降。其中，东翼中等职业教育在校生规模为7.95万人，比上年减少0.73万人，下降 8.41%，下降幅度在各区域中最大。西翼地区中等职业教育在校生规模为 13.28 万人，比上年增加 0.13 万人，上涨 0.99%。（分地市中等职业教育学生规模发展情况详见附表 3－3）

表 4－6 2018 年、2019 年广东省分区域中等职业教育在校生规模变化情况

单位：万人

地区	2018 年	2019 年	增加数量	增长率（%）
全省	86.73	85.52	－1.21	－1.40
珠江三角洲	52.58	52.00	－0.58	－1.10
东翼	8.68	7.95	－0.73	－8.41
西翼	13.15	13.28	0.13	0.99
山区	12.32	12.30	－0.02	－0.16

3. 全省高中阶段学校数量相比上年有所减少

2019 年，全省普通高中学校规模为 1008 所，比上年减少 5 所，下降 0.49%。如表 4－7 所示。

表 4－7 2019 年广东省分区域普通高中公办、民办学校规模变化情况

单位：所

地区	2019 年			比上年增长情况（%）		
	公办	民办	合计	公办	民办	合计
全省	802	206	1008	－1.35	3.00	－0.49
珠江三角洲	339	128	467	－0.89	2.40	1.30
东翼	197	33	230	－0.51	－2.94	－0.86
西翼	117	24	141	－7.14	4.35	－5.37
山区	149	21	170	－2.61	16.67	－0.58

分区域来看，2019 年全省各区域普通高中学校规模除珠江三角洲外均有不同程度的减少，珠江三角洲地区 2019 年普通高中学校规模为 467 所，比上年增加 6 所，增长 1.30%；西翼地区学校规模为 141 所，比上年减少 8 所，下降 5.37%，下降幅度在各地区中最大。

分举办者类型看，2019 年全省公办普通高中学校规模为 802 所，比上年减少11所，下降1.35%；民办普通高中学校规模为206所，比上年增加6所，增长3.00%。全省各区域中，公办普通高中学校规模都有不同程度的下降，而民办普通高中办学规模除东翼地区外都有所增长。

2019年，全省中等职业学校共426所，比上年减少18所，下降4.05%。按举办者类型看，2019年全省公办中等职业教育学校314所，比上年减少18所，下降1.07%；民办中等职业教育学校112所，与上年持平。

二、高中阶段教育教师队伍发展情况

1. 全省普通高中专任教师数有所减少，中等职业教育专任教师数减少程度较大

2019年，全省普通高中教育专任教师规模为14.88万人，相比上年减少1156人，降低了0.77%。如表4－8所示。

表4－8　2019年广东省分区域、分城乡普通高中教育专任教师规模变化情况

单位：万人

地区	2019年			比上年增长情况（%）		
	城区	镇区及乡村	合计	城区	镇区及乡村	合计
全省	7.53	7.34	14.88	0.21	－1.76	－0.77
珠江三角洲	4.43	2.26	6.70	1.31	2.57	1.74
东翼	0.73	2.13	2.86	－2.09	－1.71	－1.80
西翼	1.57	1.15	2.72	－1.61	－8.90	－4.83
山区	0.80	1.80	2.60	－0.01	－2.13	－1.49

分区域看，2019年全省各区域普通高中教育专任教师规模仅珠江三角洲地区有所增加。珠江三角洲地区普通高中教育专任教师规模为6.70万人，相比上年增加1142人，增长1.74%；西翼地区普通高中教育专任教师规模为2.72万人，比上年减少了1381人，下降4.83%，在各区域中减幅最大。

分城乡看，2019年全省城区普通高中教育专任教师规模为7.53万人，比上年增加161人，上升0.21%；镇区及乡村普通高中教育专任教师规模为7.34万人，比上年减少1317人，下降1.76%。

分地市来看，全省共有 8 个地市普通高中教育专任教师人数比上年有所增加。其中，深圳市增幅最大，达到 8.80%。

2019 年，全省中等职业教育专任教师规模为 4.37 万人，比上年减少 377 人，下降 0.85%。如图 4-1 所示。

从区域看，2019 年全省各区域中等职业教育专任教师规模三个地区有所减少。其中，珠江三角洲地区中等职业教育专任教师人数为 2.64 万人，比上年减少 186 人，下降 0.70%；山区地区中等职业教育专任教师人数为 0.66 万人，下降 0.90%；东翼地区中等职业教育专任教师人数为 0.48 万人，下降 3.78%，下降幅度最大。在各区域中，只有西翼地区小幅上涨，增加了 0.99%。

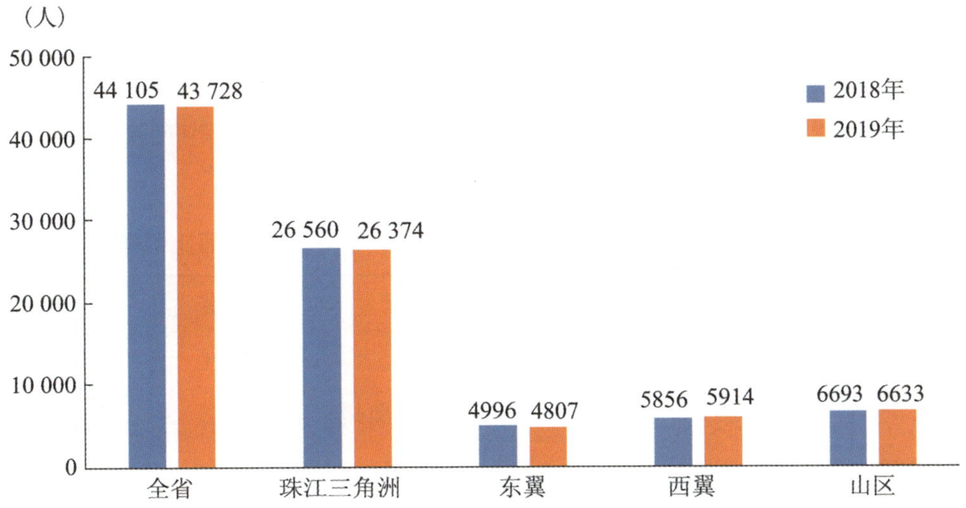

图 4-1　2018 年、2019 年广东省分区域中等职业教育专任教师规模变化情况

2. 中等职业教育双师型教师比例进一步提高，达到国家规定标准

2019 年，全省中等职业教育双师型教师比例为 43.93%，比上年增加 1.86%，达到了《中等职业教育设置标准》提出的双师型教师不低于 30% 的标准。如图 4-2 所示。

从区域看，2019 年全省各区域中等职业教育双师型教师比例均有所增加，东翼地区中等职业教育双师型教师增幅较大，比例达到了 46.33%，较上年增加了 8.40%；珠江三角洲地区中等职业教育双师型教师比例增幅最小，较上年增加了 0.60%。

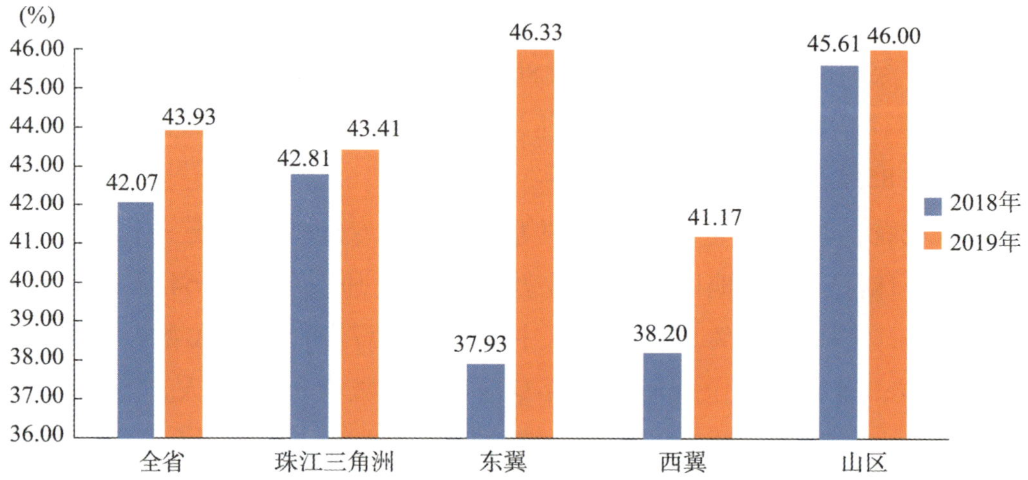

图 4－2　2018 年、2019 年广东省分区域中职双师型教师比例

分地市看，2019 年全省 21 个地市中仅有珠江三角洲的惠州市和东翼的汕尾市以及西翼的湛江市中等职业教育双师型教师比例低于 30%，其余 18 个地市均达到国家设置标准。如表 4－9 所示。

表 4－9　2019 年广东省分地市中等职业教育双师型教师比例情况

分档	珠江三角洲	东翼	西翼	山区
50%～60%	珠海、佛山、中山、江门		阳江	清远、云浮
40%～50%	肇庆、东莞	汕头、潮州	茂名	河源、梅州
30%～40%	广州、深圳	揭阳		韶关
20%～30%	惠州	汕尾	湛江	

3. 全省普通高中生师比有所上升，城乡区域间差异较小；中等职业教育生师比略有下降，接近国家标准

2019 年，全省普通高中教育生师比为 12.35∶1，比上年上升 0.10%。分区域看，2019 年全省各区域普通高中教育生师比均有所上升。其中，东翼地区普通高中教育生师比最高，为 12.80∶1；生师比最低的是山区地区，为 11.99∶1。与上年相比，全省各区域生师比改善程度最大的是西翼地区，上升 0.25%。

分地市看，2019 年全省超过一半地市的普通高中教育生师比高于全省平均水平，包括汕头、佛山、惠州、汕尾、东莞、江门、中山、阳江、清远、肇庆、云浮、揭阳等 12 市。其中，东莞市生师比最高，为 13.92∶1；生师比最低的是潮州市，为 10.98∶1。（分地市普通高中专任教师配备情况详见附表 3－4）

分城乡看，2019 年全省城乡普通高中教育生师比与上年相比，除珠江三角洲及西翼地区外均有所上升，各区域之间、城区与镇区及乡村之间差距均较小。其中，城区普通高中教育生师比为 12. 23∶1，比上年上升 0. 01%；镇区及乡村普通高中教育生师比为 12. 48∶1，比上年上升 0. 19%。如表 4 –10 所示。

表 4 –10　2019 年广东省分区域分城乡普通高中教育生师比变化情况

单位：万人

地区	2019 年			比上年增长情况（%）		
	城区	镇区及乡村	合计	城区	镇区及乡村	合计
全省	12. 23∶1	12. 48∶1	12. 35∶1	0. 01	0. 19	0. 10
珠江三角洲	12. 21∶1	12. 62∶1	12. 35∶1	–0. 02	0. 04	0. 00
东翼	12. 49∶1	12. 91∶1	12. 80∶1	0. 01	0. 19	0. 14
西翼	12. 14∶1	12. 35∶1	12. 23∶1	–0. 12	0. 44	0. 12
山区	12. 29∶1	11. 85∶1	11. 99∶1	0. 38	0. 20	0. 25

2019 年，全省中等职业教育生师比为 19. 56∶1，比上年下降 0. 02，接近教育部《中等职业教育设置标准》规定的 20∶1。

分区域看，2019 年全省各区域中等职业教育生师比除西翼地区及山区外均有所下降。其中，西翼地区中等职业教育生师比最高，达到 22. 45∶1，与生师比最低的东翼相差 5. 91；与上年相比，东翼地区生师比变化最大，比上年下降了 0. 84。如表 4 –11 所示。

表 4 –11　2018 年、2019 年广东省分区域中等职业教育生师比变化情况

地区	2018 年	2019 年	增加数量
全省	19. 57∶1	19. 56 ∶1	0. 01
珠江三角洲	19. 75∶1	19. 71 ∶1	–0. 04
东翼	17. 37 ∶1	16. 54 ∶1	–0. 83
西翼	22. 20∶1	22. 45∶1	0. 25
山区	18. 20 ∶1	18. 55 ∶1	0. 35

分地市来看，深圳、珠海、韶关、河源、汕尾等16个地市的中等职业教育生师比仍低于20∶1，而湛江市的生师比高达25.67∶1，明显高于其他城市。（分地市中等职业教育教师配备情况详见附表3-5）

4. 全省普通高中专任教师学历合格率相比上年有所提高；中等职业教育专任教师学历合格率相比上年有所下降

2019年，全省普通高中专任教师学历合格率[①]为99.35%，比上年增加了0.12%。如表4-12所示。

表4-12　2019年广东省普通高中教育专任教师学历合格率变化情况（%）

地区	2019年			比上年增长情况（%）		
	城区	镇区及乡村	合计	城区	镇区及乡村	合计
全省	99.49	99.20	99.35	-0.03	0.26	0.12
珠江三角洲	99.56	99.70	99.61	-0.04	-0.01	-0.03
东翼	99.56	98.84	99.02	0.14	0.66	0.53
西翼	99.41	99.38	99.40	-0.07	0.07	-0.01
山区	99.18	98.89	98.98	-0.04	0.22	0.14

分区域看，2019年全省各区域中珠江三角洲地区普通高中教育专任教师的学历合格率最高，为99.61%；山区地区专任教师学历合格率为98.98%，合格率最低。

分城乡看，2019年全省城区普通高中教育专任教师学历合格率为99.49%，比上年下降0.03%；镇区及乡村专任教师学历合格率为99.20%，比上年增加0.26%；城乡之间专任教师学历合格率存在差距较小。

2019年，全省中等职业教育专任教师学历合格率为89.86%，比上年下降2.96%。如表4-13所示。

分区域看，2019年全省各区域中珠江三角洲地区中等职业教育专任教师的学历合格率最高，达到96.18%，比上年增加2.02%；山区地区中等职业教育专任教师的学历合格率为70.92%，合格率最低，比上年下降18.98%。

---

① 本节的专任教师学历合格率指本科及以上学历教师比例。

表 4 - 13 2018 年、2019 年广东省中等职业教育专任教师学历合格率变化情况（%）

地区	2018 年	2019 年	增加
全省	92. 82	89. 86	-2. 96
珠江三角洲	94. 16	96. 18	2. 02
东翼	91. 99	79. 94	-12. 05
西翼	90. 80	91. 07	0. 27
山区	89. 90	70. 92	-18. 98

5. 全省高中阶段教育中级及以上职称专任教师比例相比上年略有增加

2019 年，全省普通高中教育中级及以上职称专任教师比例为 66. 87%，比上年增加 1. 80%。如表 4 - 14 所示。

分区域看，2019 年全省各区域中山区地区普通高中教育中级及以上专任教师比例最高，为 73. 04%；东翼地区普通高中教育中级及以上专任教师比例为 58. 73%，比例最低。

分城乡看，2019 年全省城区普通高中教育中级及以上职称专任教师比例为 69. 72%，比上年上升 1. 56%；镇区及乡村普通高中教育中级及以上职称专任教师比例为 63. 95%，比上年增加 1. 99%；城乡之间、地域之间中级及以上专任教师比例存在差异。

表 4 - 14 2019 年广东省普通高中教育中级及以上职称专任教师比例变化情况（%）

地区	2019 年			比上年增长情况（%）		
	城区	镇区及乡村	合计	城区	镇区及乡村	合计
全省	69. 72	63. 95	66. 87	1. 56	1. 99	1. 80
珠江三角洲	71. 27	65. 32	69. 26	0. 78	0. 96	0. 83
东翼	61. 28	57. 87	58. 73	3. 74	1. 25	1. 89
西翼	65. 00	61. 81	63. 65	3. 27	5. 25	4. 21
山区	78. 07	70. 80	73. 04	-0. 08	1. 71	1. 20

2019 年，全省中等职业教育中级及以上职称专任教师比例为 63. 11%，比上年增加 1. 19%。如表 4 - 15 所示。

分区域看，2019 年全省各区域中山区地区中等职业教育中级及以上职称专任教师比例最高，达到68.53%，比上年增加0.12%；西翼地区中等职业教育中级及以上职称专任教师比例为58.09%，比例最低，且比上年下降0.82%。

表4－15　2018年、2019年广东省中等职业教育中级及以上专任教师比例变化情况（%）

地区	2018年	2019年	增加
全省	61.92	63.11	1.19
珠江三角洲	61.11	62.99	1.88
东翼	60.99	62.44	1.45
西翼	58.91	58.09	－0.82
山区	68.41	68.53	0.12

6. 全省高中阶段教育专任教师培训均以校级培训和集中培训为主

2019年，全省普通高中专任教师共参加培训72.48万人次，比上年减少9.33万人次；专任教师人均参加培训4.87次，比上年减少0.59次。如表4－16所示。

分区域来看，2019年珠江三角洲地区专任教师参加培训次数最多，达到40.77万人次，人均参加培训次数亦最多，达到6.09次；东翼地区参加培训次数为8.52万人次，人均参加培训次数为2.98次，在各区域中最低。

表4－16　2018年、2019年广东省普通高中教育专任教师参加培训变化情况

单位：万人次

地区	2018年		2019年		比上年增长情况（%）	
	培训总人次	人均培训次数（人次）	培训总人次	人均培训次数（人次）	培训总人次	人均培训次数（人次）
全省	81.81	5.46	72.48	4.87	－9.33	－0.59
珠江三角洲	53.46	8.12	40.77	6.09	－12.69	－2.03
东翼	8.03	2.76	8.52	2.98	0.49	0.22
西翼	9.16	3.20	10.60	3.89	1.44	0.69
山区	11.15	4.22	12.59	4.84	1.44	0.62

2019年，全省中等职业教育专任教师共参加培训19.41万人次，比上年减少0.44万人次；专任教师人均参加培训4.44次，比上年增加0.14次。如

表 4－17 所示。

分区域来看，2019 年珠江三角洲地区专任教师参加培训次数最多，达到 13.79 万人次，人均参加培训次数亦最多，达到 5.23 次；东翼地区参加培训次数为 1.17 万人次，人均参加培训次数为 2.43 次，在各区域中最低。

表 4－17　2018 年、2019 年广东省中等职业教育专任教师参加培训变化情况

单位：万人

地区	2018 年		2019 年		比上年增长情况（%）	
	培训总人次	人均培训次数（人次）	培训总人次	人均培训次数（人次）	培训总人次	人均培训次数（人次）
全省	18.97	4.30	19.41	4.44	0.44	0.14
珠江三角洲	11.65	4.39	13.79	5.23	2.14	0.84
东翼	1.24	2.49	1.17	2.43	－0.07	－0.06
西翼	4.17	7.12	2.14	3.62	－2.03	－3.5
山区	1.91	2.85	2.31	3.49	0.40	0.64

2019 年，全省普通高中专任教师接受培训的层次中以校级培训为主，占比达到 38.77%，其中接受地市级培训的比例为 28.87%，县级培训比例为 12.65%，省级培训比例为 18.93%，国家级培训比例为 0.74%，国际级国（境）外培训比例为 0.04%。

从各区域组织的培训层次来看，专任教师参加校级培训比例最高的是山区地区，为 41.77%；县级培训比例最高的是西翼地区，为 26.41%；地市级培训比例最高的是珠三角地区，所占比例为 34.39%；省级培训比例最高的是西翼地区，为 22.90%。在接受国家组织的培训方面，山区地区比例最高，为 1.42%；参加国（境）外比例最高的为山区地区，为 0.16%。如图 4－3 所示。

2019 年，全省中等职业教育专任教师参加的培训层次以校级培训为主，占所有层次培训的比例为 52.01%，紧随其后的是市级培训，所占比例为 25.02%。

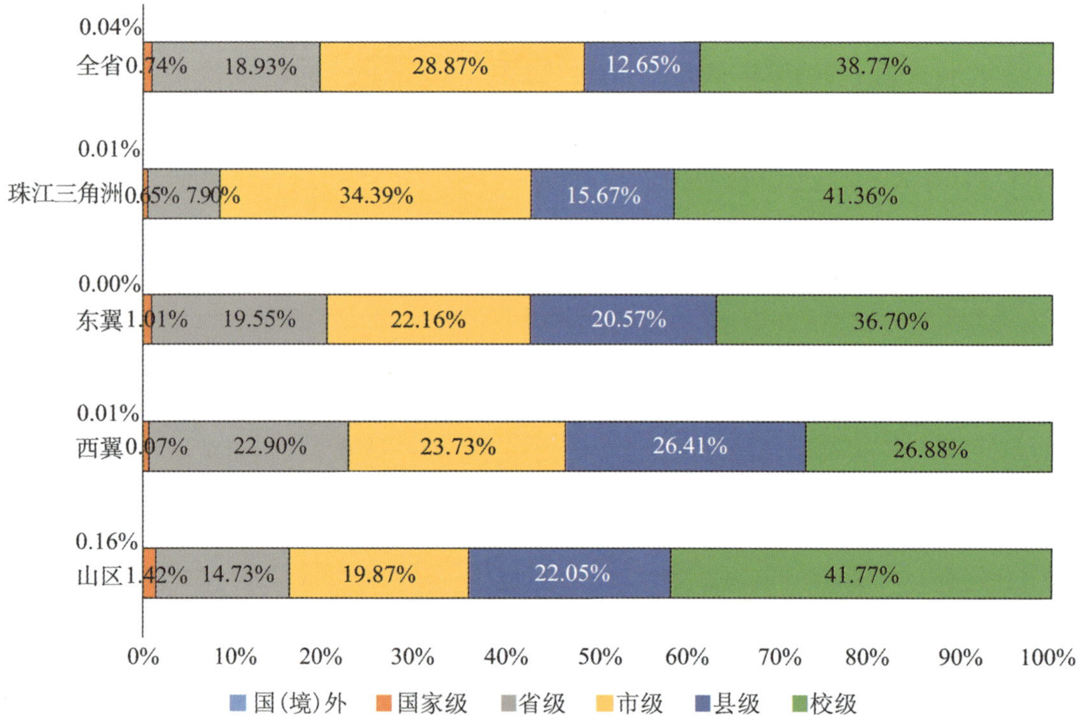

图4－3　2019年广东省分区域普通高中教育专任教师参加培训的层次构成情况

分区域看，2019年全省各区域中等职业教育专任教师参加培训的层次以校级培训为主。其中，珠江三角洲地区中等职业教育专任教师参加校级培训的比例高于其他地区，为54.55%。如图4－4所示。

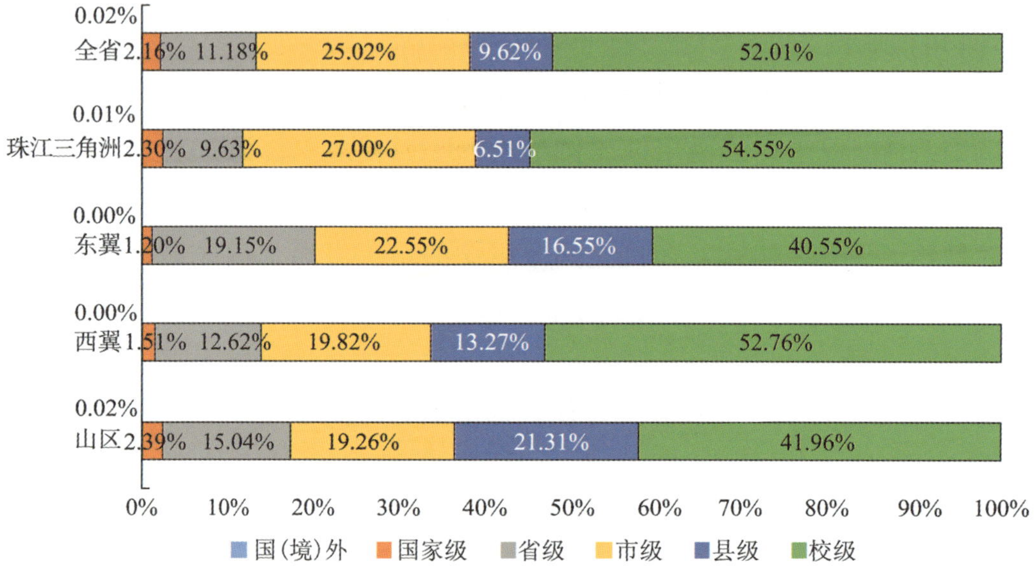

图4－4　2019年广东省分区域中等职业教育专任教师参加培训的层次构成情况

2019年，全省普通高中专任教师培训以集中培训为主，所占比例达到60.34%。此外，远程培训的比例为37.28%，跟岗实践的比例为2.38%。

分区域来看，除东翼地区外各区域专任教师参加培训的形式均为参加集中培训的比例最高。如表4－18所示。

表4－18　2019年广东省分区域普通高中教育专任教师参加培训形式构成情况（%）

地区	集中培训	远程培训	跟岗实践
全省	60.34	37.28	2.38
珠江三角洲	65.58	32.54	1.88
东翼	47.05	49.21	3.74
西翼	52.99	44.75	2.26
山区	58.53	38.29	3.18

2019年，全省中等职业教育专任教师参加培训的形式以集中培训为主，所占比例为67.06%；其次是远程培训，比例为31.18%。如表4－19所示。

分区域看，全省各区域中等职业教育专任教师参加培训的形式均是集中培训比例较高，所有区域比例均达到50%以上。其中，西翼地区专任教师集中培训的比例最高，为68.83%；东翼地区专任教师集中培训的比例最低，为57.37%。

表4－19　2019年广东省分区域中等职业教育专任教师参加培训形式构成情况（%）

地区	集中培训	远程培训	跟岗实践
全省	67.06	31.18	1.77
珠江三角洲	68.71	29.58	1.71
东翼	57.37	40.43	2.2
西翼	68.83	30.82	0.35
山区	60.49	36.32	3.19

三、高中阶段教育办学条件变化情况

1. 全省高中阶段教育整体校舍建筑面积及生均校舍建筑面积均比上年有所增加

2019年，全省普通高中生均校舍建筑面积为29.22平方米，比上年增加

0.88平方米，增长3.11%。如表4-19所示。

分区域来看，珠江三角洲地区普通高中生均校舍建筑面积增长最快，达到34.03平方米，比上年增加1.07平方米，增长3.25%；山区地区为26.03平方米，比上年增长1.32%，增幅最小；东翼地区比上年增加0.57平方米，为23.80平方米，增幅为2.45%；西翼地区比上年增加0.87平方米，为26.22平方米，增幅为3.43%。如表4-20所示。

表4-20　2018年、2019年广东省普通高中生均校舍建筑面积变化情况

地区	生均校舍建筑面积（平方米）		增加（平方米）	增长率（%）
	2018年	2019年		
全省	28.34	29.22	0.88	3.11
珠江三角洲	32.96	34.03	1.07	3.25
东翼	23.23	23.80	0.57	2.45
西翼	25.35	26.22	0.87	3.43
山区	25.69	26.03	0.34	1.32

分地市来看，广州、深圳、珠海、佛山、韶关、梅州、惠州、汕尾、东莞、湛江、中山、肇庆、茂名、清远及云浮等15市的生均校舍面积超过26平方米；在全省21个地市中潮州市最低，为19.05平方米，相比上年下降0.63%。（分地市普通高中教育生均校舍建筑面积情况详见附表3-6）

2019年，全省中等职业教育生均校舍建筑面积比上年增长0.60平方米，增加3.19%，生均校舍建筑面积达到19.41平方米，与《中等职业教育设置标准》要求的生均20平方米相比，仍有少许差距。

分区域看，全省各区域中等职业教育生均校舍建筑面积与上年相比均有所增加。相比其他区域，东翼地区中等职业教育生均校舍建筑面积最大，为22.16平方米，比上年增加2.24平方米，增加11.24%，达到了20平方米的标准；西翼地区中等职业教育生均校舍建筑面积最小，为17.83平方米，比上年增加0.16平方米，增长0.91%，在全省各区域中增长幅度最小。如图4-5所示。

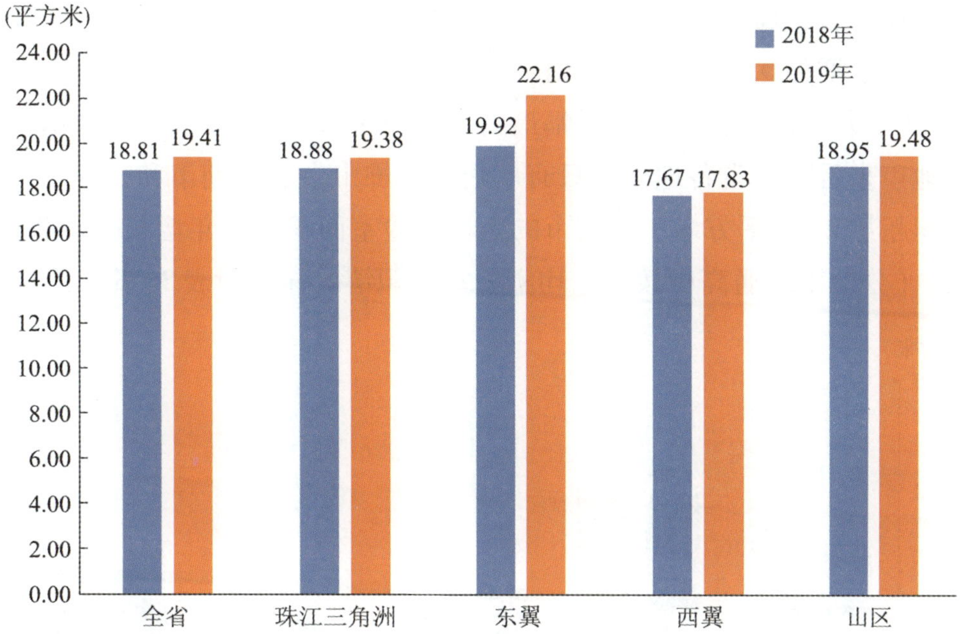

图 4－5　2018 年、2019 年广东省中等职业教育生均校舍建筑面积变化情况

分地市看，2019 年全省各地市中，有 8 个地市中等职业教育生均校舍建筑面积减小，其中，佛山市生均校舍建筑面积为 22.18 平方米，比上年减少 2.04 平方米，下降 8.41%，下降幅度最大；河源市生均校舍建筑面积为 20.75 平方米，比上年减少 0.12 平方米，下降 0.57%，下降幅度最小。如表 4－21 所示。（分地市中等职业教育生均校舍建筑面积情况详见附表 3－7）

表 4－21　2019 年广东省各地区中等职业教育生均校舍建筑面积

单位：平方米

分　档	地　区			
	珠江三角洲	东翼	西翼	山区
0 ～10			阳江	
10 ～20	广州、珠海、惠州、中山、江门、肇庆	潮州	湛江、茂名	梅州、清远、云浮
20 ～30	深圳、佛山、东莞	汕头、汕尾、揭阳		韶关、河源

2. 普通高中实验室建设总体面积有所增加，中等职业教育生均实验室建筑面积有所增长

2019 年，全省普通高中生均实验室面积为 1.74 平方米，比上年增加 0.04 平方米。

分区域来看，珠江三角洲地区普通高中生均实验室面积最大，为1.99平方米，比上年增加0.02平方米；山区地区增长较快，为1.72平方米，比上年增加0.09平方米，在各区域中增幅最大，增加5.52%。如图4－6所示。

分地市来看，全省各地市中只有广州市、佛山市、深圳市和云浮市生均实验室面积超过2.00平方米；肇庆市的生均实验室面积比上年增长21.47%，增幅最大。（分地市普通高中教育生均实验室面积情况详见附表3－8）

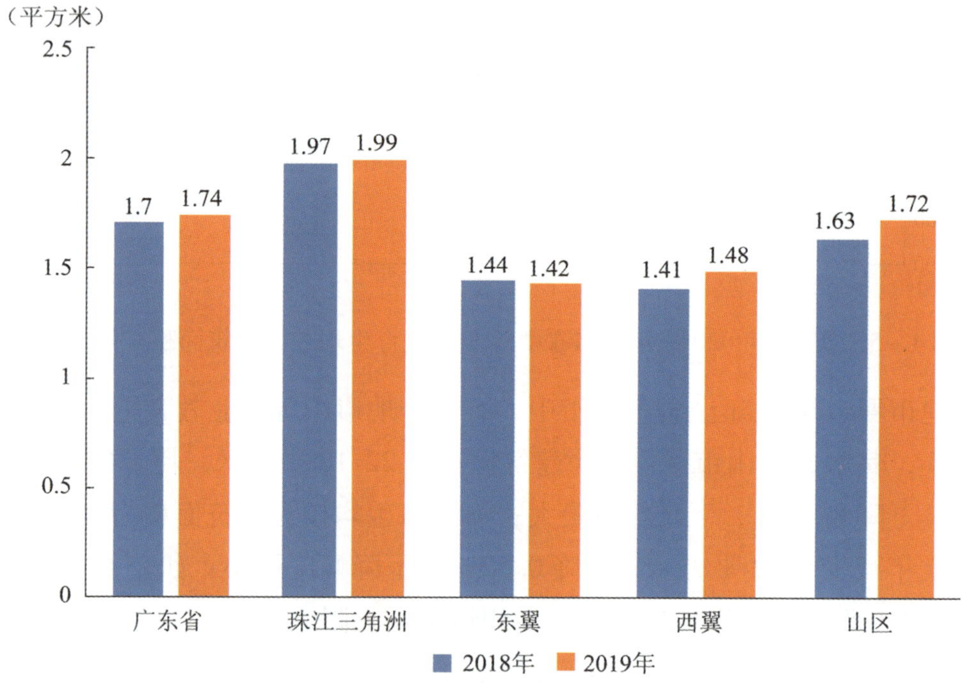

图4－6　2018年、2019广东省普通高中生均实验室面积变化情况

2019年，全省中等职业教育生均实验室和实习场地面积为4.05平方米，比上年增加0.23平方米。如图4－7所示。

分区域看，2019年全省各区域中山区地区中等职业教育生均实验室和实习场地面积最大，为4.43平方米，比上年增加0.49平方米，增长12.44%；西翼地区中等职业教育生均实验室和实习场地面积最小，为3.70平方米，比上年增加0.22平方米，增长6.32%。

分地市看，2019年全省各地市中，有5个地市中等职业教育生均实验室和实习场地面积有所下降，其中肇庆市的中等职业教育生均实验室和实习场地面积为3.02平方米，比上年减少0.94平方米，下降23.74%，下降幅度最大。（分地市中等职业教育生均实验室和实习场地面积情况详见附表3－9）

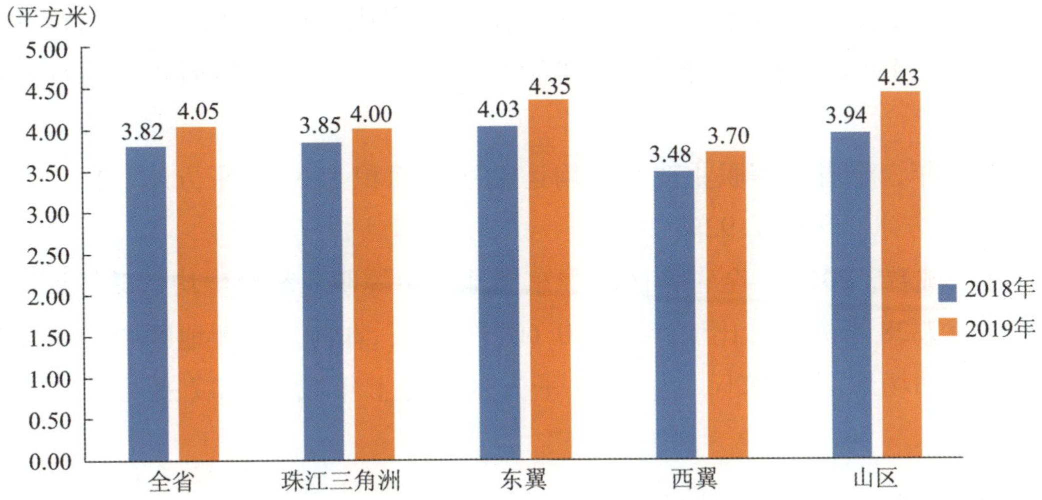

图 4－7　2018 年、2019 年广东省中职学校生均实验室和实习场地面积变化情况

3. 普通高中和中等职业教育运动场地面积总体均有所增加

2019 年，全省普通高中生均运动场地面积为 12.56 平方米，比上年增加 0.17 平方米。

分区域来看，山区地区普通高中生均运动场地面积最大，为 14.24 平方米，比上年减少 0.38 平方米；东翼地区最小，为 10.45 平方米，比上年增加 0.17 平方米。如图 4－8 所示。

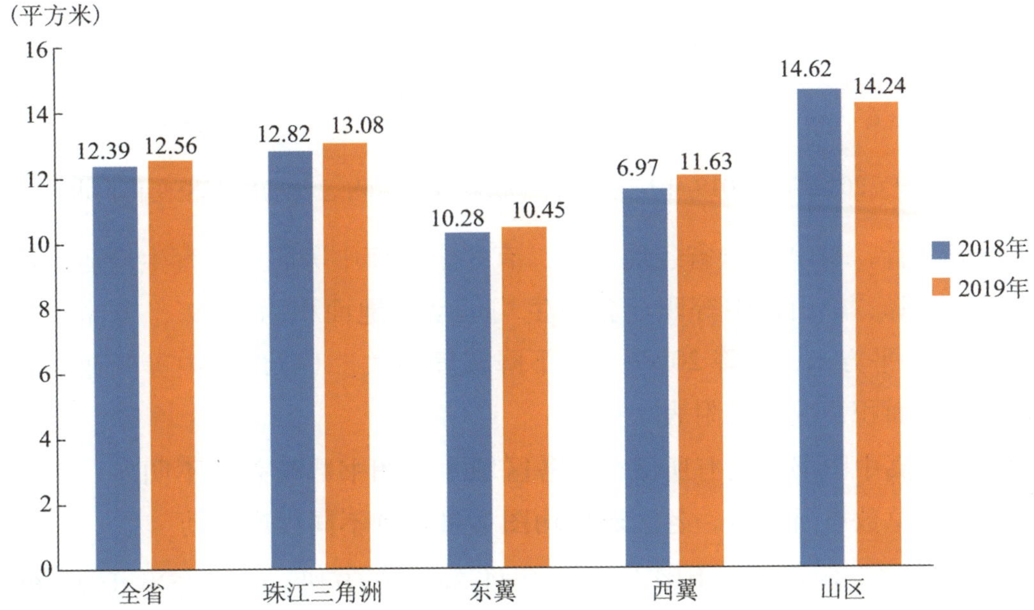

图 4－8　2018 年、2019 年广东省普通高中生均运动场地面积变化情况

分地市来看，全省中珠海、河源、惠州和揭阳4市普通高中生均运动场地面积不足10平方米。（分地市普通高中教育生均运动场地面积情况详见附表3－10）

2019年，全省中等职业教育生均运动场地面积为6.12平方米，比上年减少0.12平方米，下降1.92%。

分区域看，2019年全省各区域中东翼地区中等职业教育生均运动场地面积最大，为7.28平方米，比上年减少0.60平方米；珠江三角洲地区中等职业教育生均运动场地面积最小，为5.60平方米，比上年减少0.17平方米。如图4－9所示。

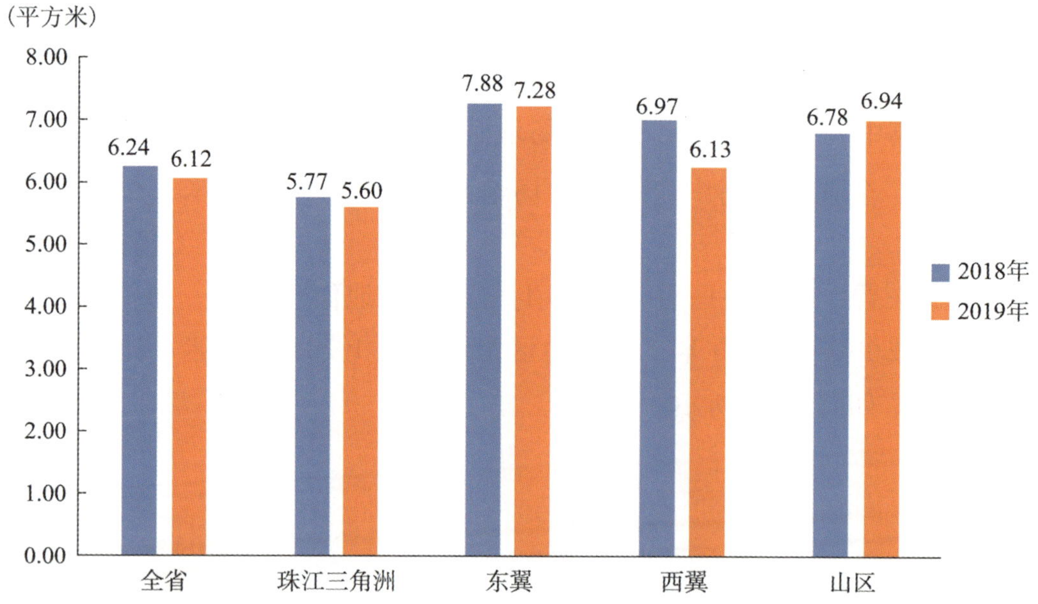

图4－9　2018年、2019年广东省中等职业教育生均运动场地面积变化情况

分地市看，2019年全省各地市中，有8个地市中等职业教育生均运动场地面积有所下降，中山市中等职业教育生均运动场地面积为7.89平方米，比上年减少2.08平方米，下降20.86%，下降幅度最大。（分地市中等职业教育生均运动场地面积情况详见附表3－11）

4. 普通高中图书总数有所减少，各区域生均图书数量差异不明显；中等职业教育图书总数有所减少，各区域生均图书量均有不同程度波动

2019年，全省普通高中图书总量为11 343.42万册，比上年减少2.16%。全省生均图书数为61.74册，比上年减少了1.37册，下降2.17%。

分区域来看，2019 年全省各区域中珠江三角洲地区图书总量增长最大，比上年增长 0.73%，但生均图书比上年下降了 1.00%；山区地区生均图书量降幅最大，比上年下降 3.51%。如表 4－22 所示。

分地市来看，2019 年全省 21 个地市中广州市、佛山市、汕头市、云浮市 4 个地市生均图书量均有所增长，其他地市则有不同程度减少，其中广州市普通高中教育图书量达到 87.91 册/生，生均图书量最多。（分地市普通高中教育生均图书量情况详见附表 3－12）

表 4－22 2018 年、2019 年广东省普通高中图书总数和生均图书数变化情况

地区	总数（万册）		增长率（%）	生均（册）		增长率（%）
	2018 年	2019 年		2018 年	2019 年	
全省	11 593.97	11 343.42	－2.16	63.11	61.74	－2.17
珠江三角洲	5019.20	5055.83	0.73	61.78	61.16	－1.00
东翼	2462.27	2379.61	－3.36	66.78	64.98	－2.70
西翼	2180.42	2031.99	－6.81	62.95	61.04	－3.03
山区	1932.10	1875.99	－2.90	62.40	60.21	－3.51

2019 年，全省中等职业教育图书总量 2465.87 万册，比上年减少 2.01%；全省生均图书数为 28.83 册，比上年减少了 0.32 册，下降 1.10%。

分区域看，2019 年全省各区域图书总量除珠江三角洲外均有所减少，其中西翼地区图书总数为 329.20 万册，比上年下降 8.24%，下降幅度最大；东翼地区图书总数为 251.31 万册，比上年下降 3.45%，下降幅度最小。如表 4－23 所示。

分地市看，2019 年全省 21 个地市中有 11 个地市中等职业教育生均图书量有所减少，其他地市则有不同程度增加；其中，潮州市中等职业教育生均图书量达到 39.02 册，生均图书量最多。（分地市中等职业教育生均图书量情况详见附表 3－13）

表 4－23　2018 年、2019 年广东省中等职业教育图书总数和生均图书变化情况

地区	总数（万册）		增长率（%）	生均（册）		增长率（%）
	2018 年	2019 年		2018 年	2019 年	
全省	2516.46	2465.87	－2.01	29.15	28.83	－1.10
珠江三角洲	1495.93	1500.09	0.28	28.51	28.85	1.19
东翼	260.28	251.31	－3.45	29.99	31.62	5.43
西翼	358.76	329.20	－8.24	27.60	24.80	－10.15
山区	401.49	385.26	－4.04	32.95	31.32	－4.96

5. 普通高中仪器设备总资产值与生均值均有所提高；中等职业教育教学、实习仪器设备资产值与生均值均有所减少

2019 年，全省普通高中仪器设备资产总值为 1 123 719.67 万元；生均仪器设备资产值达到 6115.82 元，比上年增加 426.76 元，增长 7.50%。

分区域来看，2019 年全省各区域中山区地区生均仪器设备资产值增长幅度最大，比上年增加 348.49 元，增长 8.82%；珠江三角洲地区比上年增长 7.31%，增加 586.75 元；东翼地区比上年增长 2.67%，增加 119.92 元；西翼地区比上年增长 7.73%，增加 233.52 元。如图 4－10 所示。

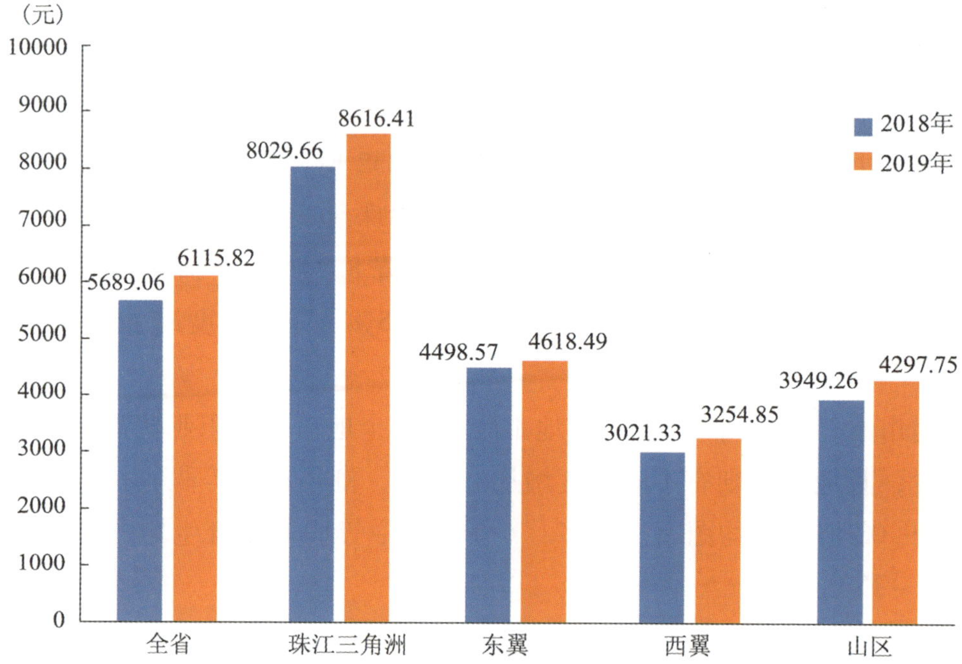

图 4－10　2018 年、2019 年广东省普通高中教育生均仪器设备资产值情况

分地市来看，大部分地市的普通高中生均仪器设备资产值有波动。其中，韶关市的增长幅度最大，比上年增长 24.52%。深圳市普通高中生均仪器设备资产值最高，为 19 640.71 元。（分地市普通高中生均仪器设备资产值情况详见附表 3－14）

2019 年，全省中等职业教育教学、实习仪器设备资产值为 862 911.64 万元，比上年减少了 72 103.97 万元；生均教学、实习仪器设备资产值为 10 090.27 元，比上年减少 740.68 元。如图 4－11 所示。

分区域看，2019 年全省各区域中等职业教育生均教学、实习仪器设备资产值除珠江三角洲外均有所增加。其中，东翼地区生均教学、实习仪器设备资产值为 8518.57 元，比上年增加 1389.21 元，增长 19.49%，增幅最大；西翼地区生均教学、实习仪器设备资产值为 7102.18 元，比上年增加 585.83 元，增长 8.99%，增幅最小。

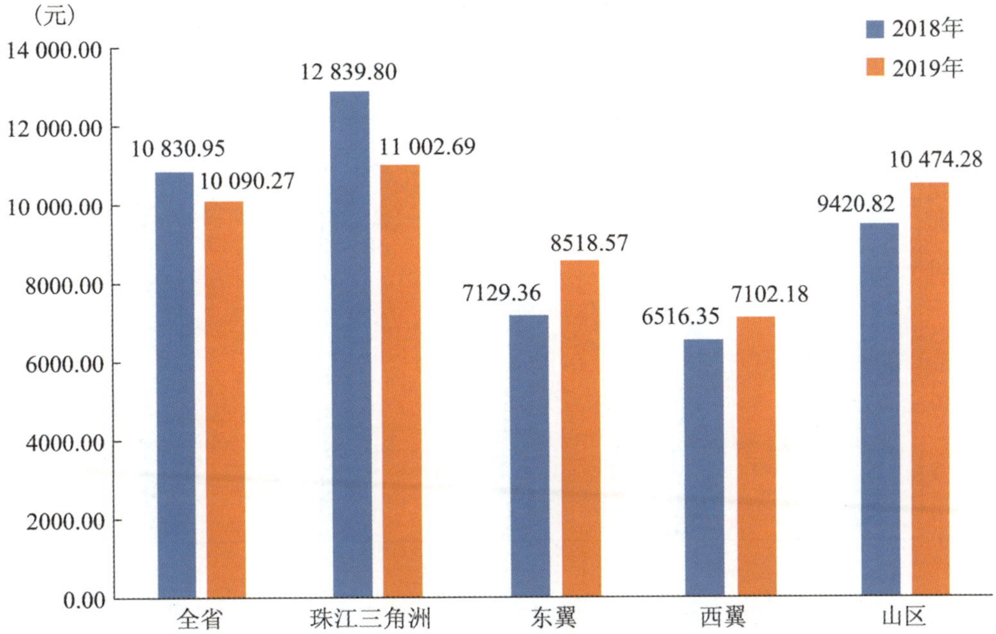

图 4－11　2018 年、2019 年广东省中等职业教育生均教学、实习仪器设备资产值变化情况

分地市看，2019 年全省 21 个地市中等职业教育生均教学、实习仪器设备资产值除广州市、佛山市、汕尾市、中山市、茂名市、潮州市有不同程度减少外，其余地市均有所增加。其中，深圳市生均教学、实习仪器设备资产值最高，为 18 652.75 元；惠州市生均教学、实习仪器设备资产值最低，为 5588.82 元。（分地市中等职业教育生均教学、实习仪器设备资产值情况详见附表 3－15）

6. 全省高中阶段每百名学生拥有的教学用计算机台数继续增加，但各地市差异较大

2019 年，全省普通高中每百名学生拥有教学用计算机台数为 33. 30 台，比上年增加 1. 72 台，增长 5. 45% 。如图 4 – 12 所示。

分区域来看，2019 年全省各区域中珠江三角洲地区每百名学生拥有教学用计算机数量最多，为 36. 91 台，比上年增加 2. 29 台，增长 6. 61% ；山区地区每百名学生拥有教学用计算机数量最少，为 27. 27 台，相比上年增加了 0. 25 台，增长 0. 93% 。

分地市来看，在全省 21 个地市中只有惠州市每百名学生拥有教学用计算机不足 20 台，而广州市、深圳市、汕头市、潮州市和云浮市均超过 35 台。（分地市普通高中每百名学生拥有教学用计算机数量情况详见附表 3 – 16）

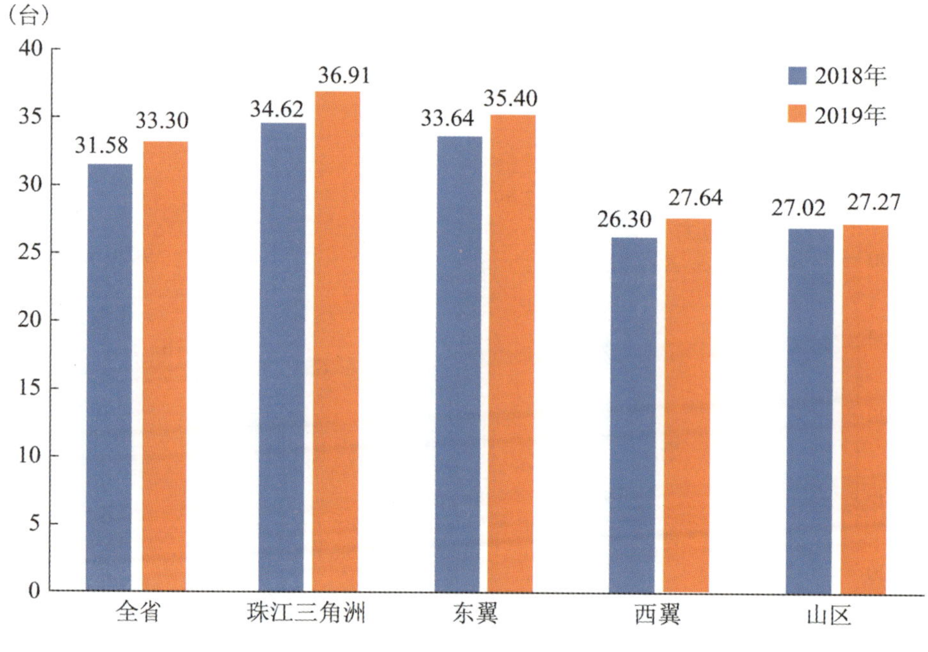

图 4 – 12　2018 年、2019 年广东省普通高中教育每百名学生拥有教学用计算机台数

2019 年，全省中等职业教育每百名学生拥有教学用计算机 34. 64 台，比上年增加 1. 56 台，增长 4. 72% 。如图 4 – 13 所示。

分区域看，根据《中等职业教育设置标准》要求“学校计算机拥有数量不少于每百生 15 台”的标准，2019 年全省各区域均达到标准要求，西翼地区中等职业教育每百名学生拥有教学用计算机数量最少，为 22. 24 台。2019 年全省各区域中等职业教育每百名学生拥有教学用计算机数量均有所增加，东翼地区每百名学生拥有教学用计算机数量为 39.19 台，比上年增加 4.68 台，增长 13.55%，增长幅度最大。

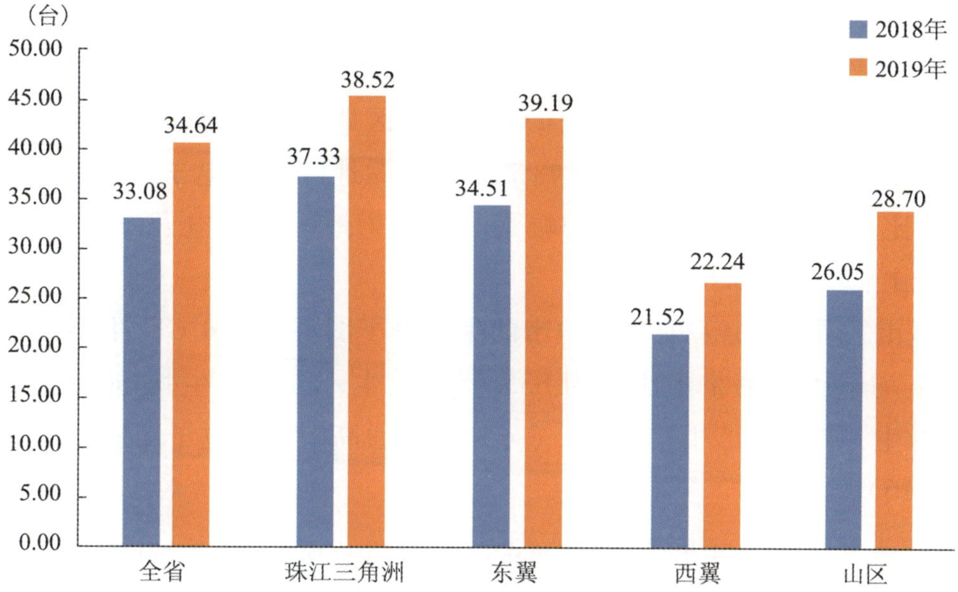

图 4－13　2018 年、2019 年各地区中等职业教育每百名学生拥有教学用计算机台数

分地市看，2019 年全省 21 个地市中有 9 个市每百名学生拥有教学用计算机数量有所减少，其中珠海市每百名学生拥有教学用计算机数量为 38.85 台，比上年减少 10.16 台，下降 20.73%。（分地市中等职业教育每百名学生教学用计算机情况详见附表 3－17）

2019 年，全省各地市之间中等职业教育每百名学生拥有教学用计算机台数存在一定的差异，所有市每百名学生拥有教学用计算机台数均超过 15 台，达到国家规定标准。如表 4－24 所示。

表 4－24　2019 年全省各地市中等职业教育每百名学生拥有教学用计算机台数量情况

单位：台

分　档	地　区			
	珠江三角洲	东翼	西翼	山区
50 以上	深圳、东莞	潮州		
45 ～50	佛山、中山			
35 ～45	广州、珠海、江门	汕头、揭阳		
25 ～35	肇庆	汕尾	湛江	河源、梅州、云浮、韶关、清远
15 ～25	惠州		阳江、茂名	

7. 全省高中阶段生均电子图书数增长明显

2019年，全省普通高中教育生均电子图书量增长较快，相比上年增加3.61 GB/生，为78.62 GB/生。如表4－25所示。

分区域来看，2019年全省各区域中珠江三角洲地区生均电子图书量最高，达到137.67 GB/生，比上年增长3.60%；山区地区生均电子图书量为19.08 GB/生，比上年下降29.50%，降幅最大；东翼地区生均电子图书量为60.05 GB/生，比上年增长18.68%，增幅最大；西翼地区生均电子图书量为8.16 GB/生，比上年增长0.87%。

分地市来看，全省只有1个地市的生均电子图书不足4 GB/生；东莞市普通高中生均电子图书量最大，为835.65 GB/生；珠海市生均电子图书量为0.19 GB/生，与东莞市相差巨大。（分地市普通高中生均电子图书量情况详见附表3－16）。

表4－25　2018年、2019年广东省普通高中生均电子图书变化情况

地区	生均电子图书（GB/生）		增长率（%）	区域排名前三的地市
	2018年	2019年		
全省	75.01	78.62	4.81	东莞、中山、深圳
珠江三角洲	132.89	137.67	3.60	东莞、中山、深圳
东翼	50.60	60.05	18.68	潮州、揭阳、汕头
西翼	8.09	8.16	0.87	阳江、湛江、茂名
山区	27.06	19.08	－29.50	梅州、韶关、清远

2019年，全省中等职业教育生均电子图书量有所减少，相比上年下降了0.06%，为50.38 GB/生，如表4－26所示。

分区域看，2019年全省各区域中珠江三角洲地区中等职业教育生均电子图书量最大，高达71.37 GB/生，比上年增长0.11%；西翼地区中等职业教育生均电子图书量最小，仅15.23 GB/生，但是比上年增长16.07%。

分地市来看，2019年全省21个地市中有9个地市中等职业教育生均电子图书量有所减少，潮州市生均电子图书量最小，仅1.32 GB/生，比上年增加了4.78%；东莞市中等职业教育生均电子图书量最大，达到438.13 GB/生。（分地市中等职业教育生均电子图书量情况详见附表3－17）

表 4－26　2018 年、2019 年广东省中等职业教育生均电子图书变化情况

地区	生均电子图书（GB/生）		增长率（%）	区域排名前三的地市
	2018 年	2019 年		
全省	50.41	50.38	－0.06	惠州、汕头、潮州
珠江三角洲	71.45	71.37	－0.11	东莞、中山、佛山
东翼	22.47	20.10	－10.52	揭阳、汕尾、汕头
西翼	13.12	15.23	16.07	湛江、阳江、茂名
山区	19.53	19.18	－1.76	云浮、清远、河源

8. 普通高中每百名专任教师接受信息化培训次数总体下降，山区地区下降最为明显；中等职业教育每百名专任教师接受信息化培训次数明显增加

2019 年，全省普通高中每百名专任教师接受信息化培训规模为 124.10 人次，比上年减少 1.50 人次，下降 1.19%。如表 4－27 所示。

表 4－27　2018 年、2019 年广东省普通高中每百名专任教师接受信息化培训情况

地区	培训次数（人次）		增长率（%）
	2018 年	2019 年	
全省	125.60	124.10	－1.19
珠江三角洲	137.53	132.60	－3.58
东翼	105.69	108.57	2.72
西翼	111.43	119.10	6.88
山区	133.16	124.54	－6.47

分区域来看，2019 年全省各区域普通高中教育每百名专任教师接受信息化培训次数均有所变化，珠江三角洲地区普通高中每百名专任教师接受信息化培训次数为 132.60 人次，比上年减少 4.93 人次，下降 3.59%；东翼地区普通高中每百名专任教师接受信息化培训次数为 108.57 人次，比上年增加 2.88 人次，增长 2.72%；西翼地区普通高中每百名专任教师接受信息化培训次数为 119.10 人次，比上年增加 7.67 人次，增长 6.88%，增幅最大；山区地区普通高中每百名专任教师接受信息化培训次数为 124.54 人次，比上年减少 8.62 人次，下降 6.47%，下降幅度在各区域中最大。

2019 年，全省中等职业教育每百名专任教师接受信息化培训次数为 68.79 人次，比上年减少 4.77 人次，下降 6.48%。如表 4-28 所示。

分区域看，2019 年全省各区域中，珠江三角洲地区和东翼地区中等职业教育每百名专任教师接受信息化培训次数均有所减少。其中，珠江三角洲地区每百名专任教师接受信息化培训次数为 72.21 人次，比上年减少 10.86 人次，下降 13.08%，下降幅度较大。

表 4-28　2018 年、2019 年广东省中等职业教育每百名专任教师接受信息化培训情况

地区	培训次数（人次）		增长率（%）
	2018 年	2019 年	
全省	73.56	68.79	-6.48
珠江三角洲	83.07	72.21	-13.07
东翼	58.69	51.14	-12.86
西翼	59.39	64.72	8.97
山区	59.30	71.97	21.37

四、小结

《广东省教育发展“十三五”规划》是指导全省教育改革与发展的纲领性文件，广东省高中教育的发展已完成“十三五”规划的一些目标。

办学规模方面，2019 年高中阶段教育在校生数 269.71 万人，中等职业教育在校生达 85.52 万人，未达到“2019 年高中阶段教育的全日制在校生达 330 万人，其中中等职业教育在校生达 155 万人”的目标，与 2019 年高中阶段教育的全日制在校生目标人数存在一定差距。预计到 2020 年，中等职业教育和整个高中阶段教育的全日制在校生数较难达标。

师资队伍建设方面，广东省高中阶段教育中，普通高中教育专任教师规模和中等职业教育专任教师人数均有不同程度的减少，普通高中专任教师 14.88 万人，普通高中生师比为 12.35∶1，普通高中教师配置有待进一步完善；中等职业教育专任教师 4.37 万人，中等职业教育生师比为 19.56∶1，接近教育部《中等职业教育设置标准》规定的 20∶1。高中阶段教育专任教师人均培训次数总体下降，普通高中教育专任教师人均培训次数为 4.87 次，中等职业教育珠江三角洲地区专任教师人均参加培训次数最多，为 5. 23 次。中等职业教育专任教师参加的培训层次以校级培训为主，以集中培训的形式为主，培训质量不高，这与“十三五”规划中“促进教师教育和教师专业发展”的目标差距有点大。高中阶段教育教师合格率均有上升空间，但还需要继续引进高层次高学历的优秀教师。

办学条件方面，高中阶段教育生均校舍建筑面积、生均实验室建筑面积、生均运动场地、生均仪器设备值都有所提高，生均电子图书值则出现了小幅度的下降，但总体上教育资源呈现良好状态；教育信息化水平快速提高，高中阶段教育每百名学生拥有的计算机台数不断增加；每百名专任教师接受信息化培训次数出现下滑，普通高中教育每百名专任教师接受信息化培训次数为 124. 10 人次，中等职业教育每百名专任教师接受信息化培训次数为 68. 79 人次，增长率下降。

办学质量方面，更科学合理配置教育资源，不断推进教育公平，满足教育发展需求。“十三五”期间将进一步完善学生接受高中阶段教育的政策，扩大优质教育资源覆盖面，提升教学环境，将发展迅速的教育信息化水平更好地为教育服务，使得高中阶段教育早日达成并超过“十三五”规划的目标。

第五部分　高等教育

2019年，广东省高等教育规模基本保持稳步扩大，本、专、研招生和在校生结构基本保持平衡，教师队伍规模继续稳定扩大，高校办学条件继续稳步提升。但全省范围内，公办、民办高校办学条件的差异较大，高校专任教师配置仍然趋紧。

一、高等教育规模发展与结构调整情况

1. 高等教育本专科招生人数总体稳步提升，研究生招生增幅较大，公办高职（专科）院校招生增幅显著

2019年，广东省共招收研究生46 576人（普通高校46 440人，科研单位136人），其中博士生5 697人，硕士生40 879人，较上年增长了9.60%，增幅较上年相比略有下降，降幅为0.2%。2019年普通本专科招生640 056人，较上年增加了8.66%，招生规模稳定。

从办学性质来看，2019年全省公办院校本专科招生数与上年相比有显著的增加，增长率达到了12.91%。虽然公办一般本科院校的本专科招生人数较上年相比增幅减小，仅为2.14%，但公办高职（专科）院校的专科招生人数较上年相比增长显著，增长率达到了22.97%。2019年全省民办院校本专科招生数在一般本科院校与高职（专科）院校中呈两极分化趋势，其中民办一般本科院校的本专科招生人数增加了15.47%，而民办高职（专科）院校的本专科招生人数显著降低，与上年相比较减少了21.44%，如表5－1所示。

表5－1　2018年、2019年广东省普通高校分办学性质本专科及研究生招生人数情况

单位：人

院校类别	院校性质	2018年		2019年		增长（%）	
		本专科	研究生	本专科	研究生	本专科	研究生
一般本科院校	公办	187 574	42 403	191 595	46 440	2.14	9.60
	民办	118 958	—	137 360	—	15.47	—
高职（专科）院校	公办	200 786	—	246 906	—	22.97	—
	民办	81 716	—	64 195	—	－21.44	—
全省	公办	388 360	42 403	438 501	46 440	12.91	9.60
	民办	200 674	—	201 555	—	0.44	—

分层次来看，部级、省级和地级院校的本专科招生人数较上年有所增长。全省一般本科院校的研究生招生增长幅度较大，其中部级、省级和地级的招生人数分别增长了6.83%、6.34%、27.97%。全省一般本科院校的本专科招生人数也有所增加，其中部级、省级和地级的招生人数较上年分别增加了1.20%、6.02%、14.97%。高职（专科）院校增幅更为显著，分别增加了1.02%、6.29%、16.94%，如表5－2所示。

从各高校具体情况来看，个别高校的本专科招生人数增加显著，尤其是东莞理工学院本专科招生人数较上年增加了3548人，增幅为344.47%；同时，南方科技大学、广东药科大学、广东技术师范学院天河学院等院校在2019年的本专科招生人数与上年相比均有所下降。（广东省各高等院校研究生、本专科生规模发展情况详见附表4－1和附表4－2）

表5－2 2018年、2019年广东省普通高校分层次本专科及研究生招生人数情况

单位：人

院校类别	院校层次	2018年		2019年		增长（%）	
		本专科	研究生	本专科	研究生	本专科	研究生
一般本科院校	部级	20 189	18 639	20 431	19 912	1.20	6.83
	省级	231 136	17 951	245 052	19 089	6.02	6.34
	地级	55 207	5813	63 472	7439	14.97	27.97
高职（专科）院校	部级	4108	—	4150	—	1.02	—
	省级	174 698	—	185 691	—	6.29	—
	地级	103 696	—	121 260	—	16.94	—
全省	部级	24 297	18 639	24 581	19 912	0.01	6.83
	省级	398 462	17 951	430 743	19 089	0.04	6.34
	地级	158 903	5813	184 732	7439	0.16	27.97

2019年，全省普通本专科招生数为640 056人，较上年增加了8.70%，普通本科与专科招生之比为52.21∶47.79。2019年我省各地区普通本专科招收外地生源（含港澳台）达63 042人，招收外地生源占招生总数的比例为9.85%。我省外地生源主要集中于一般本科院校，占该类人数的14.38%，如表5－3所示。

表5－3　2019年广东省普通高校本专科招生来源情况

院校类别	人数（人）		占比（%）	
	本地生源	外地生源	本地生源	外地生源
一般本科院校	281 650	47 305	85.62	14.38
高职（专科）院校	295 364	15 737	94.94	5.06
全省	577 014	63 042	90.15	9.85

2. 在校本专科、研究生学生规模较上年相比均有增长，其中研究生学生规模增幅较大

2019年，我省各种形式高等教育在校生总规模达到3 250 811人，普通高校（不包括成人教育和网络教育）在校生规模为2 183 549人，与上年相比，增长了5.08%。普通高校高等教育毛入学率达48.80%，与2018年相比，上升了15.01%，如图5－1所示。

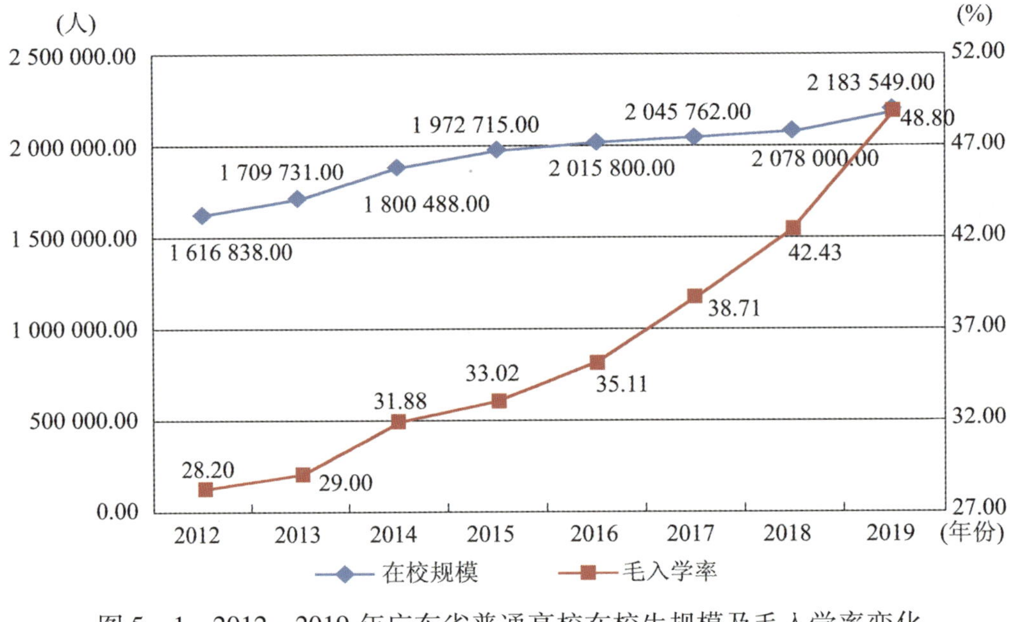

图5－1　2012—2019年广东省普通高校在校生规模及毛入学率变化

2019年，全省公办和民办院校本专科生在校生数分别较上年增长了6.69%和0.71%，其中公办高职（专科）院校在校生数量增加显著，尤其是广东江门中医药职业学院、惠州工程职业学院，增长率分别为122.49%与107.76%。全省普通高校在校研究生129 204人（不含科研单位），其中博士19 404人，硕士生109 800人，较上年相比增长了12.85%，如表5－4所示。

表 5 -4 2018 年、2019 年广东省普通高校分办学性质在校生人数情况

单位：人

院校类别	院校性质	2018 年		2019 年		增长（%）	
		本专科	研究生	本专科	研究生	本专科	研究生
一般本科院校	公办	734 176	114 495	751 372	129 204	2. 34	12. 85
	民办	443 786	—	474 268	—	6. 87	—
高职（专科）院校	公办	551 018	—	619 784	—	12. 48	—
	民办	234 190	—	208 553	—	- 10. 95	—
全省	公办	1 285 194	114 495	1 371 156	129 204	6. 69	12. 85
	民办	677 976	—	682 821	—	0. 71	—

从层次来看，较上年而言，省级和地级普通高校本专科在校生人数均有所增长，分别增长了 3. 00% 和 9. 82%，部级普通高校本专科在校生人数较上年基本持平。全省部级、省级和地级院校研究生在校生人数均增幅显著，增幅分别为 11. 69%、11. 13%、22. 31%，如表 5 -5 所示。

表 5 -5 2018 年、2019 年广东省普通高校分层次在校生人数情况

单位：人

院校类别	院校层次	2018 年		2019 年		增长（%）	
		本专科	研究生	本专科	研究生	本专科	研究生
一般本科院校	部级	82 487	51 460	83 200	57 478	0. 86	11. 69
	省级	869 634	48 045	902 438	53 392	3. 77	11. 13
	地级	225 841	14 990	240 002	18 334	6. 27	22. 31
高职（专科）院校	部级	12 546	—	12 363	—	- 1. 46	—
	省级	496 008	—	504 148	—	1. 64	—
	地级	276 654	—	311 826	—	12. 71	—
全省	部级	95 033	51 460	95 563	57 478	0. 56	11. 69
	省级	1 365 642	48 045	1 406 586	53 392	3. 00	11. 13
	地级	502 495	14 990	551 828	18 334	9. 82	22. 31

3. 本专科毕业生和研究生毕业生规模同上年相比均有所增长

2019 年，全省普通本专科毕业生 522 094 人，较上年减少了 0.35%；其中省级普通本专科毕业生降幅为 1.47%。全省普通高校毕业研究生 30 074 人（其中博士毕业生 3075 人，硕士毕业生 26 999 人），较上年增长了 4.51%，如表 5－6 所示（广东省各高等院校研究生和本专科毕业生增长情况详见附表 4－3）

表 5－6 2018 年、2019 年广东省普通高校分层次研究生和普通本专科毕业生规模及变化情况

单位：人

院校层次	学生类型	一般本科院校			高职（专科）院校			全省		
		2018 年	2019 年	增长（%）	2018 年	2019 年	增长（%）	2018 年	2019 年	增长（%）
部级	研究生	12 709	12 863	1.21	—	—	—	12 709	12 863	1.21
	本专科	18 431	18 527	0.52	3939	4155	5.48	22 370	22 682	1.39
省级	研究生	12 346	13 325	7.93	—	—	—	12 346	13 325	7.93
	本专科	204 841	211 959	3.47	157 347	144 901	－7.91	362 188	356 860	－1.47
地级	研究生	3720	3886	4.46	—	—	—	3720	3886	4.46
	本专科	55 275	60 425	9.32	84 103	82 127	－2.35	139 378	142 552	2.28
全省	研究生	28 775	30 074	4.51	—	—		28 775	30 074	4.51
	本专科	278 547	290 911	4.43	245 389	231 183	－5.80	523 936	522 094	－0.35

2019 年，全省公办本专科生毕业生规模较上年相比减少了 2.31%，而民办本专科生毕业生规模较上年增加了 3.81%。公办一般本科院校本专科生毕业生规模较上年相比减少 0.62%，但民办一般本科院校增幅显著，增长率达到 13.85%。全省公办、民办高职（专科院校）本专科生毕业生规模较上年相比呈下降趋势，公办高职（专科院校）较上年减少了 4.05%，民办高职（专科）院校减少了 10.13%。2019 年全省公办研究生毕业生规模相比上年增长了 4.32%。如表 5－7 所示。

表 5－7　2018 年、2019 年广东省普通高校分办学性质研究生和普通本专科毕业生规模及变化情况

单位：人

院校性质	学生类型	一般本科院校			高职（专科）院校			全省		
		2018 年	2019 年	增长（%）	2018 年	2019 年	增长（%）	2018 年	2019 年	增长（%）
公办	研究生	28 775	30 074	4. 32	—	—	—	28 775	30 074	4. 32
	本专科	181 109	179 981	－0. 62	175 297	168 193	－4. 05	356 406	348 174	－2. 31
民办	研究生	—	—	—	—	—	—	—	—	—
	本专科	97 438	110 930	13. 85	70 092	62 990	－10. 13	167 530	173 920	3. 81

4. 高等学校招生学科专业结构稳定，与经济社会发展需求相适应

2019 年，广东省高等教育继续调整专业结构并优化学科布局。在普通高校本科分学科招生人数方面，一些学科的招生人数较上年增长明显，而在科类构成结构上变动较小。

2019 年，全省普通本科（分学科）共计招生 305 879 人，较上年相比有所增长，增幅为 4. 13%。招生人数变动幅度较大的学科有历史学、教育学、理学、艺术学与哲学，尤其是历史学的招生人数比上年增长了 34. 96%，教育学、理学、艺术学与哲学的招生人数较上年分别增加了 18. 18%、12. 04%、27. 41%、10. 78%。科类构成结构较上年变化不大，如表 5－8 所示。

表 5－8　2019 年广东省普通高校本科分学科招生人数及科类构成结构

科类	人数（人）			构成（%）		
	2018 年	2019 年	比上年增长（%）	2018 年	2019 年	比上年增长
哲学	204	226	10. 78	0. 07	0. 07	0. 01
经济学	24 319	22 413	－7. 84	8. 28	7. 41	－0. 86
法学	10 545	11 108	5. 34	3. 59	3. 67	0. 08
教育学	7612	8996	18. 18	2. 59	2. 98	0. 38
文学	35 014	38 749	10. 67	11. 92	12. 82	0. 90

续上表

科类	人数（人）			构成（%）		
	2018 年	2019 年	比上年增长（%）	2018 年	2019 年	比上年增长
历史学	1007	1359	34.96	0.34	0.45	0.11
理学	20 322	22 768	12.04	6.92	7.53	0.61
工学	92 092	90 868	-1.33	31.35	30.06	-1.29
农学	3854	4097	6.31	1.31	1.36	0.04
医学	17 715	17 460	-1.44	6.03	5.78	-0.25
管理学	59 071	59 815	1.26	20.11	19.79	-0.32
艺术学	21 992	28 020	27.41	7.49	8.08	0.59
全省	293 747	305 879	4.13	100.00	100.00	0.00

2019 年，全省高职（专科）招生 334 177 人，较上年增加了 13.17%。从全省来看，较上年相比，农林牧渔大类在各专业大类中招生人数增长最快，增长率高达 48.50%。此外，医药卫生大类、水利大类的招生人数也呈增长显著趋势，增幅分别为 44.82%、42.61%。而生物与化工大类、公共管理与服务大类的招生人数下降，降幅分别为 7.09%、4.67%。从科类构成结构来看，科类结构的变动幅度不大，趋于稳定水平，财经商贸大类、电子信息大类、装备制造大类占比较大，如表 5-9 所示。

表 5-9　2019 年广东省高职（专科）19 大类专业招生人数及科类构成结构

科　类	人数（人）			构成（%）		
	2018 年	2019 年	比上年增长（%）	2018 年	2019 年	比上年增长（%）
农林牧渔大类	2664	3956	48.50	0.90	1.18	0.28
资源环境与安全大类	3787	4646	22.68	1.28	1.39	0.11
能源动力与材料大类	1906	2213	16.11	0.65	0.66	0.02
土木建筑大类	20 059	22 706	13.20	6.79	6.79	0.00
水利大类	399	569	42.61	0.14	0.17	0.04

续上表

科 类	人数（人）			构成（%）		
	2018 年	2019 年	比上年增长（%）	2018 年	2019 年	比上年增长（%）
装备制造大类	28 628	34 707	21. 23	9. 69	10. 39	0. 69
生物与化工大类	2498	2321	-7. 09	0. 85	0. 69	-0. 15
轻工纺织大类	3885	4167	7. 26	1. 32	1. 25	-0. 07
食品药品与粮食大类	5925	6425	8. 44	2. 01	1. 92	-0. 08
交通运输大类	9473	11 537	21. 79	3. 21	3. 45	0. 24
电子信息大类	51 454	60 505	17. 59	17. 43	18. 11	0. 68
医药卫生大类	18 558	26 876	44. 82	6. 28	8. 04	1. 76
财经商贸大类	63 224	66 339	4. 93	21. 41	19. 85	-1. 56
旅游大类	10 675	11 188	4. 81	3. 62	3. 35	-0. 27
文化艺术大类	19 501	20 724	6. 27	6. 60	6. 20	-0. 40
新闻传播大类	2780	3254	17. 05	0. 94	0. 97	0. 03
教育与体育大类	40 783	42 915	5. 23	13. 81	12. 84	-0. 97
公安与司法大类	2389	2743	14. 82	0. 81	0. 82	0. 01
公共管理与服务大类	6699	6386	-4. 67	2. 27	1. 91	-0. 36
全省	295 287	334 177	13. 17	100. 00	100. 00	0. 00

二、高等教育教师队伍发展情况

1. 高等教育专任教师总体规模逐步增长，民办高校增幅明显

2019 年，全省普通高校共有专任教师 114 700 人，其中一般本科院校专任教师合计 75 699 人，高职（专科）院校专任教师合计 39 001 人。如表 5-10 所示，从办学性质来看，民办一般本科院校增幅比较明显，其专任教师总规模较上年增加 9. 80%。公办一般本科院校与高职（专科）院校专任教师总规模也有所上涨，分别为 7. 41%、7. 69%。其中，广东金融学院、广东财经大学的专任教师人数较上年增长较多，分别增加了 387 人、308 人，但广东海洋大学、深圳大学的专任教师人数较上年下降较多，分别减少了 191 人和 137 人。公办

高职（专科）院校中，广东食品药品职业学院的增幅明显，专任教师人数较上年增加了 273 人。另有 4 所院校专任教师人数增长超过 100 人，分别是广东科贸职业学院、广东农工商职业技术学院、惠州工程职业学院以及广东江门中医药职业学院。民办办高职（专科）院校中，广东文理职业学院专任教师人数较上年减少了 125 人，降幅为 19.08%。而广州康大职业技术学院的增幅显著，其专任教师人数较上年增加了 46 人，但增幅率高达 270.59%。（广东省普通高校专任教师情况详见附表 4－4）

表 5－10　2018 年、2019 年广东省普通高校分办学性质专任教师总规模情况

单位：人

院校性质	一般本科院校				高职（专科）院校			
	2018 年	2019 年	比上年增长	增长率（%）	2018 年	2019 年	比上年增长	增长率（%）
公办	50 480	54 222	3742	7.41	26 473	28 508	2035	7.69
民办	19 560	21 477	1917	9.80	10 331	10 493	162	1.57
全省	70 040	75 699	5659	8.07	36 804	39 001	2197	5.97

分层次来看，部级高职（专科）院校广州民航职业技术学院的专任教师人数显著减少，较上年相比减少了 152 人，降幅达到 21.56%。省级一般本科院校的专任教师人数有所上升，其中广州科技职业技术大学、广东工商职业技术大学两所院校是由高职（专科）院校转为省级一般本科院校，因此省级一般本科院校的专任教师规模较上年增长了 9.27%。地级一般本科院校和高职（专科）院校的专任教师人数有所增加，增长率分别为 10.33%、8.60%。地级一般本科院校专任教师数上升的原因是韶关学院、五邑大学、广州航海学院由原来的省级转为地级。而高职（专科）院校的专任教师人数增长有两方面原因：一是新增院校广东财贸职业学院；二是广东茂名农林科技职业学院、广东茂名幼儿师范专科学校、湛江幼儿师范专科学校由省级高职（专科）院校转为地级高职（专科）院校。如表 5－11 所示。

表 5－11　2018 年、2019 年广东省普通高校分层次专任教师总规模情况

单位：人

院校层次	一般本科院校				高职（专科）院校			
	2018 年	2019 年	增长率（%）	比上年增长	2018 年	2019 年	增长率（%）	比上年增长
部级	8721	9210	5.61	489	705	553	－21.56	－152
省级	47 014	50 697	7.83	3683	23 732	23 531	－0.85	－201
地级	14 314	15 792	10.33	1478	13 736	14 917	8.60	1181
全省	70 040	75 699	8.08	5659	38 173	39 001	2.17	828

2. 全省普通高校生师比有所下降，专任教师数量配置呈紧张趋势

总体来看，全省普通高校生师比有所下降。2019 年，全省普通高校生师比为 16.68∶1，较上年相比减少 2.96%。其中，本科一般院校生师比为 17.75∶1，较上年减少 0.61%；高职（专科）院校生师比为 17.56∶1，比上年减少了 0.32%，如表 5－12 所示。（广东省普通高校生师比详见附表 4－5）

表 5－12　2018 年、2019 年广东省普通高校分层次生师比

院校层次	一般本科院校			高职（专科）院校			全省普通高校		
	2018 年	2019 年	比上年增长	2018 年	2019 年	比上年增长	2018 年	2019 年	比上年增长
部级	18.15∶1	13.25∶1	－4.90	14.29∶1	17.16∶1	2.87	17.85∶1	13.43∶1	－4.42
省级	18.76∶1	17.10∶1	－1.66	18.85∶1	17.97∶1	－0.88	18.53∶1	17.38∶1	－1.15
地级	17.15∶1	15.28∶1	－1.87	17.68∶1	17.64∶1	－0.04	17.42∶1	16.45∶1	－0.97
全省	18.36∶1	17.75∶1	－0.61	17.88∶1	17.56∶1	－0.32	19.64∶1	16.68∶1	－2.96

分办学性质看，一般本科院校中，公办院校下降幅度明显，为 2.42%，高职（专科）院校中，公办院校增加 0.11%。其中，公办本科院校暨南大学下降幅度最明显，为 10%。

表 5－13 2018 年、2019 年广东省普通高校分办学性质生师比

院校性质	一般本科院校			高职（专科）院校		
	2018 年	2019 年	比上年增长	2018 年	2019 年	比上年增长
公办	17.66∶1	15.24∶1	－2.42	17.75∶1	17.86∶1	0.11
民办	20.18∶1	19.62∶1	－0.56	18.75∶1	17.73∶1	－1.02
全省	18.36∶1	16.51∶1	－1.85	18.13∶1	17.90∶1	－0.34

3. 中高级专业技术职务教师总体比重略有上升，较上年比例差距小

2019 年，全省普通高校专任教师中高级专业技术职务教师比例为 40.69%，比上年增加了 0.08%。如表 5－14 所示，一般本科院校为 46.87%，比上年减少了 0.63%；高职（专科）院校中高级专业技术职务教师比例下降显著，较上年减少了 4.21%。

分层次来看，一般本科院校中，部级院校专任教师中高级专业技术职务教师比例增幅最大，为 1.33%，地级院校降幅最大，为 1.98%；高职（专科）院校中，部级院校增幅最大，为 6.93%，地级院校下降 0.18%。（广东省普通高校中高级职称教师比例详见附表 4－6）

表 5－14 2018 年、2019 年广东省普通高校分层次专任教师中高级专业技术职务教师比例（%）

院校层次	一般本科院校			高职（专科）院校			普通高校		
	2018 年	2019 年	比上年增长	2018 年	2019 年	比上年增长	2018 年	2019 年	比上年增长
部级	74.91	76.24	1.33	26.52	33.45	6.93	71.29	72.57	1.28
省级	41.66	41.10	－0.45	28.05	28.01	－0.04	37.99	37.12	－0.87
地级	49.99	48.09	－1.90	29.93	29.75	－0.18	40.16	39.26	－0.90
全省	47.50	46.87	－0.63	28.70	24.49	－4.21	40.61	40.69	0.08

分办学性质看，2019 年公办与民办一般本科院校的专任教师中高级专业技术职务教师比例都呈下降趋势，公办一般本科院校下降了 0.61%，民办本科院校下降了 0.33%。在高职院校中，公办高职（专科）院校较上年有所上升，

增幅为 0.58%，但民办高职（专科）院校下降比例显著，降幅达到 1.42%，如表 5－15 所示。从具体院校情况来看，民办本科院校中，香港中文大学（深圳）的中高级专业技术职务教师比例下降了 41.53%。民办高职（专科）院校中，广州华南商贸职业学院下降了 10.09%。

表 5－15　2018 年、2019 年广东省普通高校分办学性质专任教师中高级专业技术职务教师比例（%）

院校性质	一般本科院校			高职（专科）院校		
	2018 年	2019 年	比上年增长	2018 年	2019 年	比上年增长
公办	53.59	52.98	－0.61	29.79	30.37	0.58
民办	31.78	31.45	－0.33	26.23	24.81	－1.42
全省	47.50	46.87	－0.63	28.70	28.87	0.17

4. 专任教师中研究生学历层次教师所占比例继续提高

全省普通高校专任教师学历层次继续提高，2019 年，全省普通高校专任教师中研究生学历教师比例为 76.40%，比上年增加 1.50%。其中本科院校为 84.94%，比上年增加 0.98%；高职（专科）院校为 59.81%，比上年增加 1.52%，已达到国家专科院校合格标准，如图 5－2 所示。

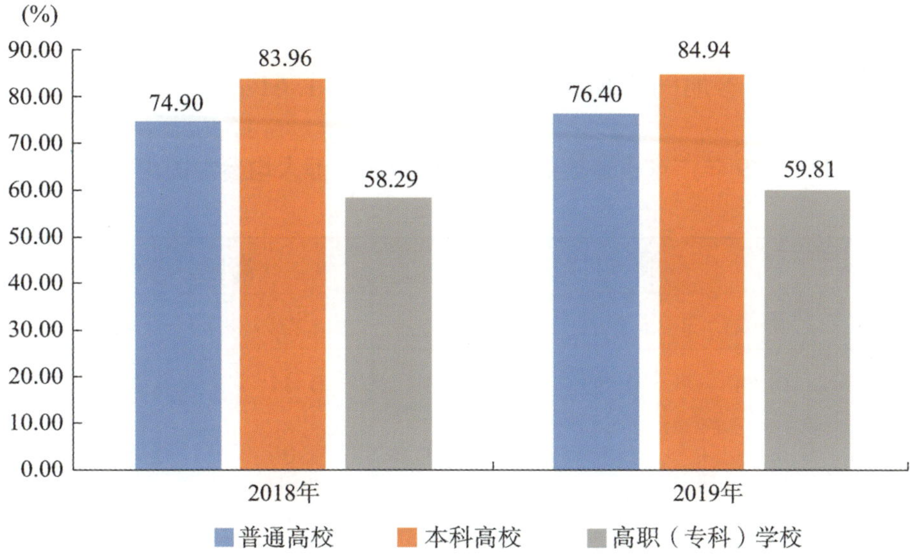

图 5－2　2018 年、2019 年广东省普通高校专任教师中教师研究生学历比例

分办学性质看，一般本科院校中，公办院校较上年有所增长，增幅为1.58%，而民办院校较上年略有下降，降幅为0.30%。高职院校中，民办院校增幅最大，为1.31%，整体来看，高职（专科）院校增幅大于一般本科院校，如表5－16所示。

表5－16　2018年、2019年广东省普通高校分办学性质专任教师中教师研究生学历比例（%）

院校性质	一般本科院校			高职（专科）院校		
	2018年	2019年	比上年增长	2018年	2019年	比上年增长
公办	87.60	89.18	1.58	65.35	65.76	0.41
民办	74.56	74.26	－0.30	42.31	43.62	1.31
全省	83.96	84.94	0.98	58.29	59.81	1.52

5. 高校专任教师参加培训的层次间的差异缩小，各类高等学校专任教师参加国外培训机会较少

2019年，全省高校专任教师共参加国内外培训213 562人次，其中国外培训4227人次，较上年相比减少494人次，国内培训209 335人次，较上年增加了41 654人次。如表5－17所示，分层次来看，一般本科院校中，省级院校及地级院校参加国内培训次数较多，省级人均1.13次，地级人均1.03次，但部级人均次数未达1次。高职院校中，省级院校参加国内培训次数较多，人均4.70次，地级院校参加国内培训次数较多，人均1.61次。

表5－17　2019年广东省普通高校分层次专任教师人均参加国内外培训情况

单位：次

培训类型	一般本科院校			高职（专科）院校		
	部级	省级	地级	部级	省级	地级
国内培训	0.18	1.13	1.03	0.44	4.70	1.61
国外培训	0.03	0.05	0.03	0.04	0.02	0.03
全省	0.21	1.18	1.06	0.48	4.79	1.64

总体而言，广东省专任教师参加国外培训机会较少。分办学性质来看，如表5－18所示，一般本科院校中，民办院校参加国内培训次数最高，人均1.87次，高职（专科）院校中，公办院校参加国内培训次数较上年增加，人均3.69次，民办院校参加国内培训次数也有所增加，人均2.76次。公办本科院校参加国内培训次数逐年稳步增加，2019年上升为人均0.65次。

表5－18 2019年广东省普通高校分办学性质专任教师人均参加国内外培训情况

单位：次

培训类型	一般本科院校		高职（专科）院校	
	公办	民办	公办	民办
国内培训	0.65	1.87	3.69	2.76
国外培训	0.04	0.06	0.03	0.01
全省	0.69	1.93	3.72	2.77

高校专任教师培训形式包括集中培训、远程培训、跟岗实践3种。无论是国内培训还是国外培训，集中培训皆为主要形式。2019年，全省专任教师接受集中培训比例占47.48%，其次是跟岗实践，占32.66%，最后为远程培训，占19.86%。

表5－19 2019年广东省普通高校专任教师培训形式构成情况（%）

	国内培训	国外培训	全省
集中培训	46.80	81.40	47.48
远程培训	20.24	0.83	19.86
跟岗实践	32.96	17.77	32.66
全省	100.00	100.00	100.00

6. 各层次高职（专科）院校“双师型”教师比例持续提高，省级占比最大

2019年，高职（专科）院校的“双师型”教师比例由上年的56.48%上升至59.92%，增加了3.44%。分办学层次看，省级高职（专科）院校所占比例最大，为61.37%，比上年增加4.18%，如图5－3所示。

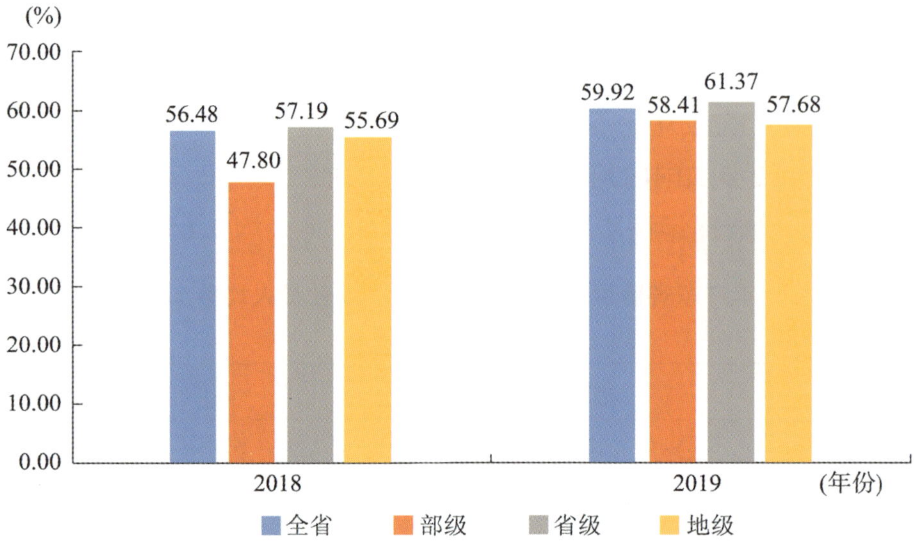

图 5-3　2018 年、2019 年高职（专科）院校分层次双师型教师比例

7. 高校专职辅导员队伍年龄结构较均衡，高职（专科）院校辅导员职务职称较低

2019 年广东省普通高校共有专职辅导员 8457 人，比上年增加 284 人。高校专职辅导员年龄在 29 岁以下的有 3692 人，占专职辅导员总数的 43.66%，而年龄在 30～39 岁的有 3902 人，占专职辅导员总数的 46.14%，队伍结构较均衡，如图 5-4 所示。

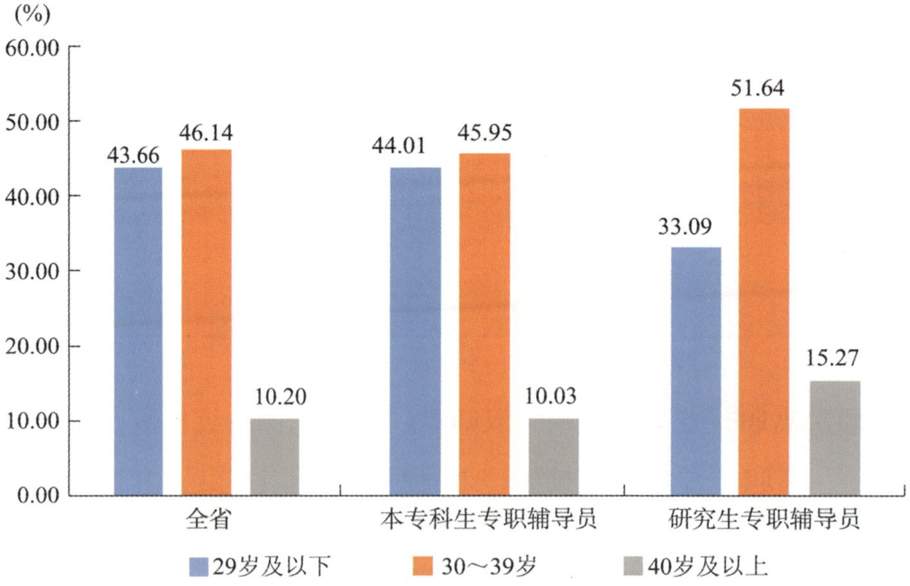

图 5-4　2019 年广东省普通高校专职辅导员年龄分布情况

从高校专职辅导员的行政职务构成看，副科级及以下职务的专职辅导员所占比例较大。2019 年全省高校专职辅导员中，副科级及以下的所占比例为 82.77%，比上年增加了 1.46%。一般本科院校中，副科级及以下占 76.03%，高职（专科）院校中，副科级及以下占 93.19%，如表 5－20 所示。

表 5－20　2019 年广东省普通高校分院校类别专职辅导员职务分布（%）

职务	一般本科院校			高职（专科）院校			全省		
	2018 年	2019 年	比上年增长	2018 年	2019 年	比上年增长	2018 年	2019 年	比上年增长
副处级及以上	9.87	10.34	0.47	3.69	2.69	－1.00	7.33	7.34	0.01
正科级	15.1	13.63	－1.47	6.04	4.11	－1.93	11.37	9.89	－1.48
副科级及以下	75.03	76.03	1.00	90.27	93.19	2.92	81.31	82.77	1.46

从高校专职辅导员的专业技术职称分布看，初级及以下职称所占比例最高。2019 年，全省副高及以上职称的高校专职辅导员所占比例仅为 2.94%；初级及以下职称的高校专职辅导员所占比例高达 64.73%。其中，本科院校的中级职称较高职（专科）院校有所降低，本科院校的初级及以下职称较高职（专科）院校高。如图 5－5 所示。

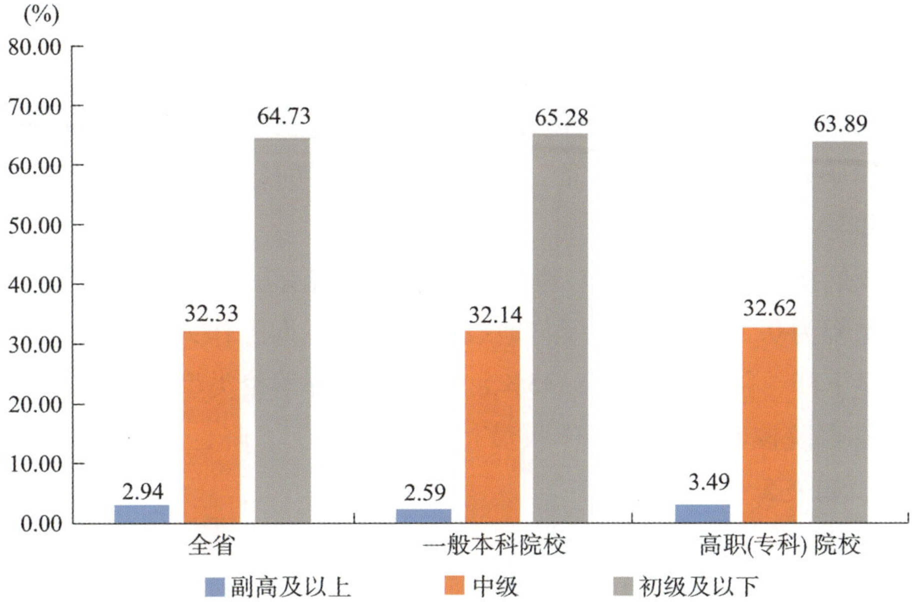

图 5－5　2019 年广东省分院校类别普通高校专职辅导员职称分布

高校专职辅导员的学历构成以本科和硕士研究生为主，较上年而言，2019年全省硕士研究生学历的专职辅导员比例增加，增幅为2.93%；本科学历专职辅导员比例减少，降幅为3.09%。一般本科院校硕士研究生学历占比最高，所占比例为71.05%，高职（专科）院校以本科学历为主，占比为56.34%，但较上年下降了2.33%。高职（专科）院校硕士研究生学历专职辅导员较上年有所增加，增幅为1.22%，如表5－21所示。

表5－21 2019年广东省普通高校分院校类别专职辅导员学历构成比例情况（%）

学历	一般本科院校			高职（专科）院校			全省普通高校		
	2018年	2019年	比上年增长	2018年	2019年	比上年增长	2018年	2019年	比上年增长
博士研究生	1.65	1.16	－0.49	0.54	1.85	1.31	1.19	1.43	0.24
硕士研究生	67.76	71.05	3.27	38.50	39.72	1.22	55.71	58.64	2.93
本科	30.09	27.24	－2.82	58.67	56.34	－2.33	41.86	38.77	－3.09
专科及以下	0.50	0.55	0.05	2.29	2.09	－0.20	1.24	1.16	－0.08

8. 本科院校心理咨询工作人员资格证书持有率略有下降，硕士研究生学历心理咨询工作人员学历上升

各高校逐步将大学生心理健康教育师资队伍建设纳入学校整体师资教师队伍建设工作中，加强选拔、配备、培养和管理，高校心理咨询工作人员的资质、职务和学历逐步提高。

分学校层次看，省级高校心理咨询工作人员持有资格证书的比例较上年略有增长，增幅为0.19%，而部级与地级院校心理咨询工作人员持有资格证书的比例有明显下降，降幅分别为8.35%、4.65%。分学校类型来看，本科院校和高职（专科）院校心理咨询工作人员持证率均有所下降，分别下降了2.95%和1.42%，如表5－22所示。

表 5－22　2019 年广东省普通高校心理咨询工作人员持有资格证书情况

院校层次		规模合计（人）	其中：持有资格证书					
			规模（人）			所占比例（%）		
			2018 年	2019 年	比上年增长	2018 年	2019 年	比上年增长
分层级	部级	31	63	27	－36	95.45	87.10	－8.35
	省级	492	407	432	25	87.34	87.53	0.19
	地级	306	232	246	14	84.98	80.33	－4.65
分类型	一般本科院校	444	355	379	24	88.31	85.36	－2.95
	高职（专科）院校	385	347	326	－21	86.10	84.68	－1.42

2019 年，我省高校心理咨询工作人员初级及以下专业技术职务比例下降显著，降幅为 12.93%。中级专业技术职务仍占主要部分，占比高达 63.24%，较上年增加了 10.57%。副高级以上职务占比略有上升，增幅为 2.37%。

表 5－23　2019 年广东省普通高校心理咨询工作人员专业技术职务分布（%）

职务	一般本科院校			高职（专科）院校			全省普通高校		
	2018 年	2019 年	比上年增长	2018 年	2019 年	比上年增长	2018 年	2019 年	比上年增长
副高及以上	17.91	18.65	0.74	12.66	16.45	3.80	15.28	17.65	2.37
中级	54.98	61.62	6.65	50.37	65.16	14.79	52.67	63.24	10.57
初级及以下	27.11	19.73	－7.38	36.97	18.39	－18.59	32.05	19.12	－12.93

2019 年，我省普通高校心理咨询工作人员学历以硕士研究生为主，硕士研究生学历占比上升，增幅为 4.79%。博士研究生及本科学历占比均下降，分别减少了 0.28% 和 4.23%。本科院校中，硕士研究生学历占比上升，博士研究生、本科及以下学历占比下降，高职（专科）院校中，博士研究生、硕士研究

生学历占比上升，本科及以下学历占比下降。分各高校具体情况来看，本科院校中，硕士研究生学历上升最多的院校为惠州学院，增加了13人，1所院校博士研究生学历下降，为华南理工大学，减少了2人。高职（专科）院校中，硕士研究生学历上升最多的院校为佛山职业技术学院，增加了9人，广东茂名幼儿师范专科学校占比也有所上升，增加了8人。

表5－24　2019年广东省普通高校心理咨询工作人员学历构成比例情况（%）

学历	一般本科院校			高职（专科）院校			全省		
	2018年	2019年	比上年增长	2018年	2019年	比上年增长	2018年	2019年	比上年增长
博士研究生	17.91	15.32	－2.59	1.74	2.86	1.12	9.81	9.53	－0.28
硕士研究生	66.67	71.62	4.95	52.11	55.58	3.47	59.38	64.17	4.79
本科	15.17	13.06	－2.11	43.67	39.22	－4.45	29.44	25.21	－4.23
专科及以下	0.25	0.00	－0.25	2.48	2.34	－0.14	1.37	1.09	－0.28

三、普通高校办学条件变化情况

1. 校园面积总量较上一年略有增加，高校生均校园面积有不同程度的减少

2019年广东省公办高校校园面积为9319.20万平方米，同上年相比有所增加，增幅为4.27%；民办高校校园面积为3729.25万平方米，比上年减少了1.31%。其中民办高职（专科）院校校园面积减少了12.93%，其原因是广州科技职业技术大学、广东工商职业大学两所高校性质由民办高职改为民办本科。从生均维度来看，全省公办院校的生均校园面积有所减少，与上年相比，下降了2.34%。民办院校生均校园面积也有所减少，同上年相比，减少了2.29%。如表5－25所示。（广东省各普通高校校园占地面积详见附表4－7）

表 5－25 2018 年、2019 年广东省普通高校分办学性质校园面积

院校类别	院校性质	2018 年（万平方米）	2019 年（万平方米）	比上年增长（%）	2019 年生均（平方米）	比上年增长（%）
一般本科院校	公办	5778. 76	5952. 60	3. 01	65. 36	－0. 38
	民办	2569. 70	2676. 52	4. 16	56. 16	－2. 82
高职（专科）院校	公办	3158. 78	3366. 60	6. 58	53. 79	－4. 90
	民办	1209. 09	1052. 73	－12. 93	49. 93	－2. 57
全省	公办	8937. 54	9319. 20	4. 27	60. 65	－2. 34
	民办	3778. 79	3729. 25	－1. 31	54. 25	－2. 29

注：普通高校“校园面积”中含非产权独立使用部分，指学校租借用一年以上的校园面积，不含学校与其他单位共享的校园面积。

2019 年全省普通高校校园面积为 13 048. 45 万平方米，较上年增加 2. 61%。其中，部级高校校园面积较上年略微下降，降幅为 0. 77%，省级高校校园面积则较上年增加了 3. 43%，地级院校校园面积较上年增加了 1. 95%。其中省级高校校园面积增加的主要原因是广东生态工程职业学院、广东交通职业技术学院、广东食品药品职业学院等个别院校校园面积增长幅度较大。从生均值来看，除省级生均校园面积增加了 1. 95% 之外，部级、地级较上年分别下降 0. 79% 和 7. 44%，如表 5－26 所示。

表 5－26 2018 年、2019 年广东省普通高校分层次校园面积

院校层次	2018 年总面积（万平方米）	2019 年总面积（万平方米）	比上年增长（%）	2019 年生均（平方米）	比上年增长（%）
部级	1288. 37	1278. 39	－0. 77	74. 56	－0. 79
省级	8079. 01	8355. 97	3. 43	56. 63	2. 26
地级	3348. 94	3414. 09	1. 95	59. 17	－7. 44
全省总计	12 716. 33	13 048. 45	2. 61	58. 67	－0. 19

注：普通高校“校园面积”中含非产权独立使用部分，指学校租借用一年以上的校园面积，不含学校与其他单位共享的校园面积。

2. 不同类型高校校舍建筑面积呈不同程度的变化

2019 年全省公办普通高校与民办普通高校校舍建筑面积分别为 4447. 94 万平方米和 1735. 64 万平方米，与上年相比分别增加了 5. 42% 和 5. 40%。其中，民办本科院校校舍建筑面积增幅较大，较上年增长了 13. 04%，其增幅较大的

主要原因在于广州科技职业技术大学、广东工商职业大学两所高校性质由民办高职改为民办本科。从生均维度来看，民办普通高校校舍的生均校舍建筑面积增加4.35%，而公办普通高校校舍的生均校舍建筑面积却减少了1.26%，如表5－27所示。（广东省各高等院校普通高校校舍建筑面积详见附表4－8）

表5－27　2018年、2019年广东省普通高校分办学性质校舍建筑面积

院校类别	院校性质	2018年（万平方米）	2019年（万平方米）	比上年增长（%）	2019年生均（平方米）	比上年增长（%）
一般本科院校	公办	2872.20	2994.40	4.25	32.88	0.82
	民办	1029.87	1164.13	13.04	24.43	5.46
高职（专科）	公办	1347.08	1453.54	7.90	23.23	－3.72
	民办	616.91	571.50	－7.36	27.11	3.66
全省	公办	4219.28	4447.94	5.42	28.95	－1.26
	民办	1646.78	1735.64	5.40	25.25	4.35

2019年全省普通高校校舍建筑面积为6183.57万平方米，比上年增加了5.41%，且生均校舍建筑面积增加了3.31%。其中，部级、省级、地级高校校舍建筑面积变化情况并不相同，部级院校减少了1.07%；省级院校增加了5.22%，部分院校如广东白云学院、深圳北理莫斯科大学增幅显著；地级院校增加了8.54%，其中地级校舍建筑面积有所增加的主要原因是广州航海学院由省级变为地级。但生均校舍建筑面积除省级增长了5.84%外，部级和地级均有下降，分别下降了1.09%和1.44%，如表5－28所示。

表5－28　2018年、2019年广东省普通高校分层次校舍建筑面积

院校层次	2018年（万平方米）	2019年（万平方米）	比上年增长（%）	2019年生均（平方米）	比上年增长（%）
部级	613.06	606.49	－1.07	35.37	－1.09
省级	3747.33	3942.76	5.22	26.72	5.84
地级	1505.68	1634.32	8.54	28.33	－1.44
全省	5866.07	6183.57	5.41	27.81	3.31

3. 全省普通高校教学与行政用房总面积普遍增加

2019年，全省普通高校教学与行政用房总面积为3333.61万平方米，比上年增加了6.49%；生均教学与行政用房面积为14.99平方米，较上年增加了1.50%，如表5-29所示。（广东省各普通高校教学与行政用房面积详见附表4-9）

表5-29 2018年、2019年广东省普通高校分层次生均教学与行政用房面积

院校层次	2018年（万平方米）	2019年（万平方米）	比上年增长（%）	2019年生均（平方米）	比上年增长（%）
部级	263.98	299.01	13.27	17.44	13.25
省级	1959.80	2047.43	4.47	13.88	0.85
地级	906.67	987.18	8.88	17.11	-1.14
全省	3130.45	3333.61	6.49	14.99	1.50

注：普通高校“教学与行政用房”中含非产权独立使用部分，指学校租借用一年以上的教学与行政用房，不含学校与其他单位共享的教学与行政用房。

从办学性质来看，在2019年全省普通高校中，公办院校的教学与行政用房总面积增加了6.45%，民办院校的教学与行政用房面积增加了6.60%。其中，民办一般本科院校的教学与行政用房面积增加最为显著，增加了17.79%，其原因在于广州科技职业技术大学、广东工商职业大学两所高校性质由民办高职改为民办本科。从生均维度来看，2019年全省生均教学与行政用房面积除公办高职（专科）院校有所减少外，其他性质的院校均有所增加。其中民办本科院校生均教学与行政用房面积增加了9.90%。如表5-30所示。

表5-30 2018年、2019年广东省普通高校分办学性质生均教学与行政用房面积

院校类别	院校性质	2018年总面积（万平方米）	2019年总面积（万平方米）	比上年增长（%）	2019年生均（平方米）	比上年增长（%）
一般本科院校	公办	1447.65	1541.27	6.47	16.92	2.96
	民办	511.21	602.15	17.79	12.64	9.90
高职（专科）院校	公办	790.24	840.91	6.41	13.44	-5.05
	民办	381.35	349.28	-8.41	16.57	2.49
全省	公办	2237.89	2382.18	6.45	15.50	-0.30
	民办	892.56	951.43	6.60	13.84	5.54

注：普通高校“教学与行政用房”中含非产权独立使用部分，指学校租借用一年以上的教学与行政用房，不含学校与其他单位共享的教学与行政用房。

4. 全省院校图书总量均呈不同程度的增长，生均图书数量较上年增幅明显

2019年，全省普通高校图书总数为18 443.10万册，较上年增长了5.87%；生均图书数为78.26册，比上年增加了3.80%。其中，部级、省级、地级院校图书总量均有所增长。从生均维度来看，除部级院校生均图书量有所减少，减少了1.52%之外，省级、地级院校生均图书量均有所增长，分别增长了5.16%和2.07%，如表5－31所示。

表5－31　2018年、2019年广东省普通高校分层次图书数

院校层次	2018年总值（万册）	2019年总值（万册）	比上年增长（%）	2019年生均（册）	比上年增长（%）
部级	1519.60	1546.43	1.77	74.73	－1.52
省级	11 408.37	12 048.01	5.61	78.03	5.16
地级	4493.24	4848.66	7.91	80.06	2.07
全省	17 421.21	18 443.10	5.87	78.26	3.80

从办学性质看，2019年全省普通高校中，公办学校图书总数为12 837.08万册，比上年增长了5.41%；生均图书数为77.46册，比上年增加了2.26%。民办院校图书总数为5606.02万册，比上年增长了6.93%；生均图书数为80.16册，比上年增长了9.27%。除公办高职类院校生均图书量有所减少外，其他性质院校均有所增加，其中，民办本科院校的生均图书增加最显著，如表5－32所示。（广东省各普通高校图书数详见附表4－10）

表5－32　2018年、2019年广东省普通高校分办学性质图书数

院校类别	院校性质	2018年总值（万册）	2019年总值（万册）	比上年增长（%）	2019年生均（册）	比上年增长（%）
一般本科院校	公办	8276.21	8643.83	4.44	84.42	5.28
	民办	3284.45	3804.06	15.82	78.66	8.30
高职（专科）院校	公办	3902.20	4193.25	7.46	66.21	－2.33
	民办	1958.35	1801.96	－3.71	83.52	6.88
全省	公办	12 178.42	12 837.08	5.41	77.46	2.26
	民办	5242.80	5606.02	6.93	80.16	9.27

5. 仪器设备配置水平整体提高明显，不同办学性质高校的生均仪器设备值差别较大

2019年，全省普通高校仪器设备总值为4 172 137.25万元，比上年增长了

14.52%；生均仪器设备为17 703.58元，比上年增长了12.28%。分层次来看，部级、省级、地级高校仪器设备值均有增长，增长率分别为13.91%、9.48%、21.57%。从生均维度来看，部级、省级、地级高校生均仪器设备值均有增长，增长率分别为10.23%、9.02%、14.99%，如表5－33所示。（广东省各普通高校教学仪器设备值详见附表4－11）

表5－33　2018年、2019年广东省普通高校分层次仪器设备值

院校层次	2018年总值（万元）	2019年总值（万元）	比上年增长（%）	2019年生均（元）	比上年增长（%）
部级	911 910.74	1 038 713.47	13.91	50 193.82	10.23
省级	1 547 631.61	1 694 417.09	9.48	10 973.41	9.02
地级	1 183 639.61	1 439 006.69	21.57	23 761.27	14.99
全省	3 643 181.95	4 172 137.25	14.52	17 703.58	12.28

注：普通高校“教学仪器设备值”中含非产权独立使用部分，指学校租借用一年以上的教学仪器设备，不含学校与其他单位共享的教学仪器设备。

从办学性质看，2019年全省普通高校中，公办学校仪器设备总值为3 760 783.65万元，比上年增长了15.05%，生均仪器设备为22 692.20元，比上年增长了11.61%。民办学校仪器设备总值为411 353.60万元，比上年增长了9.91%，生均仪器设备为5881.85元，比上年增长了10.45%，如表5－34所示。

表5－34　2018年、2019年广东省普通高校分办学性质生均教学仪器设备值

院校类别	院校性质	2018年总值（万元）	2019年总值（万元）	比上年增长（%）	2019年生均（元）	比上年增长（%）
一般本科院校	公办	2 558 172.85	2 987 167.81	16.77	29 172.77	17.71
	民办	230 976.35	281 130.07	21.71	5813.30	13.81
高职（专科）院校	公办	710 750.70	773 615.84	8.84	12 214.77	－1.07
	民办	143 282.06	130 223.53	－9.11	6035.51	5.56
全省	公办	3 268 923.55	3 760 783.65	15.05	22 692.20	11.61
	民办	374 258.40	411 353.60	9.91	5881.85	10.45

注：普通高校“教学仪器设备值”中含非产权独立使用部分，指学校租借用一年以上的教学仪器设备，不含学校与其他单位共享的教学仪器设备。

6．生均信息化设备资产值较上年增幅明显，不同办学层次、不同办学类型院校增幅存在差距

2019年，全省普通高校信息化设备资产总值达到1 207 895.08万元，比上年增长了11.64%。从生均值来看，全省普通高校生均信息化设备资产值达到5125.45元，比上年增长了9.46%。其中，地级高校生均信息化设备资产增长幅度最大，为6360.64元，比上年增长了15.39%；省级高校为3911.72元，比上年增长了9.37%；部级高校为10 567.04元，比上年减少了2.16%，如表5－35所示。（广东省各普通高校生均信息化设备资产值详见附表4－12）

表5－35　2018年、2019年广东省普通高校分层次生均信息化设备资产值

院校层次	2018年总值（万元）	2019年总值（万元）	比上年增长（%）	2019年生均（元）	比上年增长（%）
部级	216 286.71	218 674.77	1.10	10 567.04	－2.16
省级	549 908.75	604 013.44	9.84	3911.72	9.37
地级	315 740.08	385 206.86	22.00	6360.64	15.39
全省	1 081 935.54	1 207 895.08	11.64	5125.45	9.46

从办学性质来看，广东省高校生均信息化设备资产值公办院校与民办院校之间差距依然明显。公办院校全省合计生均信息化设备资产值比上年增长11.49%，民办院校全省合计生均信息化设备资产值比上年增长12.55%。其中，民办高职（专科）院校生均信息化设备资产值相比上年增长最为显著，增长了15.03%，如表5－36所示。

表5－36　2018年、2019年广东省普通高校分办学性质生均信息化设备资产值

院校类别	院校性质	2018年总值（万元）	2019年总值（万元）	比上年增长（%）	2019年生均（元）	比上年增长（%）
一般本科院校	公办	660 883.22	736 231.54	11.40	7190.06	12.29
	民办	110 919.76	130 416.47	17.58	2696.79	9.95
高职（专科）院校	公办	268 856.07	300 369.82	11.72	4742.60	1.54
	民办	41 276.50	40 877.24	－0.97	1894.55	15.03
全省	公办	929 739.28	1 036 601.37	11.49	6254.75	8.16
	民办	152 196.26	171 293.71	12.55	2449.29	13.10

7. 各层次普通高校每百名学生拥有教学用计算机台数均略微减少，不同类别高校呈不同程度变化

2019年，广东省普通高校每百名学生拥有教学用计算机31.30台，较上年减少了1.04%。全省范围内各层次的高职（专科）院校每百名学生拥有教学用计算机台数呈现不同幅度的减少。其中，部级高职（专科）院校减幅最为明显，减少了36.31%，其主要原因是部级减少了公安边防部队高等专科学校一所院校。除地级一般本科院校每百名学生拥有教学用计算机台数呈增长外，部级、省级均呈下降趋势，分别下降4.16%和0.77%，如表5－37所示。（广东省各普通高校教学用计算机台数详见附表4－13）

表5－37 2018年、2019年广东省普通高校分层次每百名学生拥有教学用计算机台数

单位：台

院校层次	普通高校			一般本科院校			高职（专科）院校		
	2018年	2019年	比上年增长（%）	2018年	2019年	比上年增长（%）	2018年	2019年	比上年增长（%）
部级	41.98	39.44	－6.05	42.56	40.79	－4.16	34.64	22.06	－36.31
省级	28.12	27.92	－0.74	26.05	25.85	－0.77	31.95	31.85	－0.31
地级	37.78	37.53	－0.66	31.35	33.46	6.73	43.31	40.85	－5.68
全省	31.63	31.30	－1.04	29.00	28.99	－0.03	36.02	35.12	6.46

从办学性质来看，2019年，全省公办院校每百名学生拥有教学用计算机台数总体呈小幅减少。公办院校每百名学生拥有教学用计算机台数为68.52台，相比上年减少3.37%。全省民办院校每百名学生拥有教学用计算机台数总体呈小幅增加，民办院校每百名学生拥有教学用计算机台数为53.78台，相比上一年增长3.11%，如表5－38所示。

表 5－38　2018 年、2019 年广东省普通高校分办学性质每百名学生拥有教学用计算机台数

单位：台

院校类别	公　办			民　办		
	2018 年	2019 年	比上年增长（%）	2018 年	2019 年	比上年增长（%）
一般本科院校	31.80	31.60	－0.63	23.45	24.01	2.37
高职（专科）院校	39.11	36.92	－5.59	28.70	29.77	3.71
全省	70.91	68.52	－3.37	52.16	53.78	3.11

8. 全省校均上网课程数量均呈不同幅度的增长，一般本科院校和高职（专科）院校的校均上网课程数量差距依旧较大

2019 年，全省普通高校校均上网课程为 39 274 门，比上年增长 16.56%。其中，省级院校校均上网课程数量增幅最大，较上年增长了 24.41%；此外，部级、地级院校校均上网课程数量分别呈现中幅、小幅的增长，增长率分别是 9.82% 和 1.15%，如表 5－39 所示。（广东省各普通高校上网课程数量详见附表 4－14）

表 5－39　2018 年、2019 年广东省普通高校校均上网课程数量

单位：门

院校层次	2018 年	2019 年	比上年增长（%）
部级	2078	2282	9.82
省级	21 557	26 818	24.41
地级	10 058	10 174	1.15
全省	33 693	39 274	16.56

从办学性质来看，2019 年全省公办院校校均上网课程数量为 333.61 门，呈增长趋势，增长率为 14.05%。其中，公办高职（专科）院校增长最为明显，增幅为 16.82%；民办院校校均上网课程数量为 105.26 门，相比较上年呈

现小幅增长，其中，民办本科院校校均上网课程数量增长趋势较为明显，较上年增长了4.40%，如表5－40所示。

表5－40 2018年、2019年广东省普通高校分办学性质校均上网课程数量

单位：门

院校类别	公办			民办		
	2018年	2019年	比上年增长（%）	2018年	2019年	比上年增长（%）
一般本科院校	485.00	546.49	12.68	158.70	165.68	4.40
高职（专科）院校	170.95	199.71	16.82	38.33	37.60	-1.91
全省	292.51	333.61	14.05	98.52	105.26	6.84

四、民办高等教育事业发展的基本状况

2019年，我省高等教育毛入学率48.80%，较上年增长了6.4%，离普及化指标50%以上的毛入学率要求还有1.2%的差距。在满足高等教育入学需求方面，今后一段时期内广东扩大高等教育学位供应量的压力减缓。但民办高校仍然是合理扩大我省高等教育规模的重要增长极。

高等教育即将步入普及化阶段，为我国民办高等教育的发展提供了新的契机。民办教育作为“教育事业发展的重要增长点和促进教育改革的重要力量”，要努力探索内涵式发展，提高办学质量，打造特色发展之路，在高等教育普及化阶段满足社会多样性的人才需求。

1. 民办高校数量增幅趋于平稳，分类更清晰

全省民办高校数从2009年的47所，发展到2019年的50所。广州科技职业学院、广东工商职业学院两所学校从民办高职（专科）院校转为民办本科院校。从图5－6中可看出近10年民办高校办学数量变化，民办高校从2009年到2017年呈持续上升趋势，但自2018年开始增幅趋于平稳发展。

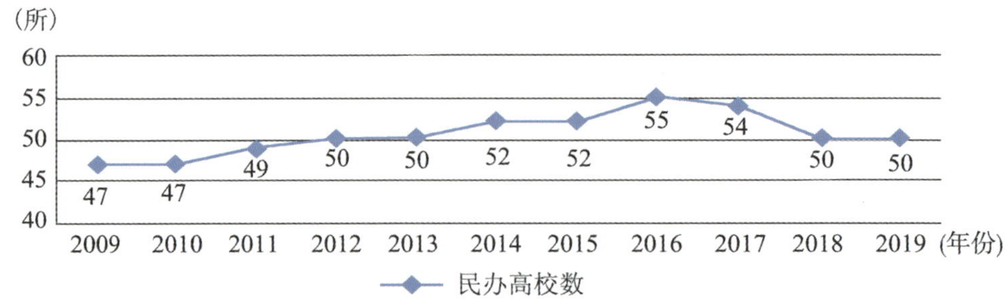

图 5－6　2009—2019 年广东民办高校学校数变化情况

注：4 所中外合办高校为“具有法人资格的中外合作办学”，不计入民办高校数量之列

2. 学生数量稳步增长，所占在校生总数比例上升

全省民办高校在校生人数从 2009 年的 37.19 万人，发展到 2019 年的 68.24 万人，增加了 31.05 万人。2019 年，民办高校在校生人数占广东高等教育在校生总数的比例为 34%，较上年增加 1.86%。

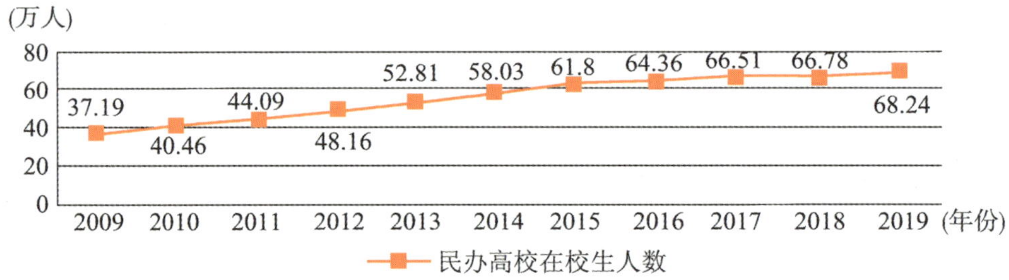

图 5－7　2009—2019 年广东民办高校在校生人数变化情况

3. 民办高校专任教师数量稳步增长

全省民办高校的专任教师数从 2009 年的 1.78 万人，发展到 2019 年的 3.17 万人，总共增加了 1.39 万人。2019 的专任教师数量较上年增加了 0.11 万人，增幅为 3.60%。这说明民办高校的师资力量进一步得到提升。

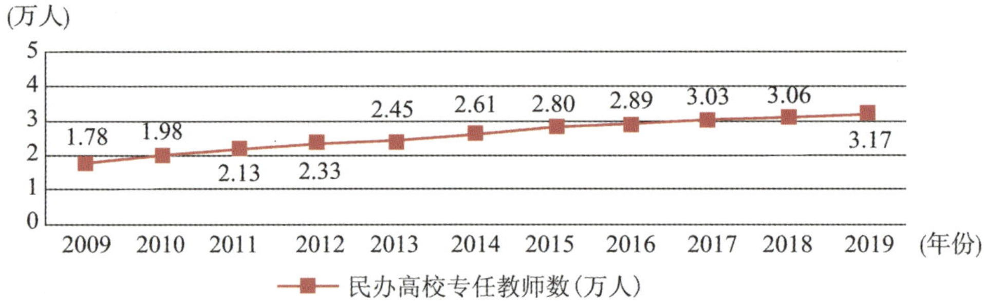

图 5－8　2009—2019 年广东民办高校教师数变化情况

4. 教学与行政用房面积逐年扩大

全省民办高校教学与行政用房面积从 2012 年的 638.22 万平方米扩大至 2019 年的 951.43 万平方米，扩大了 49.08%，从图 5－9 可看出，民办高校的教学与行政用房面积的波动不明显，基本上呈逐年扩大的态势。

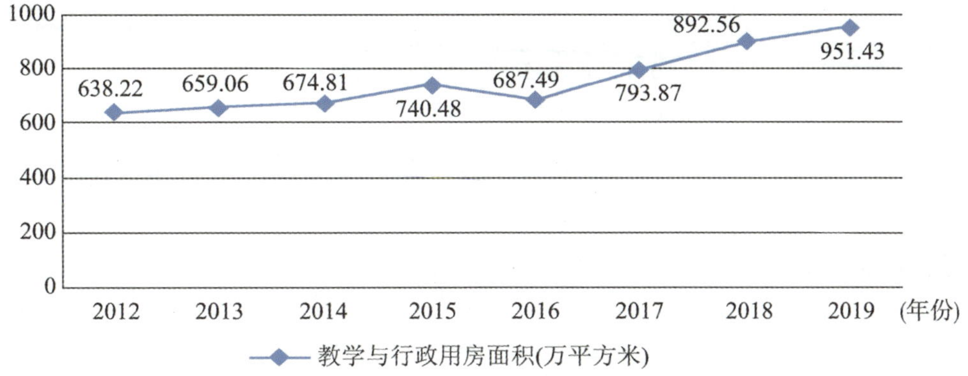

图 5－9　2012—2019 年广东民办高校教学与行政用房面积变化情况

5. 图书数量呈逐年递增的趋势

全省民办高校的图书数量增长较快，从 2012 年的 3530.20 万册增长到 2019 年的 5606.02 万册，增长了 58.80%。

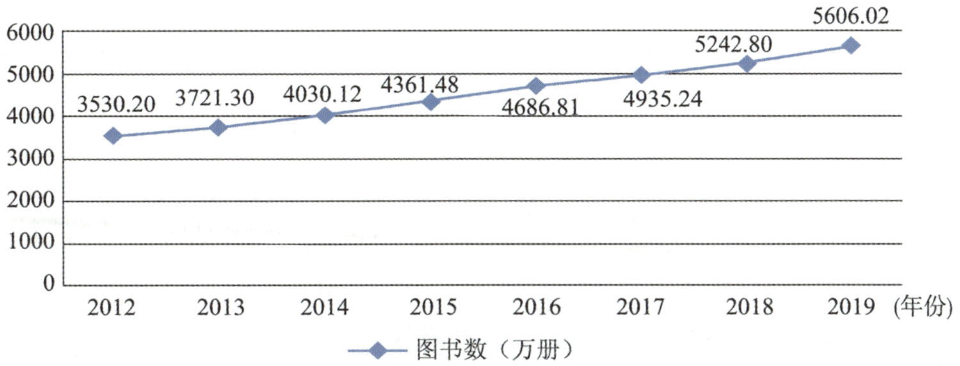

图 5－10　2012—2019 年广东省民办高校图书数变化情况

6. 教学仪器设备资产值极大增加

全省民办高校教学仪器设备资产值极大增加，民办高校的教学仪器设备资产值从 2012 年的 22.34 亿元增长至 2019 年的 41.14 亿元，增长率为 84.15%，如图 5－11 所示，民办高校教学仪器设备资产值呈逐年增长的趋势。

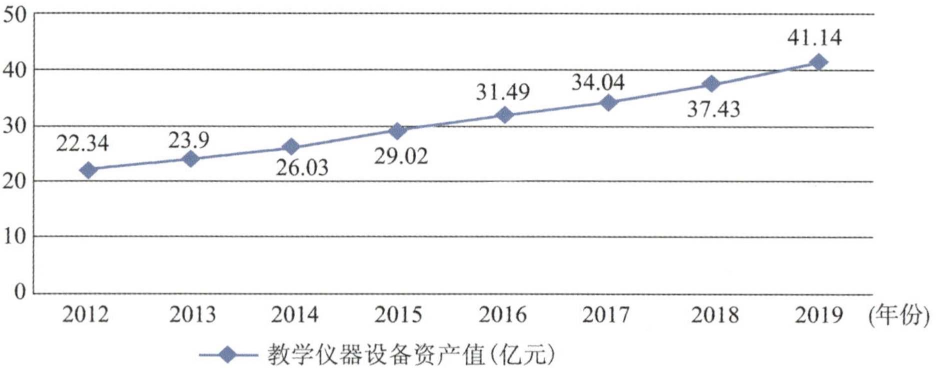

图 5－11　2012—2019 年广东民办高校教学仪器设备资产值变化情况

五、小结

2019 年，广东省高等教育进一步落实教育发展“十三五”规划相关任务，高等教育阶段性目标基本完成。

广东省高等教育在学总规模（不包括成人教育和网络教育）达到 218.32 万人，离阶段性目标 264.38 万人还有 46.06 万人的差距。高等教育毛入学率达到 48.80%，已达成 40% 的阶段性目标，离 2020 年的 50% 左右的目标差 1.2% 左右。研究生在校生规模达到 12.95 万人，已达到 2020 年 10.7 万人的目标；普通本专科生合计 205.40 万人，已达到 2020 年 190 万人的目标；高等职业教育在校生 89.42 万人，较 2018 年增加 10.9 万人；成人本专科 93.15 万人，较 2018 年增加 18.23 万人。2019 年，高等教育的大部分指标已达到“十三五”规划的要求，高等教育事业稳步发展。

院校建设方面。从办学类型上看，2019 年，公办院校方面，共新增 3 所公办类院校，分别是深圳技术大学、广东江门幼儿师范高等专科学校和广东财贸职业学院。民办院校方面，“广州科技职业技术大学”“广东工商职业大学”由先前的民办高职改为了民办本科。高校的分类更加科学化、合理化。从办学层次来看，部级方面，减少了“公安边防部队高等专科学校”1 所院校；省级方面，新增“广东财贸职业学院”1 所院校；地级方面，新增“深圳技术大学”和“广东江门幼儿师范高等专科学校”2 所院校，除此之外，“广东茂名农林职业学院”“韶关学院”“五邑大学”“广东茂名幼儿师范专科学校”“湛江幼儿师范专科学校”和“广州航海学院”5 所院校由原来的省级变为地级。

与此同时，广东省高校的办学条件也在稳步前进，2019 年，高校校舍建筑面积、教学与行政用房面积不断扩大，高校生均图书数量及生均仪器设备也显著增加，每百名学生拥有教学用计算机的台数稳步增多，这为推动广东省高等教育信息化建设打下坚实的基础。

师资方面，高校专任教师总体规模逐步增长，研究生学历层次教师所占比例继续提高。普通高校生师比有所下降，而中高级专业技术职务教师总体比重略有上升。2019 年，全省高校专任教师共参加国内外培训 213 562 人次，较上年增长 41 160 人次。高职院校的专任教师参加培训的人均次数有所上升，增长部分集中于国内培训。随着职业教育的快速发展，加强高职院校教师的综合素质，才能推动职业教育的进一步改革。

2019 年，广东省在《广东省教育发展“十三五”规划》的纲领性文件的统领指导下，高等教育总体上呈稳步发展态势，并力争在 2020 年继续稳步前进。

附　录①

一、学前教育有关表格

附表1-1　广东省各地市学前教育招生情况

单位：人

地区	2018年			2019年			增长情况	
	城市	农村	合计	城市	农村	合计	增减	增长率（%）
全省	711 993	1 296 706	2 008 699	681 707	1 126 485	1 808 192	-200 507	-9.98
珠江三角洲	494 885	439 265	934 150	490 860	414 423	905 283	-28 867	-3.09
东翼	51 313	270 759	322 072	41 351	223 502	264 853	-57 219	-17.77
西翼	101 268	335 848	437 116	82 201	271 579	353 780	-83 336	-19.06
山区	64 527	250 834	315 361	67 295	216 981	284 276	-31 085	-9.86
广州市	117 101	74 584	191 685	123 137	69 993	193 130	1445	0.75
深圳市	167 554	26 121	193 675	154 042	25 802	179 844	-13 831	-7.14
珠海市	20 484	9377	29 861	19 791	8810	28 601	-1260	-4.22
汕头市	20 253	59 969	80 222	17 386	50 409	67 795	-12 427	-15.49
佛山市	53 389	59 506	112 895	53 730	59 548	113 278	383	0.34
韶关市	10 917	31 773	42 690	12 095	29 161	41 256	-1434	-3.36
河源市	10 291	48 169	58 460	11 550	37 944	49 494	-8966	-15.34
梅州市	15 788	72 675	88 463	14 024	56 723	70 747	-17 716	-20.03
惠州市	32 777	70 136	102 913	31 773	62 871	94 644	-8269	-8.03
汕尾市	8516	53 468	61 984	5575	44 588	50 163	-11 821	-19.07
东莞市	52 937	84 383	137 320	48 189	73 139	121 328	-15 992	-11.65
中山市	13 118	36 929	50 047	14 967	38 402	53 369	3322	6.64
江门市	20 807	24 784	45 591	24 717	27 355	52 072	6481	14.22
阳江市	16 757	34 452	51 209	13 498	27 584	41 082	-10 127	-19.78
湛江市	39 739	140 141	179 880	33 707	106 262	139 969	-39 911	-22.19
茂名市	44 772	161 255	206 027	34 996	137 733	172 729	-33 298	-16.16
肇庆市	16 718	53 445	70 163	20 514	48 503	69 017	-1146	-1.63
清远市	18 910	50 773	69 683	19 999	50 308	70 307	624	0.90
潮州市	7937	35 507	43 444	5591	26 729	32 320	-11 124	-25.61
揭阳市	14 607	121 815	136 422	12 799	101 776	114 575	-21 847	-16.01
云浮市	8621	47 444	56 065	9627	42 845	52 472	-3593	-6.41

① 本附录表格皆用原始数据计算。

附表 1－2 广东省各地市学前教育在园（班）情况

单位：人

地区	2018 年			2019 年			增长情况	
	城市	农村	合计	城市	农村	合计	增减	增长率（%）
全省	1 892 970	2 598 142	4 491 112	1 971 101	2 673 940	4 645 041	153 929	3. 43
珠江三角洲	1 350 946	1 077 048	2 427 994	1 420 671	1 094 623	2 515 294	87 300	3. 60
东翼	139 659	480 827	620 486	141 736	512 087	653 823	33 337	5. 37
西翼	228 078	528 502	756 580	230 531	563 960	794 491	37 911	5. 01
山区	174 287	511 765	686 052	178 163	503 270	681 433	－4619	－0. 67
广州市	313 801	184 326	498 127	338 463	189 185	527 648	29 521	5. 93
深圳市	455 621	68 572	524 193	475 091	69 941	545 032	20 839	3. 98
珠海市	56 440	22 615	79 055	57 366	24 093	81 459	2404	3. 04
汕头市	64 775	119 874	184 649	64 331	127 071	191 402	6753	3. 66
佛山市	145 146	158 889	304 035	152 096	166 384	318 480	14 445	4. 75
韶关市	35 675	83 827	119 502	36 267	82 082	118 349	－1153	－0. 96
河源市	28 543	93 514	122 057	30 767	88 635	119 402	－2655	－2. 18
梅州市	34 374	122 463	156 837	35 581	121 408	156 989	152	0. 10
惠州市	82 919	141 297	224 216	85 744	144 099	229 843	5627	2. 51
汕尾市	12 363	69 210	81 573	13 376	85 054	98 430	16 857	20. 66
东莞市	142 561	213 026	355 587	147 944	216 872	364 816	9229	2. 60
中山市	38 939	104 616	143 555	40 650	107 296	147 946	4391	3. 06
江门市	66 863	74 420	141 283	69 291	74 371	143 662	2379	1. 68
阳江市	39 450	66 518	105 968	39 213	65 054	104 267	－1701	－1. 61
湛江市	104 949	233 116	338 065	106 725	248 738	355 463	17 398	5. 15
茂名市	83 679	228 868	312 547	84 593	250 168	334 761	22 214	7. 11
肇庆市	48 656	109 287	157 943	54 026	102 382	156 408	－1535	－0. 97
清远市	51 071	122 703	173 774	52 056	120 539	172 595	－1179	－0. 68
潮州市	21 023	81 627	102 650	20 718	79 719	100 437	－2213	－2. 16
揭阳市	41 498	210 116	251 614	43 311	220 243	263 554	11 940	4. 75
云浮市	24 624	89 258	113 882	23 492	90 606	114 098	216	0. 19

附表1-3　广东省各地市学前教育小学附设班在园（班）幼儿数情况

单位：人

地区	2018年	2019年	增减数	增长比例（%）
全省	275 454	238 444	-37 010	-13.44
珠江三角洲	43 515	28 411	-15 104	-34.71
东翼	91 578	71 954	-19 624	-21.43
西翼	82 900	90 995	8095	9.76
山区	57 461	47 084	-10 377	-18.06
广州市	35	27	-8	-22.86
深圳市	0	—	0	—
珠海市	0	—	0	—
汕头市	10 111	6360	-3751	-37.10
佛山市	643	728	85	13.22
韶关市	2771	1933	-838	-30.24
河源市	9685	7347	-2338	-24.14
梅州市	18 714	17 694	-1020	-5.45
惠州市	12 539	10 264	-2275	-18.14
汕尾市	13 830	4962	-8868	-64.12
东莞市	841	668	-173	-20.57
中山市	0	—	0	—
江门市	1791	1308	-483	-26.97
阳江市	8755	7327	-1428	-16.31
湛江市	24 525	27 845	3320	13.54
茂名市	49 620	55 823	6203	12.50
肇庆市	27 666	15 416	-12 250	-44.28
清远市	10 444	7107	-3337	-31.95
潮州市	6866	6232	-634	-9.23
揭阳市	60 771	54 400	-6371	-10.48
云浮市	15 847	13 003	-2844	-17.95

附表 1－4　广东省各地市小学招生中接受过学前教育的人数情况

单位：人

地区	2018 年			2019 年			增长情况	
	城市	农村	合计	城市	农村	合计	增减	增长率（%）
全省	743 172	1 124 554	1 867 726	757 153	1 165 008	1 922 161	54 435	2.91
珠江三角洲	533 176	481 188	1 014 364	534 921	487 202	1 022 123	7759	0.76
东翼	58 566	215 976	274 542	59 845	231 961	291 806	17 264	6.29
西翼	84 399	210 402	294 801	91 024	221 932	312 956	18 155	6.16
山区	67 031	216 988	284 019	71 363	223 913	295 276	11 257	3.96
广州市	116 138	86 116	202 254	118 725	86 660	205 385	3131	1.55
深圳市	180 952	22 878	203 830	174 022	21 772	195 794	－8036	－3.94
珠海市	23 262	8258	31 520	24 219	9240	33 459	1939	6.15
汕头市	29 090	71 543	100 633	29 734	73 251	102 985	2352	2.34
佛山市	55 232	57 040	112 272	57 665	59 199	116 864	4592	4.09
韶关市	13 599	34 540	48 139	13 781	34 426	48 207	68	0.14
河源市	13 193	40 151	53 344	14 010	39 323	53 333	－11	－0.02
梅州市	14 415	50 035	64 450	15 918	52 340	68 258	3808	5.91
惠州市	35 977	75 876	111 853	36 995	76 190	113 185	1332	1.19
汕尾市	7013	39 950	46 963	7519	45 020	52 539	5576	11.87
东莞市	58 871	99 280	158 151	59 104	100 605	159 709	1558	0.99
中山市	13 418	46 008	59 426	12 977	48 825	61 802	2376	4.00
江门市	30 589	33 755	64 344	30 875	32 586	63 461	－883	－1.37
阳江市	14 576	30 841	45 417	14 342	31 636	45 978	561	1.24
湛江市	40 554	88 644	129 198	44 524	94 310	138 834	9636	7.46
茂名市	29 269	90 917	120 186	32 158	95 986	128 144	7958	6.62
肇庆市	18 737	51 977	70 714	20 339	52 125	72 464	1750	2.47
清远市	19 724	52 693	72 417	21 387	55 692	77 079	4662	6.44
潮州市	7977	25 717	33 694	7467	27 679	35 146	1452	4.31
揭阳市	14 486	78 766	93 252	15 125	86 011	101 136	7884	8.45
云浮市	6100	39 569	45 669	6267	42 132	48 399	2730	5.98

附表 1－5　广东省各地市学前教育专任教师数情况

单位：人

地区	2018 年			2019 年			增长情况	
	城市	农村	合计	城市	农村	合计	增减	增长率（%）
全省	138 031	154 822	292 853	144 031	163 921	307 952	15 099	5. 16
珠江三角洲	98 852	69 075	141 817	104 305	72 193	176 498	34 681	24. 45
东翼	10 922	29 158	32 754	11 328	32 643	43 971	11 217	34. 25
西翼	16 508	29 046	34 564	16 216	30 978	47 194	12 630	36. 54
山区	11 749	27 543	31 614	12 182	28 107	40 289	8675	27. 44
广州市	23 121	12 280	35 401	25 033	12 879	37 912	2511	7. 09
深圳市	33 385	5046	38 431	34 801	5111	39 912	1481	3. 85
珠海市	4526	1611	6137	4680	1735	6415	278	4. 53
汕头市	5508	9057	14 565	5515	10 149	15 664	1099	7. 55
佛山市	10 890	11 144	22 034	11 446	11 962	23 408	1374	6. 24
韶关市	2274	4727	7001	2378	4810	7188	187	2. 67
河源市	1969	4748	6717	2086	4700	6786	69	1. 03
梅州市	2363	6428	8791	2500	6585	9085	294	3. 34
惠州市	5755	8183	13 938	5955	8677	14 632	694	4. 98
汕尾市	716	3764	4480	971	5414	6385	1905	42. 52
东莞市	10 086	14 321	24 407	10 727	14 716	25 443	1036	4. 24
中山市	2650	6675	9325	2763	6866	9629	304	3. 26
江门市	4729	4718	9447	4882	4875	9757	310	3. 28
阳江市	3208	4003	7211	3035	4042	7077	－134	－1. 86
湛江市	7184	12 594	19 778	7297	13 632	20 929	1151	5. 82
茂名市	6116	12 449	18 565	5884	13 304	19 188	623	3. 36
肇庆市	3710	5097	8807	4018	5372	9390	583	6. 62
清远市	3301	6953	10 254	3426	7139	10 565	311	3. 03
潮州市	1649	5648	7297	1660	5672	7332	35	0. 48
揭阳市	3049	10 689	13 738	3182	11 408	14 590	852	6. 20
云浮市	1842	4687	6529	1792	4873	6665	136	2. 08

附表 1 -6　广东省各地市学前教育专任教师中幼儿教育专业毕业数情况（%）

地区	2018 年		2019 年		增长情况	
	幼儿专业毕业（人）	占专任教师数比例	幼儿专业毕业（人）	占专任教师数比例	增长率	比例增幅
全省	266 847	91. 12	284 281	92. 31	6. 53	1. 19
珠江三角洲	170 976	101. 82	182 015	103. 13	6. 46	1. 31
东翼	30 068	75. 02	33 218	75. 55	10. 48	0. 53
西翼	33 359	73. 23	35 573	75. 38	6. 64	2. 15
山区	32 444	82. 57	33 475	83. 09	3. 18	0. 52
广州市	38 858	109. 77	41 428	109. 27	6. 61	-0. 49
深圳市	41 527	108. 06	43 126	108. 05	3. 85	0. 00
珠海市	5877	95. 76	6465	100. 78	10. 01	5. 02
汕头市	13 301	91. 32	14 376	91. 78	8. 08	0. 46
佛山市	20 563	93. 32	23 616	100. 89	14. 85	7. 56
韶关市	6363	90. 89	6834	95. 08	7. 40	4. 19
河源市	6514	96. 98	6028	88. 83	-7. 46	-8. 15
梅州市	6737	76. 64	7544	83. 04	11. 98	6. 40
惠州市	14 163	101. 61	14 730	100. 67	4. 00	-0. 94
汕尾市	3131	69. 89	4375	68. 52	39. 73	-1. 37
东莞市	24 327	99. 67	25 636	100. 76	5. 38	1. 09
中山市	9696	103. 98	9699	100. 73	0. 03	-3. 25
江门市	7528	79. 69	8224	84. 29	9. 25	4. 60
阳江市	5400	74. 89	5286	74. 69	-2. 11	-0. 19
湛江市	15 761	79. 69	17 387	83. 08	10. 32	3. 39
茂名市	12 198	65. 70	12 900	67. 23	5. 76	1. 53
肇庆市	8437	95. 80	9091	96. 82	7. 75	1. 02
清远市	8082	78. 82	8184	77. 46	1. 26	-1. 35
潮州市	4851	66. 48	4683	63. 87	-3. 46	-2. 61
揭阳市	8785	63. 95	9784	67. 06	11. 37	3. 11
云浮市	4748	72. 72	4885	73. 29	2. 89	0. 57

附表 1－7　广东省各地市幼儿园生均校舍占地面积情况

单位：平方米

地区	2018 年			2019 年			生均增减面积
	校舍面积	在园数（人）	生均	校舍面积	在园数（人）	生均	
全省	38 218 834. 45	4 491 112	8. 51	41 564 343. 61	4 645 041	8. 95	0. 44
城市	17 614 603. 19	1 892 970	9. 31	18 896 856. 05	1 971 101	9. 59	0. 28
农村	20 604 231. 26	2 598 142	7. 93	22 667 487. 56	2 673 940	8. 48	0. 55
珠江三角洲	23 365 249. 74	2 427 994	9. 62	25 148 641. 81	2 515 294	10. 00	0. 38
东翼	4 087 220. 44	620 486	6. 59	4 728 026. 92	653 823	7. 23	0. 64
西翼	5 230 004. 51	756 580	6. 91	5 676 398. 57	794 491	7. 14	0. 23
山区	5 536 359. 76	686 052	8. 07	6 011 276. 31	681 433	8. 82	0. 75
广州市	4 646 760. 79	498 127	9. 33	5 179 106. 01	527 648	9. 82	0. 49
深圳市	4 460 420. 75	524 193	8. 51	4 707 196. 9	545 032	8. 64	0. 13
珠海市	732 534. 82	79 055	9. 27	772 623. 7	81 459	9. 48	0. 22
汕头市	1 341 718. 14	184 649	7. 27	1 520 883. 45	191 402	7. 95	0. 68
佛山市	3 253 960. 06	304 035	10. 70	3 479 021. 13	318 480	10. 92	0. 22
韶关市	1 029 560. 28	119 502	8. 62	1 144 304. 48	118 349	9. 67	1. 05
河源市	1 099 953. 78	122 057	9. 01	1 157 854. 25	119 402	9. 70	0. 69
梅州市	1 238 001. 96	156 837	7. 89	1 332 616. 95	156 989	8. 49	0. 60
惠州市	2 095 528. 50	224 216	9. 35	2 300 373. 27	229 843	10. 01	0. 66
汕尾市	502 555. 77	81 573	6. 16	745 670. 14	98 430	7. 58	1. 41
东莞市	4 371 242. 05	355 587	12. 29	4 669 946. 36	364 816	12. 80	0. 51
中山市	1 309 914. 06	143 555	9. 12	1 359 893. 39	147 946	9. 19	0. 07
江门市	1 287 746. 97	141 283	9. 11	1 388 801. 53	143 662	9. 67	0. 55
阳江市	919 609. 26	105 968	8. 68	1 003 398. 44	104 267	9. 62	0. 95
湛江市	2 123 330. 00	338 065	6. 28	2 329 218. 55	355 463	6. 55	0. 27
茂名市	2 187 065. 25	312 547	7. 00	2 343 781. 58	334 761	7. 00	0. 00
肇庆市	1 207 141. 74	157 943	7. 64	1 291 679. 52	156 408	8. 26	0. 62
清远市	1 386 459. 40	173 774	7. 98	1 504 728. 56	172 595	8. 72	0. 74
潮州市	821 986. 86	102 650	8. 01	862 935. 2	100 437	8. 59	0. 58
揭阳市	1 420 959. 67	251 614	5. 65	1 598 538. 13	263 554	6. 07	0. 42
云浮市	782 384. 34	113 882	6. 87	871 772. 07	114 098	7. 64	0. 77

附表 1-8 广东省各地市幼儿园生均活动室面积情况

单位：平方米

地区	2018 年			2019 年			生均增减面积
	活动室面积	在园数（人）	生均面积	活动室面积	在园数（人）	生均面积	
全省	15 680 057. 7	4 491 112	3. 49	17 138 490. 69	4 645 041	3. 69	0. 20
城市	7 489 798. 24	1 892 970	3. 96	8 098 138. 98	1 971 101	4. 11	0. 15
农村	8 190 259. 46	2 598 142	3. 15	9 040 351. 71	2 673 940	3. 38	0. 23
珠江三角洲	9 589 339. 02	2 427 994	3. 95	10 403 453. 14	2 515 294	4. 14	0. 19
东翼	1 741 730. 82	620 486	2. 81	2 002 467. 83	653 823	3. 06	0. 26
西翼	2 110 247. 12	756 580	2. 79	2 292 341. 05	794 491	2. 89	0. 10
山区	2 238 740. 74	686 052	3. 26	2 440 228. 67	681 433	3. 58	0. 32
广州市	2 005 161. 42	498 127	4. 03	2 235 098. 58	527 648	4. 24	0. 21
深圳市	1 984 015. 74	524 193	3. 78	2 131 840. 61	545 032	3. 91	0. 13
珠海市	330 667. 22	79 055	4. 18	352 381. 71	81 459	4. 33	0. 14
汕头市	575 818. 28	184 649	3. 12	655 474. 83	191 402	3. 42	0. 31
佛山市	1 209 328. 93	304 035	3. 98	1 304 211. 39	318 480	4. 10	0. 12
韶关市	412 974. 49	119 502	3. 46	455 640. 99	118 349	3. 85	0. 39
河源市	451 120. 38	122 057	3. 70	472 744. 71	119 402	3. 96	0. 26
梅州市	487 415. 13	156 837	3. 11	526 365. 09	156 989	3. 35	0. 25
惠州市	852 431. 1	224 216	3. 80	941 431. 65	229 843	4. 10	0. 29
汕尾市	205 726. 93	81 573	2. 52	302 988. 79	98 430	3. 08	0. 56
东莞市	1 654 714. 69	355 587	4. 65	1 777 467. 16	364 816	4. 87	0. 22
中山市	498 595. 42	143 555	3. 47	513 500. 91	147 946	3. 47	0. 00
江门市	531 204. 52	141 283	3. 76	579 213. 59	143 662	4. 03	0. 27
阳江市	383 691. 82	105 968	3. 62	425 683. 04	104 267	4. 08	0. 46
湛江市	844 348. 18	338 065	2. 50	922 056. 43	355 463	2. 59	0. 10
茂名市	882 207. 12	312 547	2. 82	944 601. 58	334 761	2. 82	0. 00
肇庆市	523 219. 98	157 943	3. 31	568 307. 54	156 408	3. 63	0. 32
清远市	558 749. 7	173 774	3. 22	616 891. 23	172 595	3. 57	0. 36
潮州市	367 778. 64	102 650	3. 58	381 461. 71	100 437	3. 80	0. 22
揭阳市	592 406. 97	251 614	2. 35	662 542. 5	263 554	2. 51	0. 16
云浮市	328 481. 04	113 882	2. 88	368 586. 65	114 098	3. 23	0. 35

附表 1-9　广东省各地市幼儿园生均户外场地占地面积情况

单位：平方米

地区	2018 年			2019 年			生均增减面积
	户外场地	在园数（人）	生均面积	户外场地	在园数（人）	生均面积	
全省	28 373 322. 72	4 491 112	6. 32	30 582 419. 43	4 645 041	6. 58	0. 26
城市	11 692 193. 36	1 892 970	6. 18	12 628 891. 75	1 971 101	6. 41	0. 23
农村	16 681 129. 36	2 598 142	6. 42	17 953 527. 68	2 673 940	6. 71	0. 29
珠江三角洲	17 675 582. 01	2 427 994	7. 28	18 970 915. 38	2 515 294	7. 54	0. 26
东翼	2 537 771. 33	620 486	4. 09	2 774 594. 84	653 823	4. 24	0. 15
西翼	4 029 749. 74	756 580	5. 33	4 469 885. 95	794 491	5. 63	0. 30
山区	4 130 219. 64	686 052	6. 02	4 367 023. 26	681 433	6. 41	0. 39
广州市	3 596 086. 96	498 127	7. 22	4 015 023. 59	527 648	7. 61	0. 39
深圳市	3 232 961. 53	524 193	6. 17	3 419 423. 76	545 032	6. 27	0. 11
珠海市	678 638. 73	79 055	8. 58	709 474. 69	81 459	8. 71	0. 13
汕头市	823 814. 32	184 649	4. 46	915 943. 96	191 402	4. 79	0. 32
佛山市	2 704 199. 75	304 035	8. 89	2 895 339. 67	318 480	9. 09	0. 20
韶关市	790 877. 72	119 502	6. 62	847 323. 65	118 349	7. 16	0. 54
河源市	732 896. 62	122 057	6. 00	747 144. 57	119 402	6. 26	0. 25
梅州市	1 040 348. 11	156 837	6. 63	1 081 648. 56	156 989	6. 89	0. 26
惠州市	1 531 012. 60	224 216	6. 83	1 646 523. 59	229 843	7. 16	0. 33
汕尾市	344 642. 20	81 573	4. 22	425 501. 45	98 430	4. 32	0. 10
东莞市	2 684 135. 86	355 587	7. 55	2 825 418. 38	364 816	7. 74	0. 20
中山市	1 309 772. 74	143 555	9. 12	1 354 769. 00	147 946	9. 16	0. 03
江门市	1 094 758. 54	141 283	7. 75	1 179 254. 19	143 662	8. 21	0. 46
阳江市	724 669. 72	105 968	6. 84	750 427. 14	104 267	7. 20	0. 36
湛江市	1 574 415. 82	338 065	4. 66	1 755 417. 02	355 463	4. 94	0. 28
茂名市	1 730 664. 20	312 547	5. 54	1 964 041. 79	334 761	5. 87	0. 33
肇庆市	844 015. 30	157 943	5. 34	925 688. 51	156 408	5. 92	0. 58
清远市	1 046 200. 54	173 774	6. 02	1 139 655. 69	172 595	6. 60	0. 58
潮州市	503 793. 38	102 650	4. 91	513 141. 77	100 437	5. 11	0. 20
揭阳市	865 521. 43	251 614	3. 44	920 007. 66	263 554	3. 49	0. 05
云浮市	519 896. 65	113 882	4. 57	551 250. 79	114 098	4. 83	0. 27

附表 1－10　广东省各地市幼儿园生均图书情况

单位：册

地区	2018 年			2019 年			生均增减
	图书数	在园数（人）	生均图书	图书数	在园数（人）	生均图书	
全省	46 891 188	4 491 112	10. 44	51 037 473	4 645 041	10. 99	0. 55
城市	21 139 386	1 892 970	11. 17	23 264 072	1 971 101	11. 80	0. 64
农村	25 751 802	2 598 142	9. 91	27 773 401	2 673 940	10. 39	0. 48
珠江三角洲	26 637 581	2 427 994	10. 97	28 704 191	2 515 294	11. 41	0. 44
东翼	5 985 447	620 486	9. 65	6 722 228	653 823	10. 28	0. 64
西翼	6 894 699	756 580	9. 11	7 742 137	794 491	9. 74	0. 63
山区	7 373 461	686 052	10. 75	7 868 917	681 433	11. 55	0. 80
广州市	5 838 860	498 127	11. 72	6 268 197	527 648	11. 88	0. 16
深圳市	6 482 680	524 193	12. 37	7 347 205	545 032	13. 48	1. 11
珠海市	852 433	79 055	10. 78	891 708	81 459	10. 95	0. 16
汕头市	1 982 633	184 649	10. 74	2 216 138	191 402	11. 58	0. 84
佛山市	3 186 711	304 035	10. 48	3 430 010	318 480	10. 77	0. 29
韶关市	1 622 716	119 502	13. 58	1 726 974	118 349	14. 59	1. 01
河源市	1 306 762	122 057	10. 71	1 390 796	119 402	11. 65	0. 94
梅州市	1 625 620	156 837	10. 37	1 757 598	156 989	11. 20	0. 83
惠州市	2 276 264	224 216	10. 15	2 274 036	229 843	9. 89	－0. 26
汕尾市	739 638	81 573	9. 07	981 717	98 430	9. 97	0. 91
东莞市	3 741 454	355 587	10. 52	3 930 149	364 816	10. 77	0. 25
中山市	1 325 188	143 555	9. 23	1 417 461	147 946	9. 58	0. 35
江门市	1 440 379	141 283	10. 19	1 504 568	143 662	10. 47	0. 28
阳江市	980 668	105 968	9. 25	1 142 094	104 267	10. 95	1. 70
湛江市	2 958 601	338 065	8. 75	3 405 305	355 463	9. 58	0. 83
茂名市	2 955 430	312 547	9. 46	3 194 738	334 761	9. 54	0. 09
肇庆市	1 493 612	157 943	9. 46	1 640 857	156 408	10. 49	1. 03
清远市	1 984 633	173 774	11. 42	2 129 734	172 595	12. 34	0. 92
潮州市	978 149	102 650	9. 53	1 018 584	100 437	10. 14	0. 61
揭阳市	2 285 027	251 614	9. 08	2 505 789	263 554	9. 51	0. 43
云浮市	833 730	113 882	7. 32	863 815	114 098	7. 57	0. 25

二、义务教育有关表格

附表 2－1　广东省各地市小学招生情况

单位：人

地区	2018 年			2019 年			变化情况	
	城市	农村	合计	城市	农村	合计	增减	增长率（%）
全省	1 108 399	779 711	1 888 110	1 147 665	796 548	1 944 213	56 103	2. 97
珠江三角洲	793 733	231 171	1 024 904	813 724	225 030	1 038 754	13 850	1. 35
东翼	108 146	173 354	281 500	112 402	183 978	296 380	14 880	5. 29
西翼	116 018	180 648	296 666	124 633	188 817	313 450	16 784	5. 66
山区	90 502	194 538	285 040	96 906	198 723	295 629	10 589	3. 71
广州市	156 913	49 601	206 514	161 334	49 561	210 895	4381	2. 12
深圳市	206 327	—	206 327	203 957	—	203 957	－2370	－1. 15
珠海市	26 647	5997	32 644	28 595	6214	34 809	2165	6. 63
汕头市	48 055	52 732	100 787	49 030	54 040	103 070	2283	2. 27
佛山市	103 575	10 319	113 894	107 419	10 049	117 468	3574	3. 14
韶关市	15 363	32 974	48 337	15 737	32 496	48 233	－104	－0. 22
河源市	14 151	39 530	53 681	14 517	38 967	53 484	－197	－0. 37
梅州市	18 759	45 977	64 736	20 625	47 787	68 412	3676	5. 68
惠州市	48 901	63 693	112 594	50 895	62 906	113 801	1207	1. 07
汕尾市	11 920	38 314	50 234	12 956	40 894	53 850	3616	7. 20
东莞市	145 294	13 102	158 396	152 906	7158	160 064	1668	1. 05
中山市	40 886	18 540	59 426	42 208	19 594	61 802	2376	4. 00
江门市	42 642	21 753	64 395	42 048	21 426	63 474	－921	－1. 43
阳江市	22 985	22 716	45 701	23 233	22 786	46 019	318	0. 70
湛江市	51 422	79 354	130 776	55 978	82 924	138 902	8126	6. 21
茂名市	41 611	78 578	120 189	45 422	83 107	128 529	8340	6. 94
肇庆市	22 548	48 166	70 714	24 362	48 122	72 484	1770	2. 50
清远市	26 873	45 715	72 588	29 454	47 646	77 100	4512	6. 22
潮州市	15 408	20 067	35 475	14 987	22 002	36 989	1514	4. 27
揭阳市	32 763	62 241	95 004	35 429	67 042	102 471	7467	7. 86
云浮市	15 356	30 342	45 698	16 573	31 827	48 400	2702	5. 91

附表 2－2 广东省各地市初中阶段招生情况

单位：人

地区	2018 年			2019 年			变化情况	
	城市	农村	合计	城市	农村	合计	增减	增长率（%）
全省	760 051	560 222	1 320 273	810 127	570 174	1 380 301	60 028	4. 55
珠江三角洲	505 205	155 303	660 508	537 831	156 190	694 021	33 513	5. 07
东翼	91 188	136 406	227 594	95 449	136 750	232 199	4605	2. 02
西翼	94 673	122 800	217 473	102 205	126 222	228 427	10 954	5. 04
山区	68 985	145 713	214 698	74 642	151 012	225 654	10 956	5. 10
广州市	93 742	28 379	122 121	102 450	29 128	131 578	9457	7. 74
深圳市	118 051	—	118 051	124 848	—	124 848	6797	5. 76
珠海市	19 187	3631	22 818	21 115	3658	24 773	1955	8. 57
汕头市	43 008	35 593	78 601	44 940	35 113	80 053	1452	1. 85
佛山市	71 227	7114	78 341	76 087	7479	83 566	5225	6. 67
韶关市	12 174	24 048	36 222	12 334	23 511	35 845	－377	－1. 04
河源市	11 524	35 145	46 669	13 297	36 487	49 784	3115	6. 67
梅州市	15 214	36 100	51 314	16 781	36 650	53 431	2117	4. 13
惠州市	35 203	46 397	81 600	37 646	46 671	84 317	2717	3. 33
汕尾市	8880	32 422	41 302	9274	31 261	40 535	－767	－1. 86
东莞市	91 921	3939	95 860	96 046	1775	97 821	1961	2. 05
中山市	26 737	12 990	39 727	27 913	12 970	40 883	1156	2. 91
江门市	33 010	15 224	48 234	33 995	15 565	49 560	1326	2. 75
阳江市	17 783	15 789	33 572	18 994	15 941	34 935	1363	4. 06
湛江市	40 002	50 308	90 310	43 150	52 750	95 900	5590	6. 19
茂名市	36 888	56 703	93 591	40 061	57 531	97 592	4001	4. 27
肇庆市	16 127	37 629	53 756	17 731	38 944	56 675	2919	5. 43
清远市	18 008	30 234	48 242	19 395	32 806	52 201	3959	8. 21
潮州市	11 520	15 975	27 495	12 341	17 628	29 969	2474	9. 00
揭阳市	27 780	52 416	80 196	28 894	52 748	81 642	1446	1. 80
云浮市	12 065	20 186	32 251	12 835	21 558	34 393	2142	6. 64

附表 2－3　广东省各地市小学在校生情况

单位：人

地区	2018 年			2019 年			变化情况	
	城市	农村	合计	城市	农村	合计	增减	增长率（%）
全省	5 718 351	4 165 373	9 883 724	6 060 194	4 274 109	10 334 303	450 579	4. 56
珠江三角洲	4 042 620	1 217 941	5 260 561	4 275 395	1 219 250	5 494 645	234 084	4. 45
东翼	587 917	946 529	1 534 446	612 401	977 923	1 590 324	55 878	3. 64
西翼	616 362	948 558	1 564 920	662 870	988 542	1 651 412	86 492	5. 53
山区	471 452	1 052 345	1 523 797	509 528	1 088 394	1 597 922	74 125	4. 86
广州市	808 918	249 537	1 058 455	851 847	252 867	1 104 714	46 259	4. 37
深圳市	1 027 969	—	1 027 969	1 068 992	—	1 068 992	41 023	3. 99
珠海市	140 477	31 594	172 071	148 520	33 469	181 989	9918	5. 76
汕头市	262 058	283 165	545 223	271 928	292 373	564 301	19 078	3. 50
佛山市	527 260	52 806	580 066	561 365	55 205	616 570	36 504	6. 29
韶关市	83 635	164 779	248 414	87 470	173 343	260 813	12 399	4. 99
河源市	76 379	231 255	307 634	81 254	231 465	312 719	5085	1. 65
梅州市	100 469	254 399	354 868	108 208	262 743	370 951	16 083	4. 53
惠州市	249 418	334 833	584 251	266 794	342 599	609 393	25 142	4. 30
汕尾市	60 910	202 562	263 472	65 194	211 256	276 450	12 978	4. 93
东莞市	739 530	63 952	803 482	800 804	36 595	837 399	33 917	4. 22
中山市	211 449	100 268	311 717	221 783	104 639	326 422	14 705	4. 72
江门市	221 438	115 943	337 381	229 960	118 740	348 700	11 319	3. 35
阳江市	122 196	123 591	245 787	129 715	126 950	256 665	10 878	4. 43
湛江市	263 395	408 918	672 313	286 451	428 848	715 299	42 986	6. 39
茂名市	230 771	416 049	646 820	246 704	432 744	679 448	32 628	5. 04
肇庆市	116 161	269 008	385 169	125 330	275 136	400 466	15 297	3. 97
清远市	131 412	236 453	367 865	145 237	249 588	394 825	26 960	7. 33
潮州市	85 913	117 603	203 516	86 858	120 260	207 118	3602	1. 77
揭阳市	179 036	343 199	522 235	188 421	354 034	542 455	20 220	3. 87
云浮市	79 557	165 459	245 016	87 359	171 255	258 614	13 598	5. 55

附表 2－4　广东省分地市初中阶段在校生情况

单位：人

地区	2018 年			2019 年			变化情况	
	城市	农村	合计	城市	农村	合计	增减	增长率（%）
全省	2 118 004	1 606 663	3 724 667	2 247 831	1 642 452	3 890 283	165 616	4.45
珠江三角洲	1 397 693	432 366	1 830 059	1 487 376	440 655	1 928 031	97 972	5.35
东翼	259 504	393 743	653 247	268 649	401 119	669 768	16 521	2.53
西翼	268 547	362 961	631 508	284 152	367 392	651 544	20 036	3.17
山区	192 260	417 593	609 853	207 654	433 286	640 940	31 087	5.10
广州市	270 393	80 197	350 590	285 981	80 886	366 867	16 277	4.64
深圳市	316 902	—	316 902	339 851	—	339 851	22 949	7.24
珠海市	54 336	10 059	64 395	58 178	10 527	68 705	4310	6.69
汕头市	123 098	101 611	224 709	126 030	103 923	229 953	5244	2.33
佛山市	203 720	20 284	224 004	214 436	21 139	235 575	11 571	5.17
韶关市	35 342	70 954	106 296	36 322	71 181	107 503	1207	1.14
河源市	29 799	97 584	127 383	34 349	103 393	137 742	10 359	8.13
梅州市	43 898	105 128	149 026	47 242	108 111	155 353	6327	4.25
惠州市	95 741	121 292	217 033	103 437	129 137	232 574	15 541	7.16
汕尾市	25 688	91 366	117 054	26 618	92 131	118 749	1695	1.45
东莞市	240 882	8771	249 653	259 657	3825	263 482	13 829	5.54
中山市	76 621	36 560	113 181	79 829	37 441	117 270	4089	3.61
江门市	94 215	44 050	138 265	97 266	44 522	141 788	3523	2.55
阳江市	47 718	44 558	92 276	51 789	46 609	98 398	6122	6.63
湛江市	114 096	147 823	261 919	120 519	151 223	271 742	9823	3.75
茂名市	106 733	170 580	277 313	111 844	169 560	281 404	4091	1.48
肇庆市	44 883	111 153	156 036	48 741	113 178	161 919	5883	3.77
清远市	49 240	85 925	135 165	53 396	90 108	143 504	8339	6.17
潮州市	33 057	47 250	80 307	34 376	49 681	84 057	3750	4.67
揭阳市	77 661	153 516	231 177	81 625	155 384	237 009	5832	2.52
云浮市	33 981	58 002	91 983	36 345	60 493	96 838	4855	5.28

附表 2－5　广东省分地市小学阶段进城务工人员随迁子女来源情况（%）

地区	2018 年			2019 年		
	外省迁入	省内其他县迁入	合计	外省迁入	省内其他县迁入	合计
全省	55.20	44.80	100	54.80	45.20	100
珠江三角洲	59.90	40.10	100	59.77	40.23	100
东翼	49.02	50.98	100	47.80	52.20	100
西翼	17.73	82.27	100	17.87	82.13	100
山区	28.87	71.13	100	28.18	71.82	100
广州市	53.15	46.85	100	53.48	46.52	100
深圳市	55.12	44.88	100	54.00	46.00	100
珠海市	53.69	46.31	100	53.79	46.21	100
汕头市	49.68	50.32	100	48.68	51.32	100
佛山市	56.68	43.32	100	54.93	45.07	100
韶关市	38.58	61.42	100	38.41	61.59	100
河源市	23.94	76.06	100	22.93	77.07	100
梅州市	21.24	78.76	100	21.37	78.63	100
惠州市	51.22	48.78	100	51.94	48.06	100
汕尾市	33.42	66.58	100	35.45	64.55	100
东莞市	71.11	28.89	100	71.93	28.07	100
中山市	67.83	32.17	100	67.50	32.50	100
江门市	68.42	31.58	100	68.18	31.82	100
阳江市	42.31	57.69	100	38.11	61.89	100
湛江市	9.02	90.98	100	9.84	90.16	100
茂名市	20.05	79.95	100	22.55	77.45	100
肇庆市	46.78	53.22	100	47.49	52.51	100
清远市	32.10	67.90	100	31.37	68.63	100
潮州市	55.67	44.33	100	56.99	43.01	100
揭阳市	48.13	51.87	100	45.47	54.53	100
云浮市	29.63	70.37	100	28.00	72.00	100

附表 2 –6　广东省分地市初中阶段进城务工人员随迁子女来源情况（%）

地区	2018 年			2019 年		
	外省迁入	省内其他县迁入	合计	外省迁入	省内其他县迁入	合计
全省	52.96	47.04	100	52.15	47.85	100
珠江三角洲	57.12	42.88	100	56.92	43.08	100
东翼	46.54	53.46	100	43.58	56.42	100
西翼	20.42	79.58	100	18.20	81.80	100
山区	30.59	69.41	100	30.17	69.83	100
广州市	49.91	50.09	100	50.17	49.83	100
深圳市	48.77	51.23	100	49.05	50.95	100
珠海市	48.50	51.50	100	48.33	51.67	100
汕头市	46.01	53.99	100	44.39	55.61	100
佛山市	56.97	43.03	100	56.35	43.65	100
韶关市	49.68	50.32	100	46.96	53.04	100
河源市	23.30	76.70	100	25.75	74.25	100
梅州市	21.04	78.96	100	18.32	81.68	100
惠州市	48.07	51.93	100	47.92	52.08	100
汕尾市	32.65	67.35	100	33.12	66.88	100
东莞市	69.48	30.52	100	69.49	30.51	100
中山市	65.47	34.53	100	66.15	33.85	100
江门市	70.88	29.12	100	69.53	30.47	100
阳江市	47.55	52.45	100	39.12	60.88	100
湛江市	11.11	88.89	100	8.48	91.52	100
茂名市	15.56	84.44	100	23.9%	76.04	100
肇庆市	47.71	52.29	100	45.35	54.65	100
清远市	34.18	65.82	100	34.82	65.18	100
潮州市	47.40	52.60	100	42.21	57.79	100
揭阳市	54.39	45.61	100	48.44	51.56	100
云浮市	25.28	74.72	100	24.20	75.80	100

附表 2-7　广东省分地区小学阶段生师比

地区	2018 年			2019 年		
	城市	农村	合计	城市	农村	合计
全省	19.64:1	17.42:1	18.64:1	19.51:1	17.62:1	18.68:1
珠江三角洲	19.54:1	19.02:1	19.41:1	19.28:1	19.02:1	19.22:1
东翼	20.15:1	17.31:1	18.30:1	20.34:1	17.61:1	18.57:1
西翼	19.91:1	16.68:1	17.82:1	20.18:1	17.30:1	18.35:1
山区	19.56:1	16.56:1	17.39:1	19.63:1	16.53:1	17.41:1
广州市	18.59:1	18.30:1	18.52:1	18.52:1	18.00:1	18.40:1
深圳市	18.64:1	—	18.64:1	18.27:1	—	18.27:1
珠海市	19.66:1	18.82:1	19.50:1	19.62:1	18.31:1	19.36:1
汕头市	20.91:1	19.30:1	20.04:1	20.57:1	19.53:1	20.02:1
佛山市	19.29:1	18.20:1	19.19:1	18.91:1	18.03:1	18.82:1
韶关市	19.80:1	16.81:1	17.71:1	19.92:1	17.28:1	18.09:1
河源市	17.70:1	15.07:1	15.64:1	17.57:1	14.87:1	15.49:1
梅州市	20.26:1	16.95:1	17.77:1	20.35:1	16.42:1	17.40:1
惠州市	20.95:1	19.70:1	20.21:1	20.47:1	19.52:1	19.92:1
汕尾市	16.94:1	16.54:1	16.63:1	18.00:1	16.70:1	16.99:1
东莞市	21.32:1	19.97:1	21.20:1	20.94:1	19.13:1	20.85:1
中山市	19.52:1	19.62:1	19.55:1	19.45:1	19.86:1	19.58:1
江门市	20.73:1	19.31:1	20.22:1	20.52:1	19.63:1	20.20:1
阳江市	18.38:1	15.77:1	16.97:1	18.65:1	16.27:1	17.40:1
湛江市	20.55:1	16.59:1	17.94:1	20.99:1	17.59:1	18.81:1
茂名市	20.08:1	17.07:1	18.04:1	20.14:1	17.34:1	18.26:1
肇庆市	20.47:1	18.55:1	19.09:1	20.57:1	19.15:1	19.57:1
清远市	20.06:1	17.62:1	18.42:1	20.18:1	17.77:1	18.59:1
潮州市	21.40:1	18.52:1	19.64:1	20.94:1	19.18:1	19.88:1
揭阳市	19.80:1	16.03:1	17.15:1	20.67:1	16.35:1	17.63:1
云浮市	19.63:1	16.64:1	17.50:1	19.75:1	16.80:1	17.70:1

附表 2-8 广东省分地区初中阶段生师比

地区	2018 年			2019 年		
	城市	农村	合计	城市	农村	合计
全省	13. 72∶1	12. 17∶1	13. 00∶1	13. 84∶1	12. 71∶1	13. 34∶1
珠江三角洲	13. 86∶1	13. 25∶1	13. 71∶1	13. 81∶1	13. 73∶1	13. 79∶1
东翼	12. 78∶1	12. 06∶1	12. 34∶1	13. 12∶1	12. 22∶1	12. 57∶1
西翼	14. 07∶1	12. 08∶1	12. 85∶1	14. 42∶1	12. 79∶1	13. 46∶1
山区	13. 57∶1	11. 37∶1	11. 98∶1	14. 30∶1	12. 17∶1	12. 79∶1
广州市	12. 23∶1	11. 64∶1	12. 09∶1	12. 51∶1	11. 81∶1	12. 35∶1
深圳市	13. 18∶1	—	13. 18∶1	12. 86∶1	—	12. 86∶1
珠海市	13. 9∶1	12. 9∶1	13. 73∶1	14. 28∶1	12. 81∶1	14. 03∶1
汕头市	13. 03∶1	12. 32∶1	12. 7∶1	13. 15∶1	12. 28∶1	12. 74∶1
佛山市	13. 93∶1	13. 68∶1	13. 91∶1	13. 85∶1	13. 59∶1	13. 83∶1
韶关市	14. 15∶1	12. 45∶1	12. 97∶1	14. 78∶1	12. 42∶1	13. 13∶1
河源市	13. 87∶1	11. 2∶1	11. 73∶1	14. 30∶1	11. 87∶1	12. 40∶1
梅州市	11. 37∶1	10. 04∶1	10. 4∶1	13. 05∶1	11. 81∶1	12. 16∶1
惠州市	15. 43∶1	13. 87∶1	14. 52∶1	15. 15∶1	14. 41∶1	14. 73∶1
汕尾市	11. 55∶1	12. 81∶1	12. 51∶1	12. 60∶1	13. 39∶1	13. 20∶1
东莞市	15. 95∶1	16. 61∶1	15. 97∶1	15. 65∶1	14. 43∶1	15. 63∶1
中山市	14. 65∶1	14. 44∶1	14. 58∶1	14. 63∶1	14. 35∶1	14. 54∶1
江门市	14. 34∶1	11. 8∶1	13. 42∶1	14. 43∶1	12. 62∶1	13. 81∶1
阳江市	13. 96∶1	11. 99∶1	12. 94∶1	14. 23∶1	12. 88∶1	13. 56∶1
湛江市	14∶1	11. 46∶1	12. 45∶1	14. 35∶1	12. 10∶1	13. 00∶1
茂名市	14. 18∶1	12. 7∶1	13. 23∶1	14. 59∶1	13. 46∶1	13. 89∶1
肇庆市	14. 75∶1	13. 99∶1	14. 2∶1	15. 11∶1	15. 09∶1	15. 09∶1
清远市	14. 77∶1	12. 66∶1	13. 36∶1	15. 10∶1	12. 96∶1	13. 68∶1
潮州市	12. 35∶1	10. 9∶1	11. 45∶1	13. 20∶1	11. 25∶1	11. 97∶1
揭阳市	13. 05∶1	11. 87∶1	12. 24∶1	13. 24∶1	11. 90∶1	12. 33∶1
云浮市	14. 62∶1	11. 46∶1	12. 45∶1	14. 54∶1	11. 94∶1	12. 80∶1

附表2-9　广东省分地区小学阶段大专及以上学历教师比例（%）

地区	2018年			2019年			变化情况	
	城市	农村	合计	城市	农村	合计	增减	增长率
全省	99.29	96.74	98.14	99.49	97.35	98.55	0.41	0.42
珠江三角洲	99.11	99.59	97.54	99.73	97.87	99.32	1.78	1.82
东翼	98.24	97.03	97.45	98.52	97.57	97.90	0.45	0.46
西翼	98.93	97.56	98.04	99.00	97.99	98.36	0.32	0.33
山区	98.48	94.95	95.92	99.12	96.12	96.96	1.04	1.08
广州市	99.59	98.06	99.22	99.72	98.63	99.47	0.25	0.25
深圳市	99.75	—	99.75	99.88	—	99.88	0.13	0.13
珠海市	99.19	98.15	98.99	99.47	99.34	99.45	0.46	0.46
汕头市	98.55	99.39	99.00	98.90	99.63	99.29	0.29	0.29
佛山市	99.66	99.07	99.61	99.80	99.12	99.73	0.12	0.12
韶关市	97.85	94.00	95.16	98.54	95.73	96.59	1.43	1.50
河源市	98.77	96.64	97.11	99.33	97.35	97.80	0.69	0.71
梅州市	98.83	94.54	95.61	99.23	96.20	96.96	1.35	1.41
惠州市	99.08	96.17	97.37	99.34	96.74	97.85	0.48	0.49
汕尾市	93.41	94.45	94.21	94.53	95.67	95.41	1.2	1.27
东莞市	99.68	99.56	99.67	99.79	99.79	99.79	0.12	0.12
中山市	99.70	99.30	99.57	99.67	99.41	99.59	0.02	0.02
江门市	99.51	97.82	98.90	99.59	98.08	99.06	0.16	0.16
阳江市	99.59	98.42	98.96	99.30	98.63	98.94	-0.02	-0.02
湛江市	98.57	96.06	96.92	98.80	96.57	97.37	0.45	0.46
茂名市	98.96	98.80	98.85	99.07	99.17	99.14	0.29	0.29
肇庆市	98.63	97.11	97.54	99.28	97.14	97.78	0.24	0.25
清远市	98.60	94.61	95.91	99.33	95.51	96.80	0.89	0.93
潮州市	98.80	93.65	95.65	98.84	94.54	96.26	0.61	0.64
揭阳市	99.48	97.90	98.37	99.40	98.12	98.50	0.13	0.13
云浮市	98.22	94.35	95.47	98.98	95.32	96.43	0.96	1.01

附表2－10　广东省分地区初中本科及以上学历教师比例（%）

地区	2018年			2019年			变化情况	
	城市	农村	合计	城市	农村	合计	增减	增长率
全省	92.11	86.33	89.45	92.99	87.50	90.56	1.11	1.24
珠江三角洲	94.37	92.45	93.90	95.17	93.16	94.71	0.81	0.86
东翼	87.50	82.35	84.33	87.46	83.40	84.96	0.63	0.75
西翼	88.00	86.24	86.92	89.06	87.37	88.06	1.14	1.31
山区	88.22	84.51	85.54	89.94	86.28	87.34	1.8	2.10
广州市	93.36	90.52	92.69	94.04	92.29	93.63	0.94	1.01
深圳市	95.03	—	95.03	95.91	—	95.91	0.88	0.93
珠海市	94.73	89.62	93.88	94.90	93.67	94.69	0.81	0.86
汕头市	90.51	90.68	90.59	91.11	91.35	91.22	0.63	0.70
佛山市	96.59	94.47	96.40	97.45	95.44	97.27	0.87	0.90
韶关市	85.27	81.11	82.37	88.00	84.03	85.22	2.85	3.46
河源市	87.10	86.30	86.46	87.22	86.07	86.32	-0.14	-0.16
梅州市	89.04	85.41	86.39	91.55	87.25	88.47	2.08	2.41
惠州市	88.81	90.74	89.94	90.17	91.97	91.19	1.25	1.39
汕尾市	83.24	81.34	81.79	82.30	81.77	81.90	0.11	0.13
东莞市	94.29	92.99	94.25	95.30	97.74	95.34	1.09	1.16
中山市	94.28	91.43	93.35	95.31	91.18	93.97	0.62	0.66
江门市	95.56	93.41	94.78	96.07	92.89	94.98	0.2	0.21
阳江市	89.32	87.89	88.57	90.88	86.60	88.74	0.17	0.19
湛江市	88.23	84.47	85.92	90.21	86.02	87.71	1.79	2.08
茂名市	87.14	87.49	87.36	86.94	88.92	88.17	0.81	0.93
肇庆市	94.61	95.76	95.44	94.39	95.49	95.16	-0.28	-0.29
清远市	91.45	86.77	88.31	92.06	88.36	89.61	1.3	1.47
潮州市	85.28	71.91	77.01	86.41	73.79	78.48	1.47	1.91
揭阳市	85.33	81.10	82.43	83.98	82.35	82.87	0.44	0.53
云浮市	86.40	80.37	82.27	89.16	84.57	86.08	3.81	4.63

附表2－11　广东省分地区小学中级及以上职称教师比例（%）

地区	2018年			2019年			变化情况	
	城市	农村	合计	城市	农村	合计	增减	增长率
全省	40.24	60.16	49.22	45.98	65.69	54.62	5.4	10.97
珠江三角洲	34.07	55.12	39.05	40.11	59.61	44.48	5.43	13.91
东翼	57.39	59.04	58.47	60.63	61.32	61.07	2.6	4.45
西翼	55.68	61.74	59.60	62.11	70.12	67.19	7.59	12.73
山区	52.54	64.78	61.42	58.77	71.46	67.87	6.45	10.50
广州市	37.74	46.61	39.85	44.74	50.08	45.99	6.14	15.41
深圳市	24.95	—	24.95	34.33	—	34.33	9.38	37.60
珠海市	42.53	50.21	43.99	49.47	57.55	51.04	7.05	16.03
汕头市	59.86	52.79	56.05	59.02	56.13	57.49	1.44	2.57
佛山市	43.20	38.49	42.74	49.23	41.95	48.55	5.81	13.59
韶关市	64.58	67.88	66.89	64.97	73.63	70.99	4.1	6.13
河源市	38.95	60.15	55.49	36.95	70.65	62.93	7.44	13.41
梅州市	69.63	65.49	66.52	80.84	74.50	76.08	9.56	14.37
惠州市	26.20	52.79	41.84	36.19	55.68	47.37	5.53	13.22
汕尾市	60.89	53.08	54.85	62.86	53.97	55.95	1.1	2.01
东莞市	23.38	26.73	23.66	24.92	28.54	25.10	1.44	6.09
中山市	38.98	43.14	40.31	40.17	44.89	41.66	1.35	3.35
江门市	65.87	76.57	69.72	67.98	79.14	71.89	2.17	3.11
阳江市	56.99	75.27	66.88	58.77	80.72	70.38	3.5	5.23
湛江市	54.10	63.56	60.32	58.97	71.26	66.85	6.53	10.83
茂名市	56.68	55.55	55.91	67.51	65.69	66.29	10.38	18.57
肇庆市	52.80	71.36	66.14	56.81	79.08	72.45	6.31	9.54
清远市	36.32	68.37	57.86	52.76	72.50	65.81	7.95	13.74
潮州市	36.95	62.91	52.85	62.37	69.79	66.83	13.98	26.45
揭阳市	61.64	65.59	64.42	61.28	66.73	65.12	0.7	1.09
云浮市	59.76	62.99	62.05	58.69	64.32	62.62	0.57	0.92

附表 2－12 广东省分地区初中中级及以上职称教师比例（%）

地区	2018 年			2019 年			变化情况	
	城市	农村	合计	城市	农村	合计	增减	增长率
全省	56.43	63.89	59.87	56.17	66.03	60.54	0.67	1.12
珠江三角洲	54.44	64.15	56.82	53.83	66.12	56.65	－0.17	－0.30
东翼	57.63	54.02	55.40	57.97	55.13	56.22	0.82	1.48
西翼	55.89	60.52	58.72	57.66	65.30	62.19	3.47	5.91
山区	69.62	75.20	73.65	68.97	76.57	74.37	0.72	0.98
广州市	57.53	63.08	58.84	58.19	65.41	59.85	1.01	1.72
深圳市	45.55	—	45.55	46.48	—	46.48	0.93	2.04
珠海市	68.26	77.05	69.72	70.65	81.87	72.53	2.81	4.03
汕头市	54.88	50.30	52.74	55.67	52.98	54.41	1.67	3.17
佛山市	63.46	66.69	63.76	61.84	65.75	62.20	－1.56	－2.45
韶关市	82.31	80.72	81.20	84.21	79.68	81.04	－0.16	－0.20
河源市	52.79	74.47	70.19	49.00	74.39	68.90	－1.29	－1.84
梅州市	73.66	75.79	75.22	75.09	80.07	78.66	3.44	4.57
惠州市	55.42	57.68	56.74	53.49	57.88	55.98	－0.76	－1.34
汕尾市	67.37	51.24	55.08	69.95	53.42	57.30	2.22	4.03
东莞市	40.43	3.98	39.20	37.74	10.19	37.31	－1.89	－4.82
中山市	55.93	61.06	57.60	54.90	61.44	57.02	－0.58	－1.01
江门市	71.74	73.42	72.35	71.62	75.23	72.86	0.51	0.70
阳江市	52.85	76.58	65.21	53.28	77.73	65.47	0.26	0.40
湛江市	51.99	55.35	54.05	53.39	61.37	58.16	4.11	7.60
茂名市	61.49	61.04	61.20	64.42	65.64	65.18	3.98	6.50
肇庆市	68.88	71.09	70.47	68.07	74.27	72.41	1.94	2.75
清远市	67.13	74.85	72.30	67.43	75.62	72.86	0.56	0.77
潮州市	63.79	55.95	58.94	64.22	55.04	58.45	－0.49	－0.83
揭阳市	55.57	57.27	56.73	54.81	57.45	56.61	－0.12	－0.21
云浮市	68.42	69.46	69.13	66.48	71.74	70.00	0.87	1.26

附表 2－13　广东省分地区义务教育小学生均占地面积

单位：平方米

地区	2018 年			2019 年			变化情况	
	城市	农村	合计	城市	农村	合计	增减	增长率（%）
全省	17.46	34.65	24.71	16.97	34.27	24.12	－0.58	－2.36
珠江三角洲	17.04	28.77	19 76	2.52	79.72	19.65	－0.11	－0.55
东翼	16.29	28.66	23.92	17.68	27.21	23.54	－0.38	－1.58
西翼	22.61	44.03	35.59	28.92	36.60	33.52	－2.08	－5.84
山区	15.83	38.38	31.40	15.02	37.57	30.38	－1.02	－3.26
广州市	16.46	26.03	18.71	16.72	26.32	18.91	0.20	1.08
深圳市	14.74	—	14.74	15.00	—	15.00	0.26	1.77
珠海市	19.17	37.42	22.52	18.79	37.44	22.22	－0.30	－1.31
汕头市	15.52	25.78	20.85	15.81	25.23	20.69	－0.16	－0.77
佛山市	20.07	37.30	21.64	19.87	36.88	21.39	－0.25	－1.14
韶关市	13.83	45.54	34.86	13.86	43.04	33.26	－1.61	－4.61
河源市	17.16	37.14	32.18	16.76	37.84	32.36	0.18	0.57
梅州市	17.41	38.82	32.76	15.57	37.64	31.20	－1.56	－4.75
惠州市	18.24	29.46	24.67	17.26	28.99	23.85	－0.82	－3.30
汕尾市	11.85	27.56	23.92	14.33	28.40	25.08	1.15	4.82
东莞市	17.49	24.71	18.07	17.49	23.41	17.74	－0.32	－1.79
中山市	20.38	23.04	21.23	19.58	22.43	20.49	－0.74	－3.49
江门市	16.44	36.12	23.21	16.45	35.57	22.96	－0.25	－1.07
阳江市	17.59	44.87	31.31	18.43	44.53	31.34	0.03	0.09
湛江市	26.37	51.71	41.78	16.25	52.23	37.82	－3.96	－9.47
茂名市	20.97	36.24	30.79	21.15	34.74	29.80	－0.99	－3.21
肇庆市	14.78	27.72	23.81	15.72	28.18	24.28	0.47	1.96
清远市	15.19	40.26	31.30	14.29	38.74	29.75	－1.56	－4.98
潮州市	15.51	31.91	24.98	15.06	31.34	24.51	－0.47	－1.90
揭阳市	19.31	30.58	26.72	18.42	29.06	25.36	－1.35	－5.07
云浮市	15.73	29.63	25.12	15.07	29.88	24.88	－0.24	－0.95

附表 2－14　广东省分地区义务教育初中生均占地面积

单位：平方米

地区	2018 年			2019 年			变化情况	
	城市	农村	合计	城市	农村	合计	增减	增长率（%）
全省	43.65	58.22	49.93	42.19	57.73	48.76	－1.17	－2.35
珠江三角洲	44.00	59.15	47.58	6.32	183.47	46.80	－0.78	－1.63
东翼	33.51	47.30	41.82	40.22	43.90	42.43	0.61	1.45
西翼	51.85	57.00	54.81	59.10	44.79	51.03	－3.78	－6.90
山区	43.32	68.60	60.63	43.17	66.48	58.93	－1.70	－2.81
广州市	44.75	66.68	49.76	46.17	64.87	50.29	0.53	1.07
深圳市	43.16	—	43.16	42.33	—	42.33	－0.83	－1.93
珠海市	45.34	72.81	49.63	43.04	75.38	48.00	－1.63	－3.29
汕头市	33.03	42.50	37.31	32.89	43.86	37.85	0.54	1.44
佛山市	40.58	69.81	43.22	40.56	70.30	43.23	0.01	0.02
韶关市	27.30	71.52	56.82	40.50	69.64	59.80	2.98	5.25
河源市	42.35	59.35	55.37	36.27	55.92	51.02	－4.36	－7.87
梅州市	55.88	78.26	71.67	51.48	73.98	67.14	－4.53	－6.32
惠州市	41.73	52.24	47.60	38.41	50.84	45.31	－2.29	－4.82
汕尾市	30.95	52.29	47.60	56.76	55.59	55.85	8.25	17.32
东莞市	42.67	52.20	43.00	42.02	65.23	42.35	－0.65	－1.51
中山市	51.36	59.90	54.12	49.32	55.58	51.32	－2.80	－5.18
江门市	45.95	81.32	57.21	44.39	79.83	55.52	－1.69	－2.96
阳江市	36.55	65.01	50.29	36.71	66.66	50.90	0.61	1.21
湛江市	59.98	68.33	64.69	38.06	69.70	55.67	－9.02	－13.95
茂名市	50.01	45.10	46.99	47.47	46.02	46.60	－0.39	－0.84
肇庆市	54.69	49.60	51.06	54.31	50.26	51.48	0.42	0.82
清远市	34.82	72.06	58.49	33.57	71.22	57.21	－1.28	－2.19
潮州市	31.05	52.51	43.67	32.70	49.96	42.90	－0.77	－1.77
揭阳市	36.16	45.91	42.63	33.46	43.40	39.98	－2.65	－6.23
云浮市	56.89	57.96	57.57	55.64	60.36	58.59	1.02	1.77

附表 2－15　广东省分地区小学寄宿生生均住宿面积

单位：平方米

地区	2018 年			2019 年			变化情况	
	城市	农村	合计	城市	农村	合计	增减	增长率（%）
全省	17.82	11.81	14.81	15.72	15.03	15.38	0.57	3.87
珠江三角洲	18.69	18.99	18.75	19.93	18.67	19.65	0.90	4.79
东翼	26.27	28.74	27.58	26.03	26.28	26.16	－1.42	－5.14
西翼	12.64	7.55	9.12	13.14	7.52	9.27	0.15	1.67
山区	18.85	10.54	12.23	18.15	11.17	12.70	0.47	3.87
广州市	22.66	23.79	22.98	23.42	21.15	22.69	－0.29	－1.27
深圳市	40.12	—	40.12	47.86	—	47.86	7.74	19.29
珠海市	23.29	286.21	28.77	29.28	17.86	27.68	－1.08	－3.76
汕头市	25.46	35.79	30.55	28.59	31.03	29.73	－0.83	－2.71
佛山市	14.90	20.53	15.62	15.97	21.11	16.61	0.99	6.33
韶关市	16.11	17.48	17.37	24.55	18.48	18.85	1.48	8.53
河源市	32.26	8.34	12.29	27.64	9.65	13.27	0.98	8.00
梅州市	69.28	58.64	60.21	100.48	63.62	72.04	11.83	19.64
惠州市	55.96	20.36	28.09	24.90	18.38	20.65	－7.44	－26.48
汕尾市	44.22	32.44	33.31	30.59	32.74	32.49	－0.82	－2.45
东莞市	13.52	15.45	13.66	14.42	15.67	14.48	0.83	6.04
中山市	11.13	13.42	11.46	13.45	17.71	13.99	2.52	22.02
江门市	42.81	37.13	41.09	44.77	20.70	35.85	－5.24	－12.74
阳江市	27.79	7.34	12.00	24.44	8.25	12.60	0.59	4.93
湛江市	26.34	14.23	18.56	30.95	15.77	21.74	3.18	17.12
茂名市	8.05	6.53	7.01	7.69	6.19	6.64	－0.36	－5.15
肇庆市	24.97	13.58	16.73	27.98	16.57	20.28	3.55	21.21
清远市	28.18	14.58	18.39	26.39	15.19	18.59	0.20	1.09
潮州市	62.12	23.72	34.21	53.93	18.68	23.81	－10.40	－30.40
揭阳市	23.78	14.18	20.13	21.13	13.92	18.50	－1.63	－8.12
云浮市	6.29	4.26	4.77	6.50	5.09	5.45	0.68	14.26

附表 2－16 广东省分地区初中阶段寄宿生生均住宿面积

单位：平方米

地区	2018 年			2019 年			变化情况	
	城市	农村	合计	城市	农村	合计	增减	增长率（%）
全省	13.38	9.22	11.22	13.47	9.27	11.34	0.11	1.02
珠江三角洲	13.80	11.39	13.09	13.79	10.91	12.94	－0.15	－1.12
东翼	13.28	17.00	15.17	13.55	16.11	14.82	－0.35	－2.32
西翼	12.22	7.07	8.62	12.51	7.29	8.91	0.29	3.33
山区	12.71	8.49	9.45	12.86	8.65	9.66	0.21	2.21
广州市	21.37	16.43	19.57	20.64	16.18	19.11	－0.46	－2.35
深圳市	48.86	—	48.86	46.42	—	46.42	－2.44	－5.00
珠海市	33.95	28.57	32.64	22.33	7.79	17.90	－14.74	－45.17
汕头市	12.01	19.81	14.87	14.07	18.61	15.76	0.90	6.02
佛山市	8.86	13.33	9.34	8.93	13.09	9.37	0.02	0.24
韶关市	9.62	9.43	9.46	17.64	10.07	11.23	1.77	18.74
河源市	11.12	6.41	7.26	9.45	6.40	7.01	－0.24	－3.35
梅州市	28.60	14.40	17.17	29.23	14.31	17.19	0.02	0.13
惠州市	16.28	9.35	11.26	15.34	9.22	11.01	－0.25	－2.25
汕尾市	40.09	25.38	27.17	24.99	25.52	25.39	－1.78	－6.56
东莞市	10.33	20.10	10.47	10.31	26.72	10.49	0.02	0.24
中山市	12.46	15.14	13.08	12.45	9.99	11.71	－1.37	－10.49
江门市	10.75	6.92	9.10	10.31	6.85	8.82	－0.28	－3.05
阳江市	10.02	6.43	7.80	9.07	7.16	7.97	0.17	2.13
湛江市	15.86	7.31	9.58	17.32	7.59	10.26	0.68	7.09
茂名市	10.91	7.06	8.22	10.98	7.13	8.29	0.07	0.89
肇庆市	36.03	11.64	15.92	37.25	11.65	16.47	0.55	3.47
清远市	11.21	8.84	9.49	10.47	8.61	9.15	－0.34	－3.57
潮州市	9.90	17.63	14.53	9.28	15.10	13.19	－1.34	－9.24
揭阳市	14.12	11.43	12.67	11.96	10.61	11.27	－1.40	－11.08
云浮市	10.96	6.66	8.00	11.54	7.55	8.79	0.79	9.86

附表 2－17　广东省分地区义务教育小学生均运动场地面积变化情况

单位：平方米

地区	2018 年			2019 年			变化情况	
	城市	农村	合计	城市	农村	合计	增减	增长率（%）
全省	6.15	11.44	8.38	6.18	11.23	8.27	－0.11	－1.36
珠江三角洲	6.13	9.28	6.86	6.21	9.34	6.90	0.04	0.62
东翼	5.88	10.20	8.54	6.07	9.74	8.33	－0.22	－2.53
西翼	6.62	13.92	11.04	6.56	13.84	10.92	－0.13	－1.15
山区	6.05	12.82	10.73	5.50	12.33	10.15	－0.58	－5.36
广州市	6.13	8.61	6.71	6.26	8.97	6.88	0.17	2.50
深圳市	6.04	—	6.04	6.28	—	6.28	0.24	4.01
珠海市	5.47	11.98	6.67	5.27	11.37	6.39	－0.27	－4.09
汕头市	6.54	8.48	7.55	7.27	8.47	7.89	0.34	4.52
佛山市	8.46	10.78	8.67	8.49	10.43	8.66	－0.01	－0.12
韶关市	5.97	12.50	10.30	5.82	11.88	9.85	－0.45	－4.40
河源市	5.06	11.99	10.27	4.83	11.60	9.84	－0.43	－4.16
梅州市	8.34	14.19	12.54	6.89	13.62	11.65	－0.88	－7.04
惠州市	6.50	9.35	8.13	6.17	9.45	8.01	－0.12	－1.50
汕尾市	4.50	8.44	7.53	4.34	7.95	7.10	－0.43	－5.75
东莞市	4.73	5.65	4.80	4.84	5.22	4.86	0.06	1.20
中山市	6.22	8.27	6.88	6.18	8.20	6.83	－0.05	－0.76
江门市	6.37	10.23	7.70	6.37	10.00	7.61	－0.09	－1.20
阳江市	5.88	12.49	9.21	5.91	12.44	9.14	－0.07	－0.76
湛江市	5.88	14.88	11.35	5.32	14.92	11.07	－0.28	－2.47
茂名市	7.85	13.40	11.42	8.35	13.18	11.43	0.01	0.09
肇庆市	4.77	10.04	8.45	4.77	9.78	8.21	－0.24	－2.88
清远市	5.36	14.09	10.97	5.04	13.53	10.41	－0.56	－5.14
潮州市	5.91	12.47	9.70	5.64	12.22	9.46	－0.24	－2.48
揭阳市	5.37	11.87	9.64	5.15	11.02	8.98	－0.66	－6.89
云浮市	5.36	10.38	8.75	4.84	10.06	8.30	－0.46	－5.23

附表 2－18 广东省分地区义务教育初中生均运动场地面积变化情况

单位：平方米

地区	2018 年			2019 年			变化情况	
	城市	农村	合计	城市	农村	合计	增减	增长率（%）
全省	13. 28	16. 20	14. 54	13. 40	16. 10	14. 54	0. 00	0. 03
珠江三角洲	14. 02	16. 03	14. 49	14. 17	16. 16	14. 63	0. 09	0. 61
东翼	10. 80	13. 53	12. 44	11. 09	12. 90	12. 17	－2. 32	－15. 99
西翼	12. 28	16. 09	14. 47	12. 24	16. 47	14. 63	2. 18	17. 54
山区	12. 67	18. 98	16. 99	12. 46	18. 70	16. 68	2. 20	15. 22
广州市	14. 96	18. 83	15. 85	15. 38	18. 88	16. 15	0. 30	－4. 92
深圳市	16. 40	—	16. 40	16. 64	—	16. 64	0. 24	1. 43
珠海市	10. 47	20. 95	12. 11	9. 91	20. 30	11. 50	－0. 61	－5. 03
汕头市	12. 00	13. 39	12. 63	12. 75	13. 05	12. 88	0. 25	2. 01
佛山市	14. 03	20. 34	14. 60	14. 85	20. 06	15. 32	0. 72	4. 96
韶关市	9. 71	17. 34	14. 80	12. 00	17. 95	15. 94	1. 14	7. 67
河源市	10. 96	15. 90	14. 74	9. 41	14. 94	13. 56	－1. 18	－8. 04
梅州市	17. 18	20. 85	19. 77	16. 31	20. 42	19. 17	－0. 60	－3. 03
惠州市	11. 51	13. 70	12. 74	11. 39	13. 89	12. 78	0. 04	0. 34
汕尾市	9. 66	10. 86	10. 59	12. 56	10. 60	11. 04	0. 45	4. 23
东莞市	11. 01	11. 69	11. 03	11. 02	14. 25	11. 06	0. 03	0. 27
中山市	14. 35	16. 48	15. 04	13. 97	16. 26	14. 70	－0. 33	－2. 21
江门市	15. 35	19. 30	16. 61	14. 84	19. 15	16. 19	－0. 41	－2. 49
阳江市	10. 18	13. 05	11. 57	10. 74	12. 92	11. 77	0. 20	1. 75
湛江市	12. 11	18. 99	15. 99	11. 21	19. 09	15. 60	－0. 39	－2. 46
茂名市	13. 41	14. 38	14. 01	14. 05	15. 11	14. 69	0. 68	4. 86
肇庆市	13. 79	14. 21	14. 09	13. 72	14. 54	14. 30	0. 20	1. 45
清远市	10. 18	24. 04	18. 99	10. 07	23. 61	18. 57	－0. 42	－2. 22
潮州市	10. 56	15. 28	13. 34	9. 65	15. 39	13. 04	－0. 29	－2. 19
揭阳市	9. 38	14. 67	12. 89	8. 64	13. 37	11. 74	－1. 15	－8. 89
云浮市	15. 02	15. 25	15. 16	14. 28	15. 63	15. 12	－0. 04	－0. 27

附表2－19　广东省分地区义务教育小学生均图书情况

单位：册

地区	2018年			2019年			变化情况	
	城市	农村	合计	城市	农村	合计	增减	增长率（%）
全省	29.60	29.56	29.58	29.43	29.60	29.50	－0.08	－0.28
珠江三角洲	30.34	28.99	30.03	3.78	121.73	29.95	－0.08	－0.25
东翼	29.63	29.71	29.68	27.78	30.55	29.48	－0.19	－0.65
西翼	72.71	28.15	27.79	44.01	16.86	27.76	－0.03	－0.10
山区	26.34	31.35	29.80	26.14	31.46	29.77	－0.04	－0.13
广州市	32.31	31.31	32.08	31.91	31.21	31.75	－0.33	－1.03
深圳市	36.12	—	36.12	36.70	—	36.70	0.59	1.63
珠海市	23.45	23.83	23.52	21.70	24.82	22.27	－1.25	－5.31
汕头市	32.69	29.91	31.25	33.08	30.16	31.57	0.32	1.02
佛山市	28.74	28.86	28.75	28.80	27.76	28.70	－0.04	－0.15
韶关市	25.49	33.20	30.60	26.75	33.01	30.91	0.31	1.01
河源市	28.26	32.51	31.46	28.31	—	32.22	0.76	2.42
梅州市	27.04	32.79	31.16	26.86	32.62	30.94	－0.22	－0.72
惠州市	25.01	28.22	26.85	25.52	27.82	26.81	－0.04	－0.14
汕尾市	25.36	29.07	28.22	25.45	28.61	27.87	－0.35	－1.23
东莞市	26.57	28.57	26.73	26.15	28.47	26.25	－0.48	－1.81
中山市	29.80	30.67	30.08	28.99	29.65	29.20	－0.88	－2.92
江门市	25.23	27.97	26.17	25.80	28.45	26.70	0.53	2.03
阳江市	29.17	31.83	30.51	28.35	32.22	30.26	－0.25	－0.82
湛江市	25.72	26.32	26.08	25.84	26.83	26.44	0.35	1.35
茂名市	27.90	28.86	28.52	27.06	28.85	28.20	－0.32	－1.11
肇庆市	27.19	28.33	27.99	27.17	28.86	28.33	0.35	1.24
清远市	27.34	31.19	29.81	26.17	30.66	29.01	－0.80	－2.70
潮州市	26.18	31.47	29.24	26.70	31.90	29.72	0.48	1.65
揭阳市	28.24	29.31	28.95	26.35	28.96	28.05	－0.89	－3.09
云浮市	22.86	25.93	24.94	22.55	26.43	25.12	0.18	0.73

附表 2－20 广东省分地区义务教育初中生均图书情况

单位：册

地区	2018 年			2019 年			变化情况	
	城市	农村	合计	城市	农村	合计	增减	增长率（%）
全省	63. 57	53. 70	59. 31	62. 50	53. 14	58. 55	－0. 76	－1. 28
珠江三角洲	64. 50	57. 19	62. 77	7. 69	245. 28	61. 99	－0. 78	－1. 24
东翼	61. 61	56. 97	58. 82	59. 28	57. 12	57. 99	－0. 83	－1. 41
西翼	66. 70	46. 69	55. 20	73. 13	38. 75	53. 74	－1. 46	－2. 64
山区	55. 04	53. 08	53. 70	54. 75	53. 15	53. 67	－0. 03	－0. 06
广州市	77. 85	74. 12	76. 99	77. 67	72. 48	76. 53	－0. 47	－0. 61
深圳市	84. 71	—	84. 71	85. 03	—	85. 03	0. 32	0. 38
珠海市	42. 45	39. 79	42. 03	36. 66	40. 91	37. 31	－4. 72	－11. 22
汕头市	71. 34	67. 12	69. 44	70. 15	69. 19	69. 72	0. 28	0. 41
佛山市	47. 38	51. 95	47. 79	47. 07	49. 41	47. 28	－0. 51	－1. 06
韶关市	36. 41	53. 77	48. 00	50. 73	56. 69	54. 68	6. 68	13. 93
河源市	47. 70	42. 30	43. 56	41. 51	42. 45	42. 22	－1. 34	－3. 08
梅州市	75. 17	65. 71	68. 50	70. 67	63. 40	65. 61	－2. 89	－4. 21
惠州市	53. 07	50. 70	51. 74	51. 88	48. 79	50. 17	－1. 58	－3. 05
汕尾市	63. 74	48. 41	51. 78	65. 72	47. 39	51. 50	－0. 28	－0. 54
东莞市	52. 46	79. 76	53. 42	51. 66	84. 40	52. 13	－1. 28	－2. 40
中山市	57. 14	59. 09	57. 77	55. 84	57. 71	56. 44	－1. 33	－2. 31
江门市	52. 35	53. 07	52. 58	52. 76	53. 59	53. 02	0. 44	0. 84
阳江市	55. 92	41. 75	49. 08	52. 16	42. 54	47. 60	－1. 47	－3. 00
湛江市	67. 45	48. 70	56. 87	67. 15	48. 26	56. 64	－0. 23	－0. 41
茂名市	70. 72	46. 24	55. 66	62. 86	46. 65	53. 09	－2. 57	－4. 61
肇庆市	72. 93	53. 82	59. 31	69. 73	52. 24	57. 50	－1. 81	－3. 06
清远市	45. 68	52. 82	50. 22	44. 05	53. 47	49. 97	－0. 25	－0. 50
潮州市	46. 24	62. 01	55. 52	46. 25	60. 36	54. 59	－0. 93	－1. 67
揭阳市	52. 03	53. 80	53. 21	49. 24	52. 02	51. 06	－2. 15	－4. 03
云浮市	68. 41	47. 87	55. 46	66. 28	48. 45	55. 14	－0. 31	－0. 57

附表 2－21　广东省分地区小学生均仪器设备值

单位：元

地区	2018 年			2019 年			变化情况	
	城市	农村	合计	城市	农村	合计	增减	增长率（%）
全省	2901.47	1798.90	2436.81	3070.83	1923.75	2596.42	159.61	6.55
珠江三角洲	3398.28	2187.13	3117.87	3584.71	2360.47	3313.05	195.18	6.26
东翼	1899.36	1796.64	1835.99	2047.75	1861.21	1933.04	97.05	5.29
西翼	1463.29	1303.55	1366.46	1639.58	1446.99	1524.30	157.83	11.55
山区	1771.34	1798.12	1789.83	1850.62	1923.74	1900.42	110.59	6.18
广州市	2803.08	2742.08	2788.70	2892.67	2665.18	2840.60	51.90	1.86
深圳市	5739.98	—	5739.98	6238.70	—	6238.70	498.72	8.69
珠海市	2599.41	2538.74	2588.27	2622.91	2936.11	2680.51	92.24	3.56
汕头市	2014.09	1839.02	1923.16	2265.69	2102.49	2181.13	257.97	13.41
佛山市	2870.51	2633.27	2848.91	3140.02	2970.44	3124.83	275.93	9.69
韶关市	1935.70	2005.65	1982.10	2014.36	2050.29	2038.24	56.14	2.83
河源市	2413.13	1609.73	1809.20	2418.86	1818.80	1974.71	165.51	9.15
梅州市	1464.67	1628.17	1581.88	1462.87	1631.72	1582.47	0.58	0.04
惠州市	2303.63	1867.09	2053.45	2379.98	2125.65	2237.00	183.55	8.94
汕尾市	1596.53	1734.75	1702.79	1607.30	1455.30	1491.15	－211.65	－12.43
东莞市	2618.07	2577.48	2614.83	2605.48	3766.70	2656.22	41.39	1.58
中山市	2190.02	2288.90	2221.83	2245.17	2284.36	2257.73	35.90	1.62
江门市	2055.79	2206.28	2107.51	2202.46	2219.10	2208.13	100.62	4.77
阳江市	1827.38	1744.42	1785.66	1857.21	2041.83	1948.52	162.86	9.12
湛江市	1286.66	1080.96	1161.55	1517.67	1166.70	1307.25	145.70	12.54
茂名市	1472.09	1391.35	1420.16	1666.71	1550.25	1592.54	172.38	12.14
肇庆市	2258.09	1802.85	1940.14	2510.96	2083.31	2217.15	277.01	14.28
清远市	1758.33	1925.16	1865.56	1870.23	2211.02	2085.66	220.10	11.80
潮州市	1978.01	2067.39	2029.66	2163.38	2235.45	2205.22	175.57	8.65
揭阳市	1796.71	1705.42	1736.72	1832.32	1777.04	1796.24	59.52	3.43
云浮市	1391.19	1934.49	1758.08	1605.83	1966.81	1844.87	86.80	4.94

附表 2－22　广东省分地区初中阶段生均仪器设备值

单位：元

地区	2018 年			2019 年			变化情况	
	城市	农村	合计	城市	农村	合计	增减	增长率（%）
全省	6588.34	3349.34	5191.17	6969.54	3550.71	5526.14	334.96	6.45
珠江三角洲	8070.59	4505.70	7228.36	8445.71	4774.13	7606.57	378.21	5.23
东翼	4051.13	3547.08	3747.32	4338.16	3594.25	3892.64	145.32	3.88
西翼	3349.02	2171.31	2672.13	3729.88	2239.17	2889.30	217.17	8.13
山区	3761.89	2989.54	3233.03	4233.53	3378.28	3655.37	422.34	13.06
广州市	7646.08	6835.04	7460.56	8087.90	6544.06	7747.52	286.96	3.85
深圳市	15188.09	—	15188.09	16100.58	—	16100.58	912.48	6.01
珠海市	4789.61	7579.73	5225.45	4411.25	5087.92	4514.93	－710.52	－13.60
汕头市	4756.95	3941.25	4388.10	5118.59	4488.36	4833.77	445.67	10.16
佛山市	5769.82	5043.86	5704.08	6168.67	6031.76	6156.39	452.30	7.93
韶关市	2838.10	3121.47	3027.25	4875.38	3745.53	4127.28	1100.03	36.34
河源市	4145.09	2279.16	2715.66	3889.98	2424.45	2789.91	74.25	2.73
梅州市	4007.84	3186.72	3428.59	4029.85	3508.39	3666.96	238.37	6.95
惠州市	4703.38	3656.55	4118.34	4782.39	4090.19	4398.05	279.70	6.79
汕尾市	3285.93	3675.47	3589.98	4345.16	3045.11	3336.52	－253.46	－7.06
东莞市	5904.80	6054.91	5910.08	5798.76	18794.88	5987.42	77.35	1.31
中山市	4512.15	4598.32	4539.98	4985.71	4540.25	4843.49	303.51	6.69
江门市	4579.46	4196.87	4457.57	4810.04	4515.84	4717.66	260.09	5.83
阳江市	3585.80	2486.22	3054.84	3489.61	2656.41	3094.95	40.11	1.31
湛江市	3516.34	2105.38	2720.02	4114.65	2034.61	2957.12	237.10	8.72
茂名市	3064.30	2146.19	2499.55	3426.52	2306.92	2751.91	252.35	10.10
肇庆市	6998.22	3344.99	4395.82	6801.77	3730.61	4655.09	259.27	5.90
清远市	3539.58	3269.89	3368.14	3881.85	3882.84	3882.47	514.33	15.27
潮州市	3712.44	3886.60	3814.91	3847.99	4294.39	4111.83	296.92	7.78
揭阳市	3329.64	3105.28	3180.65	3337.34	3097.99	3180.42	－0.23	－0.01
云浮市	4391.08	3250.63	3671.94	4698.16	3592.32	4007.36	335.42	9.13

附表 2－23 广东省义务教育学校每百名学生拥有教学用计算机台数

单位：台

地区	2018 年		2019 年		增长率（%）	
	小学	初中	小学	初中	小学	初中
全省	21.30	38.74	21.86	39.67	2.62	2.41
珠江三角洲	19.73	41.87	20.48	43.28	3.77	3.36
东翼	26.54	40.92	26.68	41.09	0.54	0.41
西翼	22.25	32.01	22.79	33.01	2.42	3.13
山区	20.49	33.97	20.88	34.10	1.91	0.41
广州市	19.13	46.04	19.20	48.53	0.38	5.41
深圳市	28.05	68.09	29.29	70.16	4.41	3.04
珠海市	17.23	31.14	17.92	31.51	4.02	1.19
汕头市	27.65	46.97	27.87	47.52	0.81	1.16
佛山市	19.47	31.80	21.17	34.36	8.72	8.05
韶关市	17.34	27.36	17.65	30.24	1.78	10.52
河源市	18.98	29.03	19.42	26.32	2.35	－9.34
梅州市	19.88	36.70	19.95	36.11	0.38	－1.60
惠州市	15.37	26.19	15.59	26.67	1.44	1.83
汕尾市	24.22	31.34	24.31	32.88	0.36	4.90
东莞市	16.99	37.56	18.71	40.18	10.15	6.99
中山市	17.71	37.38	17.21	36.09	－2.82	－3.45
江门市	17.40	33.62	17.32	33.51	－0.50	－0.34
阳江市	24.96	35.96	26.50	39.10	6.18	8.72
湛江市	17.69	28.02	18.32	28.00	3.60	－0.07
茂名市	25.96	34.47	26.08	35.73	0.46	3.64
肇庆市	16.71	37.46	17.10	35.62	2.30	－4.91
清远市	20.27	34.05	21.43	35.94	5.73	5.53
潮州市	24.49	39.11	25.90	40.50	5.76	3.56
揭阳市	27.36	40.53	26.96	39.18	－1.46	－3.33
云浮市	26.80	43.88	26.39	43.54	－1.52	－0.78

附表 2－24　广东省分地区小学大班额比例（%）

地区	2018 年			2019 年			变化情况	
	城市	农村	合计	城市	农村	合计	增减	增长率
全省	4.59	0.32	3.17	2.85	0.67	1.80	－1.37	－43.22
珠江三角洲	5.77	1.03	4.74	2.66	1.05	2.26	－2.48	－52.32
东翼	0.57	0.00	0.38	0.21	0.00	0.07	－0.31	－81.58
西翼	1.46	0.00	0.69	1.31	0.02	0.44	－0.25	－36.23
山区	7.59	0.03	4.28	10.28	1.55	3.76	－0.52	－12.15
广州市	0.00	0.00	0.00	0.00	0.00	0.00	0.00	—
深圳市	11.68	—	10.13	3.15	—	3.15	－6.98	－68.90
珠海市	0.61	0.00	0.56	0.35	0.00	0.28	－0.28	－50.00
汕头市	0.00	0.00	0.00	0.00	0.00	0.00	0.00	—
佛山市	0.18	0.00	0.13	0.00	0.00	0.00	－0.13	－100.00
韶关市	7.41	0.32	4.37	6.32	2.15	3.33	－1.04	－23.80
河源市	7.62	1.15	6.09	18.22	3.95	6.67	0.58	9.52
梅州市	19.97	0.00	9.93	31.74	1.37	7.95	－1.98	－19.94
惠州市	19.78	3.94	15.01	16.12	3.77	8.63	－6.38	－42.50
汕尾市	2.69	0.00	2.05	1.22	0.00	0.25	－1.80	－87.80
东莞市	5.17	0.48	4.71	3.86	0.00	3.69	－1.02	－21.66
中山市	0.15	0.00	0.13	0.11	0.00	0.07	－0.06	－46.15
江门市	4.52	0.00	3.17	0.00	0.00	0.00	－3.17	－100.00
阳江市	0.24	0.00	0.17	0.34	0.00	0.15	－0.02	－11.76
湛江市	1.35	0.00	0.63	1.43	0.04	0.48	－0.15	－23.81
茂名市	2.11	0.00	0.93	1.70	0.00	0.50	－0.43	－46.24
肇庆市	5.83	0.38	3.77	8.78	0.04	2.22	－1.55	－41.11
清远市	0.00	0.00	0.00	0.00	0.00	0.00	0.00	—
潮州市	0.00	0.00	0.00	0.00	0.00	0.00	0.00	—
揭阳市	0.15	0.00	0.08	0.26	0.01	0.08	0.00	0.00
云浮市	0.00	0.00	0.00	0.00	0.00	0.00	0.00	—

附表 2－25　广东省分地区初中阶段大班额比例（%）

地区	2018 年			2019 年			变化情况	
	城市	农村	合计	城市	农村	合计	增减	增长率
全省	2. 59	0. 21	2. 37	2. 06	0. 37	1. 34	－1. 03	－43. 46
珠江三角洲	4. 54	0. 78	4. 36	2. 85	1. 09	2. 44	－1. 92	－44. 04
东翼	0. 03	0. 00	0. 03	0. 00	0. 04	0. 03	0. 00	0. 00
西翼	0. 34	0. 00	0. 32	0. 12	0. 20	0. 17	－0. 15	－46. 88
山区	1. 24	0. 06	1. 09	1. 70	0. 09	0. 59	－0. 50	－45. 87
广州市	0. 00	0. 00	0. 00	0. 00	0. 00	0. 00	0. 00	—
深圳市	4. 33	—	4. 33	1. 04	—	1. 04	－3. 29	－75. 98
珠海市	0. 22	0. 00	0. 22	1. 31	0. 00	1. 11	0. 89	404. 55
汕头市	0. 00	0. 00	0. 00	0. 00	0. 00	0. 00	0. 00	—
佛山市	0. 02	0. 00	0. 02	0. 00	0. 00	0. 00	－0. 02	－100. 00
韶关市	0. 55	0. 00	0. 52	0. 00	0. 25	0. 17	－0. 35	－67. 31
河源市	2. 65	0. 16	2. 10	5. 92	0. 22	1. 57	－0. 53	－25. 24
梅州市	2. 61	0. 00	2. 28	3. 21	0. 00	0. 91	－1. 37	－60. 09
惠州市	14. 15	6. 03	13. 79	7. 45	3. 79	5. 41	－8. 38	－60. 77
汕尾市	0. 00	0. 00	0. 00	0. 00	0. 00	0. 00	0. 00	—
东莞市	15. 00	1. 16	14. 52	12. 66	4. 44	12. 52	－2. 00	－13. 77
中山市	0. 56	0. 00	0. 52	0. 00	0. 00	0. 00	－0. 52	－100. 00
江门市	2. 51	0. 00	2. 31	0. 00	0. 00	0. 00	－2. 31	－100. 00
阳江市	1. 50	0. 00	1. 43	0. 00	0. 00	0. 00	－1. 43	－100. 00
湛江市	0. 23	0. 00	0. 21	0. 28	0. 48	0. 40	0. 19	90. 48
茂名市	0. 04	0. 00	0. 03	0. 00	0. 00	0. 00	－0. 03	－100. 00
肇庆市	0. 06	0. 35	0. 09	0. 00	0. 00	0. 00	－0. 09	－100. 00
清远市	0. 00	0. 00	0. 00	0. 00	0. 00	0. 00	0. 00	—
潮州市	0. 00	0. 00	0. 00	0. 00	0. 00	0. 00	0. 00	—
揭阳市	0. 10	0. 00	0. 08	0. 00	0. 12	0. 08	0. 00	0. 00
云浮市	0. 00	0. 00	0. 00	0. 00	0. 00	0. 00	0. 00	—

三、高中阶段教育有关表格

附表 3－1　广东省分地市高中阶段教育规模变化情况

单位：人

地区	招生规模			在校生规模		
	2018 年	2019 年	增长率(%)	2018 年	2019 年	增长率(%)
全省	901 414	954 233	5.86	2 704 395	2 697 067	－0.27
珠江三角洲	453 553	478 509	5.50	1 338 236	1 347 877	0.72
东翼	149 699	157 837	5.44	455 525	445 672	－2.51
西翼	154 682	162 058	4.77	477 849	467 793	－2.09
山区	143 480	154 129	7.42	432 785	435 725	0.67
广州市	118 427	116 666	－1.49	347 932	340 345	－2.18
深圳市	58 912	63 041	7.01	170 024	176 981	4.09
珠海市	16 605	17 692	6.55	49 550	50 402	1.72
汕头市	55 794	58 543	4.93	174 826	168 117	－3.84
佛山市	59 449	69 991	17.73	178 531	185 708	4.02
韶关市	26 650	29 126	9.29	76 520	80 290	4.93
河源市	28 592	31 311	9.51	83 469	86 478	3.60
梅州市	35 168	38 076	8.27	111 394	109 512	－1.69
惠州市	47 949	50 804	5.95	142 535	143 838	0.91
汕尾市	23 034	23 827	3.44	68 960	67 734	－1.78
东莞市	48 389	49 736	2.78	141 169	142 523	0.96
中山市	23 762	25 710	8.20	69 461	71 637	3.13
江门市	38 144	39 969	4.78	112 900	112 046	－0.76
阳江市	19 072	21 372	12.06	57 982	58 640	1.13
湛江市	61 025	64 387	5.51	199 179	189 306	－4.96
茂名市	74 585	77 252	3.58	220 688	219 847	－0.38
肇庆市	41 916	45 346	8.18	126 134	124 397	－1.38
清远市	31 799	33 716	6.03	96 174	95 576	－0.62
潮州市	19 451	19 849	2.05	58 408	57 570	－1.43
揭阳市	51 420	55 618	8.16	153 331	152 251	－0.70
云浮市	21 271	22 201	4.37	65 228	63 869	－2.08

附表 3－2　广东省分地市普通高中教育学生规模变化情况

单位：人

地区	招生规模			在校生规模		
	2018 年	2019 年	增长率(%)	2018 年	2019 年	增长率(%)
全省	604 224	639 413	5.82	1 837 141	1 837 399	0.01
珠江三角洲	273 840	289 935	5.88	812 445	826 705	1.76
东翼	120 489	128 902	6.98	368 736	366 188	－0.69
西翼	108 608	112 118	3.23	346 348	332 908	－3.88
山区	101 287	108 458	7.08	309 612	311 598	0.64
广州市	52 401	53 127	1.39	163 838	159 355	－2.74
深圳市	46 037	49 206	6.88	131 102	137 539	4.91
珠海市	10 388	10 948	5.39	30 588	31 909	4.32
汕头市	44 699	47 522	6.32	136 527	137 056	0.39
佛山市	40 922	42 129	2.95	118 529	120 734	1.86
韶关市	16 622	17 270	3.90	50 541	50 560	0.04
河源市	21 316	23 203	8.85	62 477	65 276	4.48
梅州市	26 452	28 794	8.85	84 086	83 306	－0.93
惠州市	30 551	34 029	11.38	91 095	95 151	4.45
汕尾市	17 831	18 090	1.45	56 995	54 116	－5.05
东莞市	27 956	30 221	8.10	82 710	85 561	3.45
中山市	15 447	17 175	11.19	46 218	47 790	3.40
江门市	26 568	28 250	6.33	76 002	78 321	3.05
阳江市	15 000	16 382	9.21	44 216	45 261	2.36
湛江市	42 552	42 050	－1.18	139 252	130 920	－5.98
茂名市	51 056	53 686	5.15	162 880	156 727	－3.78
肇庆市	23 570	24 850	5.43	72 363	70 345	－2.79
清远市	21 764	23 337	7.23	67 151	66 805	－0.52
潮州市	16 287	16 879	3.63	49 160	48 745	－0.84
揭阳市	41 672	46 411	11.37	126 054	126 271	0.17
云浮市	15 133	15 854	4.76	45 357	45 651	0.65

附表 3－3　广东省分地市中等职业教育学生规模变化情况

单位：人

地区	招生规模			在校生规模		
	2018 年	2019 年	增长率(%)	2018 年	2019 年	增长率(%)
全省	297 190	264 562	－10.98	867 254	855 192	－1.39
珠江三角洲	179 713	147 981	－17.66	525 791	525 791	－2.09
东翼	29 210	28 146	－3.64	86 789	79 484	1.34
西翼	46 074	46 577	1.09	131 501	132 764	－5.10
山区	42 193	41 858	－0.79	123 173	123 011	－18.90
广州市	66 026	51 663	－21.75	184 094	64 974	8.29
深圳市	12 875	10 919	－15.19	38 922	29 730	14.44
珠海市	6217	4724	－24.01	18 962	21 202	1.00
汕头市	11 095	11 021	－0.67	38 299	26 206	－4.04
佛山市	18 527	19 970	7.79	60 002	48 687	－5.35
韶关市	10 028	9878	－1.50	25 979	13 618	13.82
河源市	7276	7765	6.72	20 992	56 962	－2.56
梅州市	8716	8716	0.00	27 308	23 847	2.60
惠州市	17 398	14 148	－18.68	51 440	33 725	－8.60
汕尾市	5203	5643	8.46	11 965	13 335	－3.13
东莞市	20 433	12 127	－40.65	58 459	58 095	－3.06
中山市	8315	7056	－15.14	23 243	61 334	6.10
江门市	11 576	9380	－18.97	36 898	54 052	0.52
阳江市	4072	4637	13.88	13 766	28 771	－0.87
湛江市	18 473	20 349	10.16	59 927	8825	－4.57
茂名市	23 529	21 591	－8.24	57 808	25 980	－4.75
肇庆市	18 346	17 994	－1.92	53 771	17 102	－13.93
清远市	10 035	9609	－4.25	29 023	855 192	－1.39
潮州市	3164	2695	－14.82	9248	180 249	－2.09
揭阳市	9748	8787	－9.86	27 277	39 442	1.34
云浮市	6138	5890	－4.04	19 871	17 995	－5.10

附表3-4 广东省分地市普通高中教育教师配备情况

地区	专任教师规模（人）			生师比		
	2018年	2019年	增长率(%)	2018年	2019年	增加
全省	149 931	148 775	-0.77	12.25∶1	12.35∶1	0.10
珠江三角洲	65 819	66 961	1.74	12.34∶1	12.35∶1	0.00
东翼	29 124	28 599	-1.80	12.66∶1	12.80∶1	0.14
西翼	28 600	27 219	-4.83	12.11∶1	12.23∶1	0.12
山区	26 388	25 996	-1.49	11.73∶1	11.99∶1	0.25
广州市	14 522	14 475	-0.32	11.28∶1	11.01∶1	-0.27
深圳市	11 505	11 930	3.69	11.40∶1	11.53∶1	0.13
珠海市	2518	2650	5.24	12.15∶1	12.04∶1	-0.11
汕头市	10 532	10 510	-0.21	12.96∶1	13.04∶1	0.08
佛山市	9141	9368	2.48	12.97∶1	12.89∶1	-0.08
韶关市	4289	4272	-0.40	11.78∶1	11.84∶1	0.05
河源市	5314	5414	1.88	11.76∶1	12.06∶1	0.30
梅州市	8017	7454	-7.02	10.49∶1	11.18∶1	0.69
惠州市	6852	7062	3.06	13.29∶1	13.47∶1	0.18
汕尾市	4461	4265	-4.39	12.78∶1	12.69∶1	-0.09
东莞市	5974	6147	2.90	13.84∶1	13.92∶1	0.07
中山市	3629	3698	1.90	12.74∶1	12.92∶1	0.19
江门市	5922	5976	0.91	12.83∶1	13.11∶1	0.27
阳江市	3580	3504	-2.12	12.35∶1	12.92∶1	0.57
湛江市	11567	10 864	-6.08	12.04∶1	12.05∶1	0.01
茂名市	13 453	12 851	-4.47	12.11∶1	12.20∶1	0.09
肇庆市	5756	5655	-1.75	12.57∶1	12.44∶1	-0.13
清远市	5419	5371	-0.89	12.39∶1	12.44∶1	0.05
潮州市	4474	4441	-0.74	10.99∶1	10.98∶1	-0.01
揭阳市	9657	9383	-2.84	13.05∶1	13.46∶1	0.40
云浮市	3349	3485	4.06	13.54∶1	13.10∶1	-0.44

附表 3 - 5　广东省分地市中等职业教育教师配备情况

地区	专任教师规模（人）			生师比		
	2018 年	2019 年	增长率(%)	2018 年	2019 年	增加（%）
全省	44 105	43 728	-0.85	19.57:1	19.56:1	-0.08
珠江三角洲	26 560	26 374	-0.70	19.75:1	19.71:1	-0.20
东翼	4996	4807	-3.78	17.37:1	16.54:1	-4.82
西翼	5856	5914	0.99	22.20:1	22.45:1	1.13
山区	6693	6633	-0.90	18.20:1	18.55:1	-19.04
广州市	7866	7842	-0.85	19.57:1	22.99:1	-1.37
深圳市	2694	2736	-0.31	23.30:1	14.42:1	-0.22
珠海市	932	910	1.56	14.45:1	19.77:1	-1.55
汕头市	1732	1735	-2.36	20.09:1	17.90:1	-19.04
佛山市	3865	3777	0.17	22.11:1	17.20:1	10.86
韶关市	1504	1613	-2.28	15.52:1	18.43:1	6.71
河源市	1100	1123	7.25	17.27:1	18.88:1	-1.07
梅州市	1478	1395	2.09	19.08:1	18.79:1	1.67
惠州市	1990	1923	-5.62	18.48:1	25.32:1	-2.05
汕尾市	836	797	-3.37	25.85:1	17.09:1	19.38
东莞市	2830	3019	-4.67	14.31:1	18.87:1	-8.66
中山市	1570	1570	6.68	20.66:1	15.19:1	2.60
江门市	2151	2014	0.00	14.80:1	16.75:1	-2.15
阳江市	575	578	-6.37	17.11:1	23.07:1	-3.32
湛江市	2453	2263	0.52	23.86:1	25.67:1	5.08
茂名市	2828	3073	-7.75	19.62:1	19.96:1	0.17
肇庆市	2662	2583	8.66	21.41:1	20.93:1	3.60
清远市	1616	1607	-2.97	19.17:1	17.90:1	-0.29
潮州市	758	736	-0.56	12.37:1	11.99:1	-1.72
揭阳市	1670	1539	-2.90	47.89:1	16.88:1	3.35
云浮市	995	895	-7.84	20.37:1	19.11:1	2.51

附表3－6　广东省分地市普通高中教育生均校舍建筑面积情况

单位：平方米

地区	生均校舍建筑面积		变化情况	
	2018年	2019年	增加	增长率(%)
全省	28.34	29.22	0.88	3.11
珠江三角洲	32.96	34.03	1.08	3.28
东翼	23.23	23.80	0.58	2.49
西翼	25.35	26.22	0.87	3.43
山区	25.69	26.03	0.34	1.33
广州市	34.13	36.50	2.37	6.95
深圳市	38.49	41.68	3.19	8.29
珠海市	29.89	29.32	-0.57	-1.91
汕头市	24.32	24.85	0.53	2.17
佛山市	35.03	33.92	-1.11	-3.17
韶关市	27.24	27.59	0.35	1.29
河源市	23.09	22.17	-0.92	-3.98
梅州市	26.94	26.28	-0.65	-2.42
惠州市	26.00	27.53	1.53	5.90
汕尾市	25.60	28.76	3.16	12.33
东莞市	42.49	42.09	-0.41	-0.95
中山市	32.55	31.23	-1.32	-4.06
江门市	23.93	23.56	-0.37	-1.53
阳江市	23.11	23.04	-0.07	-0.32
湛江市	26.88	27.27	0.38	1.43
茂名市	24.64	26.26	1.62	6.57
肇庆市	25.77	28.39	2.62	10.17
清远市	26.91	27.21	0.30	1.12
潮州市	19.17	19.05	-0.12	-0.63
揭阳市	22.55	22.38	-0.17	-0.75
云浮市	23.44	27.64	4.20	17.94

附表 3-7 广东省分地市中等职业教育生均校舍建筑面积情况

单位：平方米

地区	生均校舍建筑面积		变化情况	
	2018 年	2019 年	增加	增长率（%）
全省	18.81	19.41	0.60	3.19
珠江三角洲	15.61	16.11	0.50	3.22
东翼	26.74	28.14	1.40	5.23
西翼	18.99	19.73	0.74	3.90
山区	18.66	24.06	5.40	28.92
广州市	24.21	22.18	-2.04	-8.41
深圳市	19.56	20.24	0.67	3.44
珠海市	20.87	20.75	-0.12	-0.59
汕头市	19.28	19.68	0.40	2.09
佛山市	19.53	19.93	0.40	2.04
韶关市	21.60	20.18	-1.42	-6.58
河源市	20.44	23.30	2.86	13.99
梅州市	16.73	16.30	-0.43	-2.55
惠州市	17.73	19.04	1.31	7.38
汕尾市	9.65	9.97	0.32	3.28
东莞市	18.28	17.87	-0.40	-2.22
中山市	18.97	19.50	0.53	2.78
江门市	17.72	17.32	-0.40	-2.26
阳江市	18.64	18.49	-0.15	-0.83
湛江市	18.50	17.74	-0.76	-4.11
茂名市	21.43	22.45	1.02	4.77
肇庆市	15.93	17.92	1.99	12.50
清远市	18.81	19.41	0.60	3.19
潮州市	15.61	16.11	0.50	3.22
揭阳市	26.74	28.14	1.40	5.23
云浮市	18.99	19.73	0.74	3.90

附表 3－8　广东省分地市普通高中教育生均实验室面积情况

单位：平方米

地区	生均实验室和实习场地面积			
	2018 年	2019 年	增加	增长率（%）
全省	1.70	1.74	0.04	1.98
珠江三角洲	1.97	1.99	0.02	0.90
东翼	1.44	1.42	－0.03	－1.89
西翼	1.41	1.48	0.07	4.89
山区	1.63	1.72	0.09	5.52
广州市	2.40	2.57	0.17	7.11
深圳市	2.18	2.22	0.04	2.04
珠海市	1.88	1.74	－0.14	－7.53
汕头市	1.37	1.35	－0.03	－2.10
佛山市	2.40	2.27	－0.13	－5.52
韶关市	1.73	1.82	0.09	5.45
河源市	1.32	1.27	－0.05	－4.15
梅州市	1.70	1.74	0.04	2.31
惠州市	1.43	1.42	－0.01	－0.49
汕尾市	1.74	1.88	0.14	8.32
东莞市	1.80	1.76	－0.04	－2.39
中山市	1.89	1.69	－0.21	－10.89
江门市	1.28	1.21	－0.07	－5.41
阳江市	1.33	1.31	－0.02	－1.47
湛江市	1.05	1.07	0.02	1.94
茂名市	1.75	1.88	0.13	7.43
肇庆市	1.63	1.98	0.35	21.47
清远市	1.67	1.75	0.07	4.47
潮州市	1.55	1.49	－0.06	－3.66
揭阳市	1.35	1.27	－0.08	－5.97
云浮市	1.79	2.18	0.39	21.58

附表3－9 广东省分地市中等职业教育生均实验室和实习场地面积情况

单位：平方米

地区	生均实验室和实习场地面积			
	2018年	2019年	增加	增长率（%）
全省	3.82	4.05	0.23	5.99
珠江三角洲	3.85	4.00	0.16	4.08
东翼	4.03	4.35	0.33	8.10
西翼	3.48	3.70	0.23	6.53
山区	3.94	4.43	0.49	12.48
广州市	3.33	3.23	-0.11	-3.24
深圳市	4.13	4.77	0.63	15.35
珠海市	3.54	3.76	0.22	6.25
汕头市	3.94	4.78	0.84	21.30
佛山市	6.32	6.19	-0.13	-2.09
韶关市	4.54	4.89	0.35	7.68
河源市	3.74	3.89	0.15	3.90
梅州市	3.54	3.97	0.43	12.19
惠州市	3.28	3.66	0.38	11.72
汕尾市	3.97	3.44	-0.52	-13.17
东莞市	3.35	4.46	1.11	32.99
中山市	3.39	4.06	0.67	19.84
江门市	3.92	4.45	0.52	13.35
阳江市	2.13	2.19	0.06	2.84
湛江市	2.65	2.99	0.34	12.73
茂名市	4.68	4.71	0.03	0.59
肇庆市	3.96	3.02	-0.94	-23.74
清远市	4.84	5.20	0.36	7.52
潮州市	3.90	3.78	-0.12	-3.02
揭阳市	4.21	4.51	0.29	7.00
云浮市	2.50	3.71	1.21	48.50

附表 3－10　广东省分地市普通高中教育生均运动场地面积情况

单位：平方米

地区	生均运动场地面积			
	2018 年	2019 年	增加	增长率（%）
全省	12.39	12.56	0.17	1.41
珠江三角洲	12.82	13.08	0.26	2.03
东翼	10.28	10.45	0.17	1.68
西翼	11.63	12.03	0.41	3.49
山区	14.62	14.24	－0.38	－2.59
广州市	14.27	14.86	0.60	4.20
深圳市	15.20	15.29	0.09	0.58
珠海市	7.97	8.58	0.62	7.77
汕头市	9.76	10.48	0.72	7.38
佛山市	13.40	13.44	0.04	0.29
韶关市	12.58	12.65	0.07	0.57
河源市	11.17	9.41	－1.76	－15.77
梅州市	18.22	17.55	－0.67	－3.65
惠州市	9.31	9.30	－0.02	－0.18
汕尾市	12.31	14.13	1.82	14.75
东莞市	12.50	12.81	0.30	2.41
中山市	13.67	13.77	0.10	0.74
江门市	13.03	12.88	－0.15	－1.15
阳江市	10.09	11.32	1.22	12.10
湛江市	12.12	11.33	－0.79	－6.51
茂名市	11.62	12.82	1.21	10.37
肇庆市	10.30	11.30	0.99	9.66
清远市	16.63	16.99	0.36	2.16
潮州市	11.06	11.50	0.44	3.97
揭阳市	9.63	8.45	－1.18	－12.22
云浮市	12.01	12.86	0.85	7.06

附表 3-11　广东省分地市中等职业教育生均运动场地面积情况

单位：平方米

地区	生均运动场地面积			
	2018 年	2019 年	增加	增长率（%）
全省	6.24	6.12	-0.13	-2.05
珠江三角洲	5.77	5.65	-0.12	-2.05
东翼	7.28	7.88	0.60	8.24
西翼	6.97	6.13	-0.84	-12.05
山区	6.78	6.94	0.15	2.27
广州市	3.81	3.89	0.07	1.96
深圳市	5.70	5.85	0.15	2.72
珠海市	8.16	8.71	0.55	6.75
汕头市	5.09	6.60	1.51	29.69
佛山市	9.41	8.20	-1.21	-12.83
韶关市	7.31	7.57	0.26	3.52
河源市	4.22	5.27	1.06	25.07
梅州市	8.19	7.59	-0.60	-7.28
惠州市	4.67	4.85	0.18	3.75
汕尾市	10.56	9.21	-1.35	-12.81
东莞市	6.65	6.91	0.26	3.89
中山市	9.97	7.89	-2.08	-20.86
江门市	8.48	9.33	0.85	9.99
阳江市	9.46	9.73	0.27	2.90
湛江市	7.06	5.64	-1.42	-20.11
茂名市	6.27	5.82	-0.46	-7.30
肇庆市	4.00	3.39	-0.61	-15.21
清远市	7.03	7.11	0.07	1.05
潮州市	9.71	8.51	-1.20	-12.32
揭阳市	8.08	8.48	0.40	4.99
云浮市	6.50	6.62	0.12	1.89

附表 3 - 12　广东省分地市普通高中教育生均图书量情况

单位：册

地区	生均图书量			
	2018 年	2019 年	增加	增长率（%）
全省	63. 11	61. 74	-1. 37	-2. 17
珠江三角洲	61. 78	61. 16	-0. 62	-1. 01
东翼	66. 78	64. 98	-1. 79	-2. 68
西翼	62. 95	61. 04	-1. 92	-3. 04
山区	62. 40	60. 21	-2. 20	-3. 52
广州市	85. 26	87. 91	2. 66	3. 12
深圳市	76. 65	75. 81	-0. 84	-1. 10
珠海市	32. 60	32. 18	-0. 41	-1. 27
汕头市	75. 47	75. 51	0. 04	0. 05
佛山市	51. 80	52. 75	0. 94	1. 82
韶关市	59. 59	55. 99	-3. 60	-6. 03
河源市	47. 01	46. 02	-1. 00	-2. 12
梅州市	77. 46	71. 92	-5. 54	-7. 15
惠州市	45. 79	41. 84	-3. 95	-8. 63
汕尾市	69. 91	68. 30	-1. 61	-2. 30
东莞市	48. 23	46. 84	-1. 38	-2. 87
中山市	48. 80	47. 88	-0. 92	-1. 88
江门市	56. 41	56. 10	-0. 31	-0. 55
阳江市	47. 98	45. 13	-2. 86	-5. 95
湛江市	64. 73	64. 45	-0. 28	-0. 43
茂名市	65. 50	62. 78	-2. 72	-4. 15
肇庆市	59. 90	57. 66	-2. 24	-3. 74
清远市	60. 51	59. 65	-0. 86	-1. 42
潮州市	60. 44	59. 20	-1. 24	-2. 06
揭阳市	58. 41	54. 37	-4. 04	-6. 92
云浮市	61. 63	64. 60	2. 96	4. 81

附表 3－13　广东省分地市中等职业教育生均图书量情况

单位：册

地区	生均图书量			
	2018 年	2019 年	增加	增长率（%）
全省	29. 15	28. 83	－0. 32	－1. 08
珠江三角洲	28. 51	28. 85	0. 34	1. 19
东翼	29. 99	31. 62	1. 63	5. 43
西翼	27. 60	24. 80	－2. 80	－10. 15
山区	32. 95	31. 32	－1. 63	－4. 96
广州市	30. 95	31. 28	0. 33	1. 08
深圳市	28. 69	29. 09	0. 40	1. 39
珠海市	18. 88	20. 25	1. 37	7. 25
汕头市	29. 94	33. 38	3. 44	11. 48
佛山市	33. 58	30. 68	－2. 90	－8. 62
韶关市	34. 77	30. 57	－4. 21	－12. 09
河源市	24. 46	24. 20	－0. 25	－1. 03
梅州市	34. 36	34. 35	－0. 02	－0. 05
惠州市	20. 10	21. 15	1. 06	5. 26
汕尾市	36. 82	35. 43	－1. 38	－3. 76
东莞市	22. 69	24. 91	2. 23	9. 81
中山市	33. 58	32. 14	－1. 43	－4. 26
江门市	27. 10	29. 58	2. 48	9. 16
阳江市	14. 82	16. 73	1. 91	12. 90
湛江市	28. 54	21. 28	－7. 27	－25. 46
茂名市	29. 71	29. 88	0. 18	0. 60
肇庆市	30. 94	30. 41	－0. 53	－1. 71
清远市	36. 25	34. 10	－2. 15	－5. 92
潮州市	40. 00	39. 02	－0. 98	－2. 45
揭阳市	23. 67	25. 00	1. 33	5. 62
云浮市	32. 78	32. 12	－0. 66	－2. 00

附表 3-14　广东省分地市普通高中教育生均教学、实习仪器设备资产值

单位：元

地区	生均教学、实习仪器设备资产值			
	2018 年	2019 年	增加	增长率（%）
全省	5689.0616	6115.8174	426.76	7.50
珠江三角洲	8029.6567	8616.4054	586.75	7.31
东翼	4498.5684	4618.487	119.92	2.67
西翼	3021.3335	3254.8521	233.52	7.73
山区	3949.2562	4297.7506	348.49	8.82
广州市	8551.3226	9732.86	1181.54	13.82
深圳市	17 947.607	19 640.7063	1693.10	9.43
珠海市	3647.5873	2999.7869	-647.80	-17.76
汕头市	5060.0277	5471.8502	411.82	8.14
佛山市	6373.4816	6240.9346	-132.55	-2.08
韶关市	4113.9253	5122.5732	1008.65	24.52
河源市	3815.5145	3256.1998	-559.31	-14.66
梅州市	4095.2572	4538.9528	443.70	10.83
惠州市	4121.4743	4684.4321	562.96	13.66
汕尾市	5572.1151	4894.4952	-677.62	-12.16
东莞市	7155.0695	6736	-419.07	-5.86
中山市	5374.3368	5460.5566	86.22	1.60
江门市	4529.4255	4655.6313	126.21	2.79
阳江市	2553.9126	3130.2026	576.29	22.56
湛江市	3054.3633	2994.8228	-59.54	-1.95
茂名市	3119.9828	3508.0618	388.08	12.44
肇庆市	4736.7135	5316.7702	580.06	12.25
清远市	3964.7719	4480.4131	515.64	13.01
潮州市	3337.797	3704.62	366.82	10.99
揭阳市	3857.7506	3926.7322	68.98	1.79
云浮市	3656.3507	4166.0752	509.72	13.94

附表 3－15 广东省分地市中等职业教育生均教学、实习仪器设备资产值

单位：元

地区	生均教学、实习仪器设备资产值			
	2018 年	2019 年	增加	增长率（%）
全省	10 830. 95	10 090. 27	－740. 69	－6. 84
珠江三角洲	12 839. 80	11 002. 69	－1837. 11	－14. 31
东翼	7129. 36	8518. 57	1389. 21	19. 49
西翼	6516. 35	7102. 18	585. 83	8. 99
山区	9420. 82	10 474. 28	1053. 47	11. 18
广州市	17 458. 97	10 416. 81	－7042. 15	－40. 34
深圳市	17 416. 93	18 652. 75	1235. 82	7. 10
珠海市	10 198. 73	10 977. 82	779. 08	7. 64
汕头市	6407. 72	9474. 54	3066. 82	47. 86
佛山市	14 958. 87	14 655. 96	－302. 91	－2. 02
韶关市	10 364. 78	11 216. 20	851. 42	8. 21
河源市	6837. 29	7457. 31	620. 02	9. 07
梅州市	7379. 54	8191. 79	812. 25	11. 01
惠州市	5319. 92	5588. 82	268. 89	5. 05
汕尾市	7032. 32	6597. 05	－435. 27	－6. 19
东莞市	10 248. 74	13 790. 94	3542. 19	34. 56
中山市	9709. 11	7658. 83	－2050. 28	－21. 12
江门市	9796. 14	11 655. 44	1859. 30	18. 98
阳江市	11 008. 60	15 691. 45	4682. 85	42. 54
湛江市	5542. 06	6259. 20	717. 14	12. 94
茂名市	6458. 56	6033. 19	－425. 37	－6. 59
肇庆市	5782. 50	5997. 09	214. 59	3. 71
清远市	11 140. 82	11 825. 29	684. 47	6. 14
潮州市	9948. 65	9892. 75	－55. 90	－0. 56
揭阳市	7229. 32	7916. 06	686. 74	9. 50
云浮市	11 337. 43	14 149. 52	2812. 09	24. 80

附表 3－16　广东省分地市普通高中教育信息化水平

地区	生均电子图书（GB）			每百名学生拥有教学用计算机（台）		
	2018 年	2019 年	增加（%）	2018 年	2019 年	增长率（%）
全省	75.01	78.62	4.81	31.58	33.30	5.44
珠江三角洲	132.89	137.67	3.60	34.62	36.91	6.61
东翼	50.60	60.05	18.68	33.64	35.40	5.23
西翼	8.09	8.16	0.86	26.30	27.64	5.08
山区	27.06	19.08	－29.51	27.02	27.27	0.93
广州市	36.87	36.77	－0.26	38.38	46.50	21.16
深圳市	66.14	146.13	120.95	52.58	57.67	9.70
珠海市	3.76	0.19	－95.02	22.10	22.91	3.64
汕头市	35.10	45.88	30.71	36.39	38.78	6.58
佛山市	64.34	19.55	－69.61	32.09	33.55	4.54
韶关市	49.05	14.17	－71.11	19.76	21.15	7.01
河源市	12.97	12.67	－2.37	21.18	21.32	0.69
梅州市	43.98	37.32	－15.14	30.73	29.90	－2.70
惠州市	24.84	23.01	－7.35	18.25	18.78	2.87
汕尾市	7.74	22.86	195.49	26.19	28.43	8.56
东莞市	880.95	835.65	－5.14	30.34	30.33	－0.02
中山市	140.52	149.44	6.35	36.16	33.09	－8.48
江门市	30.58	30.44	－0.47	30.05	29.57	－1.58
阳江市	28.32	27.83	－1.75	22.89	24.06	5.09
湛江市	5.72	5.16	－9.76	25.66	24.75	－3.51
茂名市	4.62	4.98	7.78	27.79	31.09	11.88
肇庆市	21.64	32.32	49.35	32.37	30.05	－7.16
清远市	15.33	13.64	－11.03	25.01	26.25	4.98
潮州市	61.53	83.46	35.64	31.82	35.52	11.63
揭阳市	82.52	82.35	－0.21	34.74	34.66	－0.21
云浮市	7.97	8.33	4.48	39.28	39.22	－0.16

附表 3－17　广东省分地市中等职业教育信息化水平

地区	生均电子图书（GB）			每百名学生拥有教学用计算机（台）		
	2018 年	2019 年	增加（%）	2018 年	2019 年	增长率(%)
全省	50.41	50.38	－0.06%	33.08	34.64	4.73%
珠江三角洲	71.45	71.37	－0.11%	37.33	38.52	3.17%
东翼	22.47	20.10	－10.52%	34.51	39.19	13.55%
西翼	13.12	15.23	16.07%	21.52	22.24	3.34%
山区	19.53	19.18	－1.76%	26.05	28.70	10.16%
广州市	27.52	17.60	－36.06%	34.36	36.71	6.84%
深圳市	11.94	9.40	－21.23%	54.52	52.37	－3.96%
珠海市	5.48	14.71	168.35%	49.01	38.85	－20.73%
汕头市	19.45	24.01	23.47%	30.60	40.00	30.71%
佛山市	27.62	24.26	－12.15%	50.23	47.43	－5.57%
韶关市	15.74	11.77	－25.21%	27.51	31.82	15.66%
河源市	19.08	18.89	－0.99%	22.40	25.05	11.85%
梅州市	8.14	8.48	4.20%	25.80	26.35	2.13%
惠州市	19.96	17.52	－12.22%	21.87	20.18	－7.74%
汕尾市	63.13	11.17	－82.31%	34.61	33.08	－4.42%
东莞市	395.07	438.13	10.90%	39.01	50.05	28.28%
中山市	161.77	132.70	－17.97%	50.42	45.31	－10.14%
江门市	24.59	31.05	26.24%	33.40	37.29	11.67%
阳江市	15.30	16.12	5.35%	20.82	21.98	5.57%
湛江市	20.39	26.18	28.44%	22.64	25.58	13.01%
茂名市	4.87	4.66	－4.16%	20.51	19.13	－6.71%
肇庆市	26.57	31.50	18.55%	26.60	25.77	－3.13%
清远市	26.32	28.65	8.83%	28.75	32.42	12.77%
潮州市	1.26	1.32	4.78%	53.84	52.79	－1.94%
揭阳市	16.06	26.49	64.97%	33.41	36.80	10.14%
云浮市	31.46	32.91	4.58%	24.28	25.11	3.39%

四、高等教育有关表格

附表4－1　广东省各高等院校研究生规模发展情况

单位：人

学校	招生			在校生		
	2018年	2019年	增长率（%）	2018年	2019年	增长率（%）
中山大学	8218	9269	12.79	22 665	25 828	13.96
华南理工大学	6584	6495	－1.35	17 836	19 730	10.62
暨南大学	3837	4148	8.11	10 959	11 920	8.77
华南农业大学	2279	2358	3.47	5690	6554	15.18
南方医科大学	1767	1833	3.74	5249	5564	6.00
广州中医药大学	1534	1607	4.76	4359	4675	7.25
华南师范大学	3933	4147	5.44	10392	11 560	11.24
广东工业大学	2599	2778	6.89	6928	7983	15.23
广东外语外贸大学	1306	1326	1.53	3414	3624	6.15
汕头大学	1086	1389	27.90	3243	3698	14.03
广东财经大学	783	811	3.58	1914	1956	2.19
广东海洋大学	323	475	47.06	784	1299	65.69
广东医科大学	411	413	0.49	1211	990	－18.25
仲恺农业工程学院	353	367	3.97	695	936	34.68
广东药科大学	553	466	－15.73	1398	1458	4.29
星海音乐学院	121	125	3.31	290	344	18.62
广州美术学院	254	294	15.75	758	814	7.39
广州体育学院	315	316	0.32	812	924	13.79
广东技术师范大学	307	312	1.63	759	841	10.80
广东金融学院	27	72	166.67	149	172	15.44
广州大学	1698	1803	6.18	4217	4754	12.73
广州医科大学	776	868	11.86	2273	2427	6.78
深圳大学	2848	3000	5.34	7531	8638	14.70
南方科技大学	—	931	—	—	931	—
佛山科学技术学院	284	535	88.38	497	925	86.12
五邑大学	207	225	8.70	472	582	23.31
东莞理工学院	—	77	—	—	77	—

注：除以上院校外，其他院校各项数据皆为0

附表 4－2 广东省各高等院校普通本专科生规模发展情况

单位：人

学校	招生			在校生		
	2018 年	2019 年	增长率（%）	2018 年	2019 年	增长率（%）
中山大学	7712	7756	0.57	32 307	32 160	－0.46
华南理工大学	6124	6412	4.70	24 861	25 177	1.27
暨南大学	6353	6263	－1.42	25 319	25 863	2.15
华南农业大学	8897	9807	10.23	36 317	37 199	2.43
南方医科大学	3116	3152	1.16	13 736	13 851	0.84
广州中医药大学	2953	2958	0.17	13 003	12 554	－3.45
华南师范大学	6261	6965	11.24	24 674	25 643	3.93
广东工业大学	9029	9319	3.21	36 404	36 184	－0.60
广东外语外贸大学	4931	4953	0.45	19 704	19 749	0.23
汕头大学	2266	3016	33.10	7930	9161	15.52
广东财经大学	5887	5945	0.99	25 236	23 829	－5.58
广东医科大学	4591	5324	20.38	18 340	19 871	8.35
广东海洋大学	7565	9107	15.97	31 187	31 988	2.57
仲恺农业工程学院	5136	5908	15.03	20 606	21 097	2.38
广东药科大学	6192	3083	－50.21	20 925	20 858	－0.32
星海音乐学院	1235	1276	3.32	4497	4818	7.14
广州美术学院	1282	1461	13.96	5351	5427	1.42
广州体育学院	1611	1860	15.46	6627	6622	－0.08
广东技术师范大学	8605	7763	－9.79	19 078	22 805	19.54
岭南师范学院	7176	5905	－17.71	26 595	25 640	－3.59
韩山师范学院	5462	4808	－11.97	18 733	18 318	－2.22
广东石油化工学院	5578	5048	－9.50	21 384	20 623	－3.56
广东金融学院	5875	3962	－32.56	22 624	20 916	－7.55
广东警官学院	1706	1683	－1.35	6574	6718	2.19
广东第二师范学院	3425	3535	3.21	12 743	13 202	3.60
广东白云学院	5410	6966	28.76	18 969	21 223	11.88
广东培正学院	4489	4653	3.65	15 460	16 572	7.19
广东科技学院	4861	7767	59.78	17 605	20 760	17.92
广州商学院	3650	4435	21.51	17 619	16 799	－4.65

续附表4－2

学校	招生			在校生		
	2018年	2019年	增长率（%）	2018年	2019年	增长率（%）
广东东软学院	2495	2920	17.03	9189	9750	6.11
广州工商学院	6839	6656	－2.68	24 017	24 983	4.02
广东理工学院	8573	8827	2.96	27 587	30 549	10.74
北京师范大学－香港浸会大学联合国际学院	1692	1633	－3.49	5960	6235	4.61
香港中文大学（深圳）	1142	1226	7.36	3474	4114	18.42
深圳北理莫斯科大学	128	178	39.06	3474	417	－88.00
广东以色列理工学院	263	265	0.76	240	730	204.17
广州科技职业技术大学	6032	9823	62.85	22 006	18 611	－15.43
广东工商职业技术大学	4856	6594	35.79	10 321	13 080	26.73
北京师范大学珠海分校	5612	3012	－46.33	22 750	19 402	－14.72
电子科技大学中山学院	5135	5475	6.62	18 943	19 503	2.96
北京理工大学珠海学院	6663	5067	－23.95	26 403	24 654	－6.62
吉林大学珠海学院	8525	8105	－4.93	31 200	31 126	－0.24
广东工业大学华立学院	4681	5498	17.45	15 172	17 858	17.70
广州大学松田学院	2956	3938	33.22	9280	10 534	13.51
东莞理工学院城市学院	5890	5926	0.61	21 175	21 624	2.12
中山大学新华学院	6285	5354	－14.81	23 188	22 721	－2.01
中山大学南方学院	5183	5105	－1.50	19 232	19 590	1.86
华南理工大学广州学院	5694	5751	1.00	13 003	22 232	70.98
华南农业大学珠江学院	3302	4070	23.26	12 285	12 576	2.37
广东外语外贸大学南国商学院	2338	2447	4.66	9178	9242	0.70
广东财经大学华商学院	6289	7495	19.18	22 702	24 095	6.14
广东海洋大学寸金学院	5174	4554	－11.98	22 168	21 004	－5.25
广东技术师范学院天河学院	1864	854	－54.18	13 003	11 097	－14.66
广州大学华软软件学院	3825	3620	－5.36	14 503	14 284	－1.51

续附表 4－2

学校	招生			在校生		
	2018 年	2019 年	增长率（%）	2018 年	2019 年	增长率（%）
广州大学	9615	9667	0. 54	36 895	36 369	－1. 43
广州医科大学	2074	2074	0. 00	8725	9004	3. 20
深圳大学	7350	6739	－8. 31	28 809	28 632	－0. 61
南方科技大学	4761	1060	－77. 74	3974	4178	5. 13
韶关学院	4180	7263	73. 76	27 157	26 567	－2. 17
嘉应学院	4470	8742	95. 57	25 018	25 969	3. 80
惠州学院	4360	5266	20. 78	16 798	17 812	6. 04
东莞理工学院	1030	4578	344. 47	20 338	19 403	－4. 60
五邑大学	5026	4992	－0. 68	19 193	19 057	－0. 71
佛山科学技术学院	6592	4759	－27. 81	17 489	18 322	4. 76
肇庆学院	5749	4843	－15. 76	21 445	20 202	－5. 80
广州航海学院	3399	2684	－21. 04	13 580	13 682	0. 75
深圳技术大学	—	805	—	—	805	—
广州民航职业技术学院	4108	4150	1. 02	12 546	12 363	－1. 46
广东轻工职业技术学院	6456	8332	29. 06	19 598	21 495	9. 68
广东省外语艺术职业学院	2963	4156	40. 26	8546	10 027	17. 33
广东机电职业技术学院	5219	5614	7. 57	14 201	15 246	7. 36
广东工贸职业技术学院	4952	6759	36. 49	14 685	16 455	12. 05
广东交通职业技术学院	4917	5945	20. 91	13 484	15 565	15. 43
广东水利电力职业技术学院	4795	5435	13. 35	13 850	15 509	11. 98
广东司法警官职业学院	1552	4052	161. 08	4025	4551	13. 07
广东女子职业技术学院	1799	9895	450. 03	6153	6997	13. 72
广东农工商职业技术学院	6598	6703	1. 59	18 688	20 151	7. 83
广东邮电职业技术学院	1627	3275	101. 29	4448	4838	8. 77
广东松山职业技术学院	3188	7180	125. 22	9107	9468	3. 96
广东建设职业技术学院	2678	6672	149. 14	8478	11 237	32. 54
广东职业技术学院	4487	8735	94. 67	12 960	14 627	12. 86

续附表 4－2

学校	招生			在校生		
	2018 年	2019 年	增长率（%）	2018 年	2019 年	增长率（%）
广东科学技术职业学院	7535	6338	－15. 89	22 164	23 971	8. 15
广东行政职业学院	1921	1874	－2. 45	4246	3728	－12. 20
广东体育职业技术学院	1158	1004	－13. 30	3231	3561	10. 21
广东食品药品职业学院	5017	1253	－75. 02	14 048	18 543	32. 00
广东文艺职业学院	1324	1201	－9. 29	3867	3853	－0. 36
广东理工职业学院	3932	2878	－26. 81	11 836	11 922	0. 65
广东工程职业技术学院	3605	7652	112. 26	10 463	14 038	34. 17
广东科贸职业学院	3131	1755	－43. 95	9755	13 290	36. 24
广东环境保护工程职业学院	3206	3974	23. 96	10 124	10 677	5. 46
广东青年职业学院	1775	1301	－26. 70	4479	3961	－11. 57
广东舞蹈戏剧职业学院	753	1059	40. 64	2468	2667	8. 06
广东生态工程职业学院	1936	2585	33. 52	5927	6513	9. 89
广东南华工商职业学院	3593	4501	25. 27	10 089	11 337	12. 37
广东财贸职业学院	—	1368		—	1368	—
私立华联学院	2579	3082	19. 50	8159	8800	7. 86
潮汕职业技术学院	2145	659	－69. 28	5803	4938	－14. 91
广东新安职业技术学院	1765	1514	－14. 22	4545	4623	1. 72
广东亚视演艺职业学院	1056	1143	8. 24	2944	3567	21. 16
广东岭南职业技术学院	6559	6791	3. 54	19 797	20 451	3. 30
广州康大职业技术学院	—	668	—	394	1060	169. 04
珠海艺术职业学院	1827	1503	－17. 73	5015	4946	－1. 38
广州涉外经济职业技术学院	3092	3868	25. 10	9465	10 136	7. 09
广州南洋理工职业学院	3713	4068	9. 56	11 235	11775	4. 81
惠州经济职业技术学院	3680	2170	－41. 03	11 040	9576	－13. 26
广州现代信息工程职业技术学院	2569	3370	31. 18	7416	8369	12. 85
广州华南商贸职业学院	1724	1700	－1. 39	6311	6368	0. 90

续附表 4－2

学校	招生			在校生		
	2018 年	2019 年	增长率（%）	2018 年	2019 年	增长率（%）
广州华立科技职业学院	4744	5339	12. 54	13 158	14254	8. 33
广州珠江职业技术学院	3374	1739	－48. 46	8558	7815	－8. 68
广州松田职业学院	1087	1582	45. 54	3475	4089	17. 67
广东文理职业学院	4104	1245	－69. 66	11 191	8545	－23. 64
广州城建职业学院	6594	7010	6. 31	18 999	19 856	4. 51
广东南方职业学院	3888	2411	－37. 99	10 449	9607	－8. 06
广州华商职业学院	3335	4455	33. 58	9573	10 682	11. 58
广州华夏职业学院	4947	4782	－3. 34	13 113	13 469	2. 71
广州东华职业学院	3571	1193	－66. 59	9633	7348	－23. 72
广东创新科技职业学院	4597	1463	－68. 17	12 262	9084	－25. 92
广东信息工程职业学院	755	648	－14. 17	2226	2203	－1. 03
广东碧桂园职业学院	405	530	30. 86	1247	1400	12. 27
广东酒店管理职业技术学院	3426	1262	－63. 16	5408	5592	3. 40
广州番禺职业技术学院	4097	4378	6. 86	11 769	12 085	2. 69
广州体育职业技术学院	996	741	－25. 60	2346	2244	－4. 35
广州工程技术职业学院	2774	2775	0. 04	7953	8051	1. 23
广州铁路职业技术学院	2594	3339	28. 72	7928	8420	6. 21
广州城市职业学院	3038	3910	28. 70	8410	9126	8. 51
广州科技贸易职业学院	2653	3287	23. 90	6016	7481	24. 35
广州卫生职业技术学院	1597	1856	16. 22	4735	5079	7. 27
深圳职业技术学院	7295	8868	21. 56	21 964	23 417	6. 62
深圳信息职业技术学院	5439	6799	25. 00	15 718	17 467	11. 13
珠海城市职业技术学院	2090	2293	9. 71	6136	6241	1. 71
汕头职业技术学院	3615	3986	10. 26	9958	10 874	9. 20
佛山职业技术学院	2644	3018	14. 15	8175	8516	4. 17

续附表4－2

学校	招生			在校生		
	2018年	2019年	增长率（%）	2018年	2019年	增长率（%）
河源职业技术学院	4463	5023	12.55	12 347	13 352	8.14
惠州卫生职业技术学院	1661	1757	5.78	4802	5020	4.54
惠州城市职业学院	3423	4523	32.14	8322	10 403	25.01
惠州工程职业学院	2247	3295	46.64	3056	6349	107.76
汕尾职业技术学院	2683	3149	17.37	6562	7823	19.22
东莞职业技术学院	3764	4766	26.62	9791	11 567	18.14
中山火炬职业技术学院	2583	2400	－7.08	6800	7040	3.53
中山职业技术学院	2282	3934	72.39	7362	8600	16.82
江门职业技术学院	4399	4667	6.09	12 001	12 572	4.76
广东江门中医药职业学院	1754	3202	82.55	2592	5767	122.49
阳江职业技术学院	3821	3533	－7.54	10 719	11 123	3.77
湛江幼儿师范专科学校	2658	1830	－31.15	5121	6271	22.46
茂名职业技术学院	5708	5131	－10.11	14 453	15 500	7.24
广东茂名健康职业学院	1283	1782	38.89	3999	4700	17.53
广东茂名幼儿师范专科学校	3117	3558	14.15	7156	9145	27.79
肇庆医学高等专科学校	3575	3324	－7.02	9186	9345	1.73
清远职业技术学院	4236	3948	－6.80	11 400	11 640	2.11
揭阳职业技术学院	1985	2498	25.84	5591	5855	4.72
罗定职业技术学院	3627	3181	－12.30	9493	9638	1.53
顺德职业技术学院	5595	6309	12.76	14 793	16 028	8.35
广东江门幼儿师范高等专科学校	—	988	—	—	988	—
广东茂名农林科技职业学院	898	3212	257.68	898	4099	356.46

附表 4－3 广东省各高等院校研究生和普通本专科毕业生增长情况

单位：人

学校	研究生毕业生			普通本专科毕业生		
	2018 年	2019 年	增长率（%）	2018 年	2019 年	增长率（%）
中山大学	5615	5612	－0.05	7485	7424	－0.81
华南理工大学	4027	4147	2.98	5694	5712	0.32
暨南大学	3067	3104	1.21	5252	5391	2.65
华南农业大学	1499	1428	－4.74	8984	8783	－2.24
南方医科大学	1328	1419	6.85	2900	2881	－0.66
广州中医药大学	1283	1259	－1.87	3165	3303	4.36
华南师范大学	2641	2939	11.28	6335	5904	－6.80
广东工业大学	1391	1609	15.67	10105	9063	－10.31
广东外语外贸大学	1044	1108	6.13	5091	4768	－6.34
汕头大学	907	913	0.66	1727	1752	1.45
广东财经大学	595	759	27.56	6709	6770	0.91
广东海洋大学	182	196	7.69	7418	7731	4.22
广东医科大学	374	384	2.67	4283	3633	－15.18
仲恺农业工程学院	96	121	26.04	4740	5222	10.17
广东药科大学	391	405	3.58	5116	3083	－39.74
星海音乐学院	80	68	－15.00	996	985	－1.10
广州美术学院	210	240	14.29	1176	1317	11.99
广州体育学院	209	204	－2.39	1490	1749	17.38
广东技术师范学院	116	224	93.10	5497	3946	－28.22
广东金融学院	—	49	—	5398	5542	2.67
广州大学	1069	1222	14.31	9115	9730	6.75
广州医科大学	654	682	4.28	2720	1808	6.75
深圳大学	1756	1772	0.91	6780	6456	－33.53
佛山科学技术学院	99	104	5.05	3641	3830	5.02

续附表 4－3

学校	研究生毕业生			普通本专科毕业生		
	2018 年	2019 年	增长率（%）	2018 年	2019 年	增长率（%）
五邑大学	142	106	－25. 35	4173	4459	6. 85
嘉应学院	—	—	—	6919	7701	11. 30
惠州学院	—	—	—	4113	4339	5. 49
东莞理工学院	—	—	—	3925	4827	22. 98
肇庆学院	—	—	—	5647	6046	7. 07
南方科技大学	—	—	—	552	803	45. 47
韶关学院	—	—	—	8014	7740	－3. 42
广州航海学院	—	—	—	2544	2362	－7. 15
深圳技术大学	—	—	—	—	—	—
韩山师范学院	—	—	—	5542	5083	－8. 28
广东石油化工学院	—	—	—	7108	5664	－20. 32
岭南师范学院	—	—	—	7534	6780	－10. 01
广东警官学院	—	—	—	1401	1504	7. 35
广东第二师范学院	—	—	—	2144	2934	36. 85
北京师范大学－香港浸会大学联合国际学院	—	—	—	1190	1310	10. 08
香港中文大学（深圳）	—	—	—	264	550	108. 33
深圳北理莫斯科大学	—	—	—	—	—	—
广东以色列理工学院	—	—	—	—	—	—
广东培正学院	—	—	—	4004	3469	－13. 36
广东白云学院	—	—	—	4237	4417	4. 25
广东科技学院	—	—	—	4385	4401	0. 36
广州商学院	—	—	—	3975	5051	27. 07
广东东软学院	—	—	—	2540	2279	－10. 28
广州工商学院	—	—	—	4558	5472	20. 05
广东理工学院	—	—	—	4902	5729	16. 87

续附表 4-3

学校	研究生毕业生			普通本专科毕业生		
	2018 年	2019 年	增长率（%）	2018 年	2019 年	增长率（%）
广州科技职业技术大学	—	—	—	4330	3267	-24.55
广东工商职业技术大学	—	—	—	4138	3825	-7.56
北京师范大学珠海分校	—	—	—	5548	5576	0.50
电子科技大学中山学院	—	—	—	4449	4650	4.52
北京理工大学珠海学院	—	—	—	5582	5934	6.31
吉林大学珠海学院	—	—	—	7051	8022	13.77
广东工业大学华立学院	—	—	—	2464	2618	6.25
广州大学松田学院	—	—	—	2344	2418	3.16
东莞理工学院城市学院	—	—	—	4739	5299	11.82
中山大学新华学院	—	—	—	5057	5401	6.80
中山大学南方学院	—	—	—	4052	4528	11.75
华南理工大学广州学院	—	—	—	4780	5104	6.78
华南农业大学珠江学院	—	—	—	2682	3645	35.91
广东外语外贸大学南国商学院	—	—	—	2035	2256	10.86
广东财经大学华商学院	—	—	—	5317	6380	19.99
广东海洋大学寸金学院	—	—	—	4796	5503	14.74
广东技术师范学院天河学院	—	—	—	3007	2632	-12.47
广州大学华软软件学院	—	—	—	3480	3826	9.94
广州民航职业技术学院	—	—	—	3939	4155	5.48
广东轻工职业技术学院	—	—	—	7506	6245	-16.80
广东省外语艺术职业学院	—	—	—	2582	2610	1.08
广东机电职业技术学院	—	—	—	5135	4281	-16.63
广东工贸职业技术学院	—	—	—	5231	4711	-9.94
广东交通职业技术学院	—	—	—	4450	4257	-4.34
广东水利电力职业技术学院	—	—	—	4881	4259	-12.74

续附表 4-3

学校	研究生毕业生			普通本专科毕业生		
	2018 年	2019 年	增长率(%)	2018 年	2019 年	增长率(%)
广东司法警官职业学院	—	—	—	1614	1381	-14.44
广东女子职业技术学院	—	—	—	2380	2005	-15.76
广东农工商职业技术学院	—	—	—	5869	5577	-4.98
广东邮电职业技术学院	—	—	—	1388	1228	-11.53
广东松山职业技术学院	—	—	—	3257	2841	-12.77
广东建设职业技术学院	—	—	—	2460	2623	6.63
广东职业技术学院	—	—	—	4647	3889	-16.31
广东行政职业学院	—	—	—	910	1490	63.74
广东体育职业技术学院	—	—	—	1070	773	-27.76
广东食品药品职业学院	—	—	—	4911	3911	-20.36
广东文艺职业学院	—	—	—	1402	1077	-23.18
广东理工职业学院	—	—	—	3673	3734	1.66
广东科学技术职业学院	—	—	—	7659	7958	3.90
广东工程职业技术学院	—	—	—	2371	3394	43.15
广东科贸职业学院	—	—	—	2935	3045	3.75
广东环境保护工程职业学院	—	—	—	3366	3211	-4.60
广东青年职业学院	—	—	—	2123	1803	-15.07
广东舞蹈戏剧职业学院	—	—	—	700	765	9.29
广东生态工程职业学院	—	—	—	1335	1850	38.58
广东南华工商职业学院	—	—	—	3400	2993	-11.97
广东财贸职业学院	—	—	—	—	—	—
私立华联学院	—	—	—	2226	2241	0.67
潮汕职业技术学院	—	—	—	1853	1509	-18.56
广东新安职业技术学院	—	—	—	1010	1313	30.00
广东亚视演艺职业学院	—	—	—	410	471	14.88

续附表 4 – 3

学校	研究生毕业生			普通本专科毕业生		
	2018 年	2019 年	增长率（%）	2018 年	2019 年	增长率（%）
广东岭南职业技术学院	—	—	—	4850	5655	16.60
广州康大职业技术学院	—	—	—	1292	—	—
珠海艺术职业学院	—	—	—	949	1452	53.00
广州涉外经济职业技术学院	—	—	—	3263	2939	-9.93
广州南洋理工职业学院	—	—	—	3357	3479	3.63
惠州经济职业技术学院	—	—	—	3107	3370	8.46
广州现代信息工程职业技术学院	—	—	—	1762	2158	22.47
广州华南商贸职业学院	—	—	—	1801	1547	-14.10
广州华立科技职业学院	—	—	—	4320	4138	-4.21
广州珠江职业技术学院	—	—	—	2684	2429	-9.50
广州松田职业学院	—	—	—	1243	961	-22.69
广东文理职业学院	—	—	—	3053	3617	18.47
广州城建职业学院	—	—	—	5885	5755	-2.21
广东南方职业学院	—	—	—	2796	3145	12.48
广州华商职业学院	—	—	—	2984	3248	8.85
广州华夏职业学院	—	—	—	4172	4255	1.99
广州东华职业学院	—	—	—	2880	3214	11.60
广东创新科技职业学院	—	—	—	3949	4375	10.79
广东信息工程职业学院	—	—	—	1428	657	-53.99
广东碧桂园职业学院	—	—	—	350	365	4.29
广东酒店管理职业技术学院	—	—	—	—	697	—
广州工程技术职业学院	—	—	—	2775	2351	-15.28
广州番禺职业技术学院	—	—	—	3855	4018	4.23
广州体育职业技术学院	—	—	—	652	712	9.20
深圳职业技术学院	—	—	—	6327	6680	5.58
深圳信息职业技术学院	—	—	—	4700	4554	-3.11

续附表 4－3

学校	研究生毕业生			普通本专科毕业生		
	2018 年	2019 年	增长率（%）	2018 年	2019 年	增长率（%）
珠海城市职业技术学院	—	—	—	1851	2042	10.32
汕头职业技术学院	—	—	—	3754	2968	－20.94
佛山职业技术学院	—	—	—	2599	2673	2.85
顺德职业技术学院	—	—	—	5711	4434	－22.36
河源职业技术学院	—	—	—	4266	4094	－4.03
汕尾职业技术学院	—	—	—	2220	1835	－17.34
中山火炬职业技术学院	—	—	—	1974	2174	10.13
江门职业技术学院	—	—	—	3952	3790	－4.10
广东江门中医药职业学院	—	—	—	—	—	—
阳江职业技术学院	—	—	—	3405	3019	－11.34
茂名职业技术学院	—	—	—	3979	3726	－6.36
肇庆医学高等专科学校	—	—	—	3961	3041	－23.23
清远职业技术学院	—	—	—	4327	3609	－16.59
揭阳职业技术学院	—	—	—	2535	2167	－14.52
罗定职业技术学院	—	—	—	3562	2963	－16.82
广州城市职业学院	—	—	—	3268	2920	－10.65
广州铁路职业技术学院	—	—	—	2267	2759	21.70
广州科技贸易职业学院	—	—	—	2215	1701	－23.21
中山职业技术学院	—	—	—	2374	2357	－0.72
东莞职业技术学院	—	—	—	3303	2898	－12.26
惠州卫生职业技术学院	—	—	—	1737	1517	－12.67
惠州城市职业学院	—	—	—	1856	2403	29.47
惠州工程职业学院	—	—	—	—	—	—
广东茂名健康职业学院	—	—	—	678	1062	56.64
广州卫生职业技术学院	—	—	—	—	1465	—
广东茂名幼儿师范专科学校	—	—	—	—	1520	—
湛江幼儿师范专科学校	—	—	—	—	675	—

附表 4－4　广东省普通高校专任教师情况

单位：人

学校	2018 年	2019 年	比上年增加
中山大学	3751	4028	277
华南理工大学	2633	2683	50
暨南大学	2337	2499	162
华南农业大学	2475	2478	3
南方医科大学	1963	2044	81
广州中医药大学	1373	1449	76
华南师范大学	2157	2386	229
广东工业大学	2248	2307	59
广东外语外贸大学	1441	1588	147
汕头大学	914	1004	90
广东财经大学	1287	1595	308
广东海洋大学	1480	1289	－191
广东医科大学	1314	1464	150
仲恺农业工程学院	1097	1053	－44
广东药科大学	1407	1410	3
星海音乐学院	345	378	33
广州美术学院	521	546	25
广州体育学院	433	437	4
广东技术师范学院	996	1037	41
岭南师范学院	1582	1591	9
韩山师范学院	884	1106	222
广东石油化工学院	1020	1234	214
广东金融学院	948	1335	387
广东警官学院	295	327	32
广州大学	2160	2301	141
广州医科大学	1448	1343	－105

续附表 4 -4

学校	2018 年	2019 年	比上年增加
深圳大学	2530	2393	-137
佛山科学技术学院	1001	1158	157
韶关学院	1235	1285	50
嘉应学院	1269	1271	2
惠州学院	829	918	89
东莞理工学院	1220	1241	21
五邑大学	912	1031	119
肇庆学院	1105	1203	98
广东第二师范学院	648	651	3
南方科技大学	605	826	221
广州航海学院	617	618	1
深圳技术大学	—	204	—
广东技术师范大学天河学院	659	511	-148
广东白云学院	956	1048	92
广东培正学院	658	726	68
广东科技学院	783	862	79
广州商学院	809	777	-32
广东东软学院	420	429	9
广州工商学院	1036	1217	181
广东理工学院	1338	1517	179
北京师范大学 - 香港浸会大学联合国际学院	428	433	5
香港中文大学（深圳）	191	236	45
深圳北理莫斯科大学	51	53	2
广东以色列理工学院	28	41	13
电子科技大学中山学院	796	817	21

续附表 4 -4

学校	2018 年	2019 年	比上年增加
北京师范大学珠海分校	1001	960	-41
广东工业大学华立学院	690	755	65
广州大学松田学院	382	432	50
北京理工大学珠海学院	1084	954	-130
吉林大学珠海学院	1420	1282	-138
东莞理工学院城市学院	921	942	21
中山大学新华学院	996	1040	44
广州大学华软软件学院	586	639	53
中山大学南方学院	615	646	31
广东外语外贸大学南国商学院	449	437	-12
广东财经大学华商学院	848	924	76
广东海洋大学寸金学院	986	926	-60
华南农业大学珠江学院	484	509	25
华南理工大学广州学院	954	1014	60
广州科技职业技术大学	1050	1035	-15
广东工商职业技术大学	661	826	165
广州民航职业技术学院	563	553	-10
广东轻工职业技术学院	870	891	21
广东省外语艺术职业学院	344	362	18
广东机电职业技术学院	785	788	3
广东工贸职业技术学院	665	730	65
广东交通职业技术学院	645	667	22
广东水利电力职业技术学院	622	629	7
广东司法警官职业学院	187	199	12
广东女子职业技术学院	218	228	10
广东农工商职业技术学院	903	1044	141

续附表 4－4

学校	2018 年	2019 年	比上年增加
广东邮电职业技术学院	163	174	11
广东松山职业技术学院	433	436	3
广东建设职业技术学院	336	379	43
广东职业技术学院	575	599	24
广东科学技术职业学院	1050	1083	33
广东行政职业学院	212	193	－19
广东体育职业技术学院	177	189	12
广东食品药品职业学院	639	912	273
广东文艺职业学院	218	216	－2
广州工程技术职业学院	420	428	8
广州番禺职业技术学院	545	550	5
广州体育职业技术学院	181	182	1
深圳职业技术学院	1210	1248	38
深圳信息职业技术学院	687	686	－1
珠海城市职业技术学院	349	354	5
汕头职业技术学院	493	553	60
佛山职业技术学院	380	418	38
顺德职业技术学院	722	731	9
河源职业技术学院	540	599	59
汕尾职业技术学院	372	435	63
中山火炬职业技术学院	351	355	4
江门职业技术学院	601	598	－3
广东江门中医药职业学院	176	295	119
阳江职业技术学院	484	486	2
茂名职业技术学院	624	687	63
肇庆医学高等专科学校	542	552	10

续附表 4 -4

学校	2018 年	2019 年	比上年增加
清远职业技术学院	485	489	4
揭阳职业技术学院	331	333	2
罗定职业技术学院	455	445	-10
广东理工职业学院	465	471	6
广州城市职业学院	422	422	0
广东工程职业技术学院	446	582	136
广州铁路职业技术学院	373	372	-1
广东科贸职业学院	415	599	184
广州科技贸易职业学院	302	304	2
中山职业技术学院	445	459	14
东莞职业技术学院	485	560	75
广东环境保护工程职业学院	430	435	5
广东青年职业学院	188	166	-22
广东舞蹈戏剧职业学院	180	188	8
惠州卫生职业技术学院	198	195	-3
广东生态工程职业学院	304	356	52
惠州城市职业学院	439	492	53
惠州工程职业学院	170	300	130
广东茂名健康职业学院	172	201	29
广东茂名幼儿师范专科学校	360	439	79
广州卫生职业技术学院	194	203	9
湛江幼儿师范专科学校	228	300	72
广东南华工商职业学院	416	446	30
广东茂名农林科技职业学院	146	158	12
广东江门幼儿师范高等专科学校	—	88	—
广东财贸职业学院	—	76	—

续附表4－4

学校	2018年	2019年	比上年增加
私立华联学院	361	362	1
潮汕职业技术学院	340	273	－67
广东新安职业技术学院	191	198	7
广东亚视演艺职业学院	160	189	29
广东岭南职业技术学院	994	1021	27
广州康大职业技术学院	17	63	46
珠海艺术职业学院	227	242	15
广州涉外经济职业技术学院	452	485	33
广州南洋理工职业学院	591	661	70
惠州经济职业技术学院	475	445	－30
广州现代信息工程职业技术学院	457	470	13
广州华南商贸职业学院	283	288	5
广州华立科技职业学院	766	778	12
广州珠江职业技术学院	422	387	－35
广州松田职业学院	175	228	53
广东文理职业学院	655	530	－125
广州城建职业学院	832	895	63
广东南方职业学院	479	481	2
广州华商职业学院	405	460	55
广州华夏职业学院	572	597	25
广州东华职业学院	455	452	－3
广东创新科技职业学院	552	491	－61
广东信息工程职业学院	125	140	15
广东碧桂园职业学院	68	76	8

附表 4－5 广东省普通高校生师比

学校名称	2018 年	2019 年	比上年增加
中山大学	14. 78∶1	11. 86∶1	－3
华南理工大学	19. 74∶1	18. 47∶1	－1
暨南大学	21. 7∶1	11. 55∶1	－10
广州民航职业技术学院	17. 04∶1	17. 16∶1	0
华南农业大学	17. 77∶1	18. 98∶1	1
南方医科大学	11. 45∶1	9. 22∶1	－2
广州中医药大学	15. 39∶1	11. 42∶1	－4
华南师范大学	17. 45∶1	16. 62∶1	－1
广东工业大学	19. 8∶1	19. 46∶1	0
广东外语外贸大学	16. 62∶1	15. 04∶1	－2
汕头大学	14. 25∶1	9. 43∶1	－5
广东财经大学	21. 08∶1	15. 61∶1	－5
广东海洋大学	20. 76∶1	20. 19∶1	－1
广东医科大学	18. 23∶1	12. 79∶1	－5
仲恺农业工程学院	18. 7∶1	20. 13∶1	1
广东药科大学	16. 22∶1	13. 43∶1	－3
星海音乐学院	11. 53∶1	11. 31∶1	0
广州美术学院	12. 07∶1	11. 12∶1	－1
广州体育学院	16. 31∶1	16. 33∶1	0
广东技术师范学院	20. 99∶1	20. 49∶1	0
岭南师范学院	16. 94∶1	15. 51∶1	－1
韩山师范学院	21. 69∶1	15. 16∶1	－7
广东石油化工学院	19. 8∶1	15. 56∶1	－4
广东金融学院	24. 71∶1	14. 99∶1	－10
广东警官学院	20. 51∶1	18. 66∶1	－2
广东第二师范学院	21. 71∶1	20. 23∶1	－1
广东白云学院	19. 02∶1	18. 89∶1	0

续附表 4 – 5

学校名称	2018 年	2019 年	比上年增加
广东培正学院	19. 78: 1	19. 70: 1	0
广东科技学院	19. 44: 1	20. 44: 1	1
广州商学院	19. 5: 1	19. 22: 1	0
广东东软学院	20. 59: 1	19. 41: 1	–1
广州工商学院	19. 97: 1	17. 53: 1	–2
广东理工学院	21. 55: 1	20. 07: 1	–1
北京师范大学 – 香港浸会大学联合国际学院	13. 27: 1	13. 70: 1	0
香港中文大学（深圳）	17. 85: 1	17. 68: 1	0
深圳北理莫斯科大学	5. 45: 1	10. 07: 1	5
广东以色列理工学院	16. 2: 1	17. 66: 1	1
电子科技大学中山学院	21. 42: 1	21. 57: 1	0
北京师范大学珠海分校	19. 72: 1	18. 02: 1	–2
广东工业大学华立学院	19. 54: 1	21. 02: 1	1
广州大学松田学院	21. 61: 1	21. 67: 1	0
北京理工大学珠海学院	20. 5: 1	21. 91: 1	1
吉林大学珠海学院	19. 99: 1	21. 74: 1	2
东莞理工学院城市学院	20. 45: 1	20. 67: 1	0
中山大学新华学院	20. 74: 1	20. 47: 1	0
广州大学华软软件学院	20. 9: 1	19. 34: 1	–2
中山大学南方学院	21. 98: 1	21. 53: 1	0
广东外语外贸大学南国商学院	18. 88: 1	18. 94: 1	0
广东财经大学华商学院	22. 62: 1	22. 73: 1	0
广东海洋大学寸金学院	20. 04: 1	20. 68: 1	1
华南农业大学珠江学院	19. 59: 1	19. 27: 1	0
广东技术师范大学天河学院	19. 48: 1	18. 89: 1	–1
华南理工大学广州学院	20. 64: 1	18. 99: 1	–2

续附表 4－5

学校名称	2018 年	2019 年	比上年增加
广州科技职业技术大学	15.63∶1	15.98∶1	0
广东工商职业技术大学	17.94∶1	15.69∶1	－2
广东轻工职业技术学院	16.71∶1	17.89∶1	1
广东省外语艺术职业学院	23.15∶1	17.86∶1	－5
广东机电职业技术学院	12.03∶1	12.23∶1	0
广东工贸职业技术学院	19.87∶1	20.15∶1	0
广东交通职业技术学院	17.71∶1	20.04∶1	2
广东水利电力职业技术学院	14.45∶1	17.17∶1	3
广东司法警官职业学院	17.61∶1	18.10∶1	0
广东女子职业技术学院	20.27∶1	21.42∶1	1
广东农工商职业技术学院	18.63∶1	17.44∶1	－1
广东邮电职业技术学院	18.04∶1	18.64∶1	1
广东松山职业技术学院	19.01∶1	19.66∶1	1
广东建设职业技术学院	20.92∶1	20.48∶1	0
广东职业技术学院	19.42∶1	21.13∶1	2
广东科学技术职业学院	20.08∶1	22.56∶1	2
广东行政职业学院	17.84∶1	17.18∶1	－1
广东体育职业技术学院	13.19∶1	13.86∶1	1
广州珠江职业技术学院	19.78∶1	18.55∶1	－1
广州松田职业学院	18.34∶1	15.94∶1	－2
广东文理职业学院	15.65∶1	15.33∶1	0
广州城建职业学院	16.93∶1	16.85∶1	0
广东南方职业学院	17.95∶1	17.32∶1	－1
广州华商职业学院	19.9∶1	19.64∶1	0
广州华夏职业学院	21.09∶1	19.74∶1	－1
广州东华职业学院	19.11∶1	14.70∶1	－4
广东创新科技职业学院	19.09∶1	17.30∶1	－2

续附表 4 – 5

学校名称	2018 年	2019 年	比上年增加
广东信息工程职业学院	17.54∶1	17.07∶1	0
广东碧桂园职业学院	16.74∶1	14.74∶1	–2
广东酒店管理职业技术学院	17.39∶1	17.70∶1	0
广州大学	19.62∶1	16.42∶1	–3
广州医科大学	12.26∶1	9.28∶1	–3
深圳大学	16.02∶1	15.05∶1	–1
佛山科学技术学院	16.45∶1	15.44∶1	–1
嘉应学院	19.55∶1	18.11∶1	–1
惠州学院	19.73∶1	18.06∶1	–2
东莞理工学院	16.02∶1	15.14∶1	–1
肇庆学院	17.52∶1	15.14∶1	–2
南方科技大学	6.70∶1	6.73∶1	0
韶关学院	20.45∶1	19.91∶1	–1
五邑大学	19.11∶1	17.00∶1	–2
广州航海学院	19.49∶1	19.92∶1	0
深圳技术大学	—	3.82∶1	—
广州工程职业技术学院	20.40∶1	18.47∶1	–2
广州番禺职业技术学院	17.69∶1	18.16∶1	0
广州体育职业技术学院	12.02∶1	11.40∶1	–1
深圳职业技术学院	17.69∶1	17.95∶1	0
深圳信息职业技术学院	20.59∶1	22.88∶1	2
珠海城市职业技术学院	13.38∶1	13.08∶1	0
汕头职业技术学院	19.66∶1	19.00∶1	–1
佛山职业技术学院	13.44∶1	13.09∶1	0
顺德职业技术学院	14.63∶1	14.75∶1	0
河源职业技术学院	18.06∶1	17.70∶1	0
汕尾职业技术学院	17.80∶1	17.28∶1	–1

续附表 4 – 5

学校名称	2018 年	2019 年	比上年增加
中山火炬职业技术学院	20. 04∶1	19. 91∶1	0
江门职业技术学院	19. 44∶1	19. 73∶1	0
广东江门中医药职业学院	13. 40∶1	16. 67∶1	3
阳江职业技术学院	20. 11∶1	20. 55∶1	0
茂名职业技术学院	21. 92∶1	21. 31∶1	–1
肇庆医学高等专科学校	15. 74∶1	12. 81∶1	–3
清远职业技术学院	16. 54∶1	17. 01∶1	0
揭阳职业技术学院	16. 78∶1	17. 14∶1	0
罗定职业技术学院	21. 08∶1	22. 05∶1	1
广州城市职业学院	21. 36∶1	19. 20∶1	–2
广州铁路职业技术学院	20. 14∶1	18. 29∶1	–2
广州科技贸易职业学院	21. 76∶1	19. 58∶1	–2
中山职业技术学院	10. 84∶1	13. 23∶1	2
东莞职业技术学院	14. 22∶1	13. 98∶1	0
惠州卫生职业技术学院	16. 70∶1	14. 91∶1	–2
惠州城市职业学院	18. 02∶1	20. 23∶1	2
惠州工程职业学院	17. 77∶1	20. 92∶1	3
广东茂名健康职业学院	21. 55∶1	19. 44∶1	–2
广州卫生职业技术学院	18. 04∶1	17. 28∶1	–1
广东茂名幼儿师范专科学校	20. 23∶1	19. 93∶1	0
广东茂名农林科技职业学院	6. 15∶1	25. 22∶1	19
湛江幼儿师范专科学校	21. 70∶1	18. 72∶1	–3
广东江门幼儿师范高等专科学校	—	11. 23∶1	—

附表 4-6　广东省普通高校中高级职称教师比例（%）

学校名称	2018 年	2019 年	比上年增加
中山大学	79.47	81.88	2.40
华南理工大学	76.11	76.11	0.00
暨南大学	66.24	67.31	1.07
华南农业大学	53.98	55.69	1.71
南方医科大学	75.04	74.27	-0.77
广州中医药大学	61.33	59.42	-1.91
华南师范大学	55.82	52.81	-3.01
广东工业大学	45.28	48.16	2.87
广东外语外贸大学	49.55	47.86	-1.69
汕头大学	67.07	66.33	-0.73
广东财经大学	47.63	41.50	-6.13
广东海洋大学	37.97	40.51	2.53
广东医科大学	53.04	56.94	3.90
仲恺农业工程学院	40.11	40.27	0.16
广东药科大学	43.50	44.75	1.25
星海音乐学院	48.41	46.30	-2.11
广州美术学院	42.99	45.97	2.98
广州体育学院	42.73	42.33	-0.39
广东技术师范学院	47.09	44.74	-2.34
岭南师范学院	32.24	39.09	6.86
韩山师范学院	39.37	36.53	-2.84
广东石油化工学院	39.22	42.95	3.73
广东金融学院	38.29	28.69	-9.60
广东警官学院	50.85	44.95	-5.89
广东第二师范学院	32.72	29.34	-3.38
广东白云学院	31.59	30.44	-1.15
广东培正学院	17.02	17.22	0.20

续附表 4-6

学校名称	2018 年	2019 年	比上年增加
广东科技学院	20.31	20.53	0.23
广州商学院	30.78	30.12	-0.66
广东东软学院	23.57	27.74	4.17
广州工商学院	27.80	25.31	-2.49
广东理工学院	28.18	34.21	6.04
北京师范大学-香港浸会大学联合国际学院	29.21	29.56	0.36
香港中文大学（深圳）	100.00	58.47	-41.53
深圳北理莫斯科大学	72.55	81.13	8.58
广东以色列理工学院	—	—	—
电子科技大学中山学院	36.68	34.64	-2.04
北京师范大学珠海分校	37.16	36.67	-0.50
广东工业大学华立学院	38.84	38.81	-0.03
广州大学松田学院	12.57	12.96	0.40
北京理工大学珠海学院	34.32	30.08	-4.23
吉林大学珠海学院	50.63	43.45	-7.19
东莞理工学院城市学院	24.54	24.84	0.30
中山大学新华学院	30.52	39.23	8.71
广州大学华软软件学院	27.99	33.18	5.19
中山大学南方学院	21.63	23.07	1.44
广东外语外贸大学南国商学院	44.54	41.65	-2.90
广东财经大学华商学院	30.19	30.74	0.55
广东海洋大学寸金学院	30.12	29.48	-0.64
华南农业大学珠江学院	22.11	23.18	1.08
广东技术师范学院天河学院	32.17	30.53	-1.64
华南理工大学广州学院	32.49	33.53	1.04
广州科技职业技术大学	32.48	34.69	2.21

续附表4－6

学校名称	2018年	2019年	比上年增加
广东工商职业技术大学	32. 38	31. 11	－1. 26
广州大学	47. 69	48. 07	0. 38
广州医科大学	83. 91	78. 41	－5. 50
深圳大学	48. 58	50. 86	2. 28
佛山科学技术学院	51. 15	41. 28	－9. 87
嘉应学院	37. 75	37. 21	－0. 53
惠州学院	39. 93	38. 89	－1. 04
东莞理工学院	41. 07	41. 90	0. 84
肇庆学院	45. 52	39. 32	－6. 20
南方科技大学	86. 94	86. 56	－0. 38
韶关学院	36. 19	35. 88	－0. 32
五邑大学	41. 89	40. 16	－1. 73
广州航海学院	34. 68	34. 95	0. 27
深圳技术大学	—	54. 90	—
广州民航职业技术学院	28. 95	25. 68	－3. 28
广东轻工职业技术学院	45. 86	45. 12	－0. 74
广东省外语艺术职业学院	36. 92	35. 64	－1. 28
广东机电职业技术学院	35. 29	37. 69	2. 40
广东工贸职业技术学院	29. 32	29. 32	0. 00
广东交通职业技术学院	32. 87	36. 13	3. 26
广东水利电力职业技术学院	40. 03	40. 54	0. 51
广东司法警官职业学院	39. 04	38. 19	－0. 85
广东女子职业技术学院	40. 37	38. 16	－2. 21
广东农工商职业技术学院	29. 57	31. 99	2. 42
广东邮电职业技术学院	23. 93	22. 41	－1. 51
广东松山职业技术学院	19. 86	19. 04	－0. 82
广东建设职业技术学院	26. 79	25. 59	－1. 19

续附表 4－6

学校名称	2018 年	2019 年	比上年增加
广东职业技术学院	22.96	22.70	－0.25
广东科学职业技术学院	32.48	30.75	－1.73
广东行政职业学院	26.42	27.46	1.05
广东体育职业技术学院	27.68	35.98	8.30
广东食品药品职业学院	30.67	34.98	4.31
广东文艺职业学院	16.97	18.98	2.01
广东理工职业学院	26.02	28.87	2.85
广东工程职业技术学院	28.48	30.58	2.11
广东科贸职业学院	26.75	20.70	－6.05
广东环境保护工程职业学院	20.47	21.84	1.37
广东青年职业学院	12.77	13.86	1.09
广东舞蹈戏剧职业学院	20.56	21.28	0.72
广东生态工程职业学院	20.39	26.69	6.29
广东南华工商职业学院	16.35	15.25	－1.10
广东财贸职业学院	—	32.89	—
私立华联学院	16.57	15.24	1.34
潮汕职业技术学院	19.78	20.29	－0.51
广东新安职业技术学院	21.21	20.94	0.27
广东亚视演艺职业学院	9.52	15.00	－5.48
广东岭南职业技术学院	25.05	20.08	－4.97
广州康大职业技术学院	23.53	30.16	6.63
珠海艺术职业学院	16.30	14.88	－1.42
广州涉外经济职业技术学院	32.08	31.55	－0.53
广州南洋理工职业学院	20.81	24.66	3.85
惠州经济职业技术学院	20.21	20.67	0.46
广州现代信息工程职业技术学院	15.75	17.66	1.90
广州华南商贸职业学院	21.20	11.11	－10.09

续附表4－6

学校名称	2018年	2019年	比上年增加
广州华立科技职业学院	38.38	38.17	－0.21
广州珠江职业技术学院	19.67	19.64	－0.03
广州松田职业学院	19.43	20.61	1.19
广东文理职业学院	39.69	40.57	0.87
广州城建职业学院	30.29	32.85	2.56
广东南方职业学院	25.05	27.03	1.97
广州华商职业学院	30.62	30.22	－0.40
广州华夏职业学院	21.68	21.11	－0.57
广州东华职业学院	20.22	20.35	0.13
广东创新科技职业学院	21.92	24.44	2.52
广东信息工程职业学院	12.80	17.86	5.06
广东碧桂园职业学院	26.47	32.89	6.42
广东酒店管理职业技术学院	20.22	21.35	1.14
广州工程技术职业学院	27.14	29.67	2.53
广州番禺职业技术学院	30.09	28.55	－1.55
广州体育职业技术学院	23.76	24.73	0.97
深圳职业技术学院	55.87	55.37	－0.50
深圳信息职业技术学院	49.05	48.25	－0.80
珠海城市职业技术学院	28.37	29.66	1.29
汕头职业技术学院	24.95	25.68	0.73
佛山职业技术学院	25.26	27.75	2.49
顺德职业技术学院	30.19	30.23	0.04
河源职业技术学院	23.33	23.87	0.54
汕尾职业技术学院	13.71	11.26	－2.45
中山火炬职业技术学院	37.32	37.46	0.14

续附表 4－6

学校名称	2018 年	2019 年	比上年增加
江门职业技术学院	23. 46	26. 09	2. 63
广东江门中医药职业学院	40. 91	47. 12	6. 21
阳江职业技术学院	22. 52	27. 57	5. 05
茂名职业技术学院	14. 58	13. 68	－0. 90
肇庆医学高等专科学校	45. 57	48. 55	2. 98
清远职业技术学院	21. 03	21. 88	0. 85
揭阳职业技术学院	21. 45	21. 02	－0. 43
罗定职业技术学院	9. 67	12. 36	2. 69
广州城市职业学院	31. 75	31. 52	－0. 24
广州铁路职业技术学院	29. 49	29. 84	0. 35
广州科技贸易职业学院	25. 50	26. 32	0. 82
中山职业技术学院	32. 36	31. 81	－0. 55
东莞职业技术学院	33. 40	36. 43	3. 03
惠州卫生职业技术学院	20. 20	24. 62	4. 41
惠州城市职业学院	24. 60	20. 53	－4. 07
惠州工程职业学院	38. 24	32. 33	－5. 90
广东茂名健康职业学院	23. 26	20. 90	－2. 36
广州卫生职业技术学院	39. 18	36. 45	－2. 72
广东茂名农林科技职业学院	12. 50	9. 79	－2. 71
广东茂名幼儿师范专科学校	25. 34	25. 95	0. 61
湛江幼儿师范专科学校	24. 12	18. 67	－5. 46
广东江门幼儿师范高等专科学校	23. 26	20. 90	－2. 36

附表 4-7 广东省各普通高校校园占地面积

单位：万平方米

学校	2018 年	2019 年	增长率（%）
中山大学	600.80	600.80	—
华南理工大学	391.20	391.20	—
暨南大学	212.21	212.24	0.01
广州民航职业技术学院	74.16	74.16	—
华南农业大学	553.78	553.78	—
南方医科大学	168.12	168.12	—
广州中医药大学	90.32	90.32	—
华南师范大学	201.70	230.12	14.09
广东工业大学	205.92	205.92	—
广东外语外贸大学	158.12	158.79	0.43
汕头大学	132.77	132.68	-0.07
广东财经大学	151.63	151.63	—
广东海洋大学	325.63	319.83	-1.78
广东医科大学	126.47	126.47	—
仲恺农业工程学院	140.80	140.80	—
广东药科大学	149.94	149.94	—
星海音乐学院	22.55	22.55	—
广州美术学院	37.93	37.93	—
广州体育学院	28.83	28.83	—
广东技术师范学院	103.52	103.32	-0.19
岭南师范学院	79.13	79.48	0.43
韩山师范学院	102.19	103.31	1.10
广东石油化工学院	54.81	136.18	148.45
广东金融学院	53.94	53.94	—
广东警官学院	37.38	37.38	—
广东第二师范学院	50.86	50.86	—
广东白云学院	40.61	43.80	7.86
广东培正学院	57.90	57.42	-0.83
广东科技学院	115.60	115.60	—
广州商学院	93.43	93.43	—

续附表 4-7

学校	2018 年	2019 年	增长率（%）
广东东软学院	40.88	40.88	—
广州工商学院	92.67	92.67	—
广东理工学院	99.80	97.99	-1.81
北京师范大学-香港浸会大学联合国际学院	24.49	24.49	—
香港中文大学（深圳）	50.14	50.14	—
深圳北理莫斯科大学	1.77	33.37	1780.85
广东以色列理工学院	6.86	6.86	—
电子科技大学中山学院	43.32	43.09	-0.53
北京师范大学珠海分校	431.36	409.89	-4.98
广东工业大学华立学院	49.00	49.00	—
广州大学松田学院	23.48	23.48	—
北京理工大学珠海学院	329.32	329.32	—
吉林大学珠海学院	310.33	310.33	—
东莞理工学院城市学院	81.89	81.89	—
中山大学新华学院	97.09	105.68	8.86
广州大学华软软件学院	33.56	33.56	—
中山大学南方学院	72.81	72.81	—
广东外语外贸大学南国商学院	52.29	52.29	—
广东财经大学华商学院	56.16	56.16	—
广东海洋大学寸金学院	139.90	132.47	-5.31
华南农业大学珠江学院	48.59	48.59	—
广东技术师范学院天河学院	59.63	75.99	27.44
华南理工大学广州学院	116.84	116.84	—
广东轻工职业技术学院	114.82	115.96	0.99
广东省外语艺术职业学院	18.39	18.39	—
广东机电职业技术学院	53.75	53.75	—
广东工贸职业技术学院	69.20	68.97	-0.33
广东交通职业技术学院	28.85	78.73	172.90
广东水利电力职业技术学院	68.41	68.41	—
广东司法警官职业学院	13.23	13.23	—
广东女子职业技术学院	14.39	14.39	—

续附表 4-7

学校	2018 年	2019 年	增长率（%）
广东农工商职业技术学院	61.87	61.87	—
广东邮电职业技术学院	10.42	10.42	—
广东松山职业技术学院	39.71	39.71	—
广东建设职业技术学院	72.68	52.41	-27.89
广东职业技术学院	77.46	77.46	—
广东科学技术职业学院	134.13	134.13	—
广东行政职业学院	23.39	23.39	—
广东体育职业技术学院	30.76	38.14	24.00
广东食品药品职业学院	30.33	72.81	140.06
广东文艺职业学院	12.58	12.37	-1.65
广东理工职业学院	66.76	66.76	—
广东工程职业技术学院	70.45	70.98	0.75
广东科贸职业学院	50.37	72.96	44.86
广东环境保护工程职业学院	30.65	30.65	—
广东青年职业学院	33.44	33.44	—
广东舞蹈戏剧职业学院	19.66	19.66	—
广东生态工程职业学院	40.80	138.41	239.26
广东南华工商学院	70.04	70.04	—
私立华联学院	18.20	18.20	—
潮汕职业技术学院	12.95	12.95	—
广东新安职业技术学院	9.13	9.13	—
广东亚视演艺职业学院	17.58	17.58	—
广东岭南职业技术学院	85.53	85.53	—
广州康大职业技术学院	12.79	12.79	—
珠海艺术职业学院	10.26	10.26	—
广州涉外经济职业技术学院	42.34	42.34	—
广州南洋理工职业学院	33.89	33.89	—
广州科技职业技术学院	66.35	66.35	—
惠州经济职业技术学院	51.36	51.36	—
广东工商职业学院	88.12	88.12	—
广州现代信息工程职业技术学院	51.56	51.56	—
广州华南商贸职业学院	18.64	18.64	—

续附表 4 - 7

学校	2018 年	2019 年	增长率（%）
广州华立科技职业学院	62. 58	62. 58	—
广州珠江职业技术学院	76. 76	76. 76	—
广州松田职业学院	12. 67	12. 67	—
广东文理职业学院	106. 00	100. 35	-5. 33
广州城建职业学院	90. 33	90. 33	—
广东南方职业学院	96. 52	96. 52	—
广州华商职业学院	29. 04	29. 04	—
广州华夏职业学院	41. 20	41. 20	—
广州东华职业学院	50. 56	50. 56	—
广东创新科技职业学院	61. 52	61. 72	0. 33
广东信息工程职业学院	10. 10	10. 10	—
广东碧桂园职业学院	16. 12	19. 68	22. 07
广东酒店管理职业技术学院	36. 99	36. 99	—
广东财贸职业学院	—	11. 10	—
广州大学	164. 26	164. 26	—
广州医科大学	37. 23	37. 23	—
深圳大学	295. 83	271. 91	-8. 08
佛山科学技术学院	148. 38	147. 07	-0. 88
嘉应学院	108. 55	107. 07	-1. 36
惠州学院	165. 08	165. 08	—
东莞理工学院	123. 09	123. 09	—
肇庆学院	84. 74	84. 74	—
南方科技大学	197. 98	197. 98	—
广州工程技术职业学院	23. 77	23. 77	—
广州番禺职业技术学院	137. 80	137. 80	—
广州体育职业技术学院	17. 27	17. 27	—
深圳职业技术学院	212. 65	212. 65	—
深圳信息职业技术学院	92. 49	92. 49	—
珠海城市职业技术学院	33. 22	33. 22	—
汕头职业技术学院	42. 16	42. 16	—
佛山职业技术学院	63. 81	63. 79	-0. 03
顺德职业技术学院	116. 59	116. 59	—

续附表 4 - 7

学校	2018 年	2019 年	增长率（%）
河源职业技术学院	101. 77	101. 77	—
汕尾职业技术学院	19. 40	20. 20	4. 10
中山火炬职业技术学院	37. 15	37. 15	—
江门职业技术学院	80. 94	79. 62	-1. 63
广东江门中医药职业学院	21. 12	21. 12	—
阳江职业技术学院	58. 77	58. 77	—
茂名职业技术学院	66. 92	66. 92	—
肇庆医学高等专科学校	47. 47	73. 79	55. 46
清远职业技术学院	150. 42	99. 07	-34. 14
揭阳职业技术学院	39. 92	39. 92	—
罗定职业技术学院	27. 65	28. 29	2. 30
广州城市职业学院	20. 24	20. 24	—
广州铁路职业技术学院	17. 22	17. 22	—
广州科技贸易职业学院	12. 90	12. 97	0. 52
中山职业技术学院	42. 50	42. 50	—
东莞职业技术学院	55. 20	63. 93	15. 83
惠州卫生职业技术学院	27. 54	27. 54	—
惠州城市职业学院	—	—	—
惠州工程职业学院	38. 05	38. 05	—
广东茂名健康职业学院	24. 15	24. 15	—
广州卫生职业技术学院	45. 53	45. 53	—
韶关学院	30. 46	29. 29	-3. 84
五邑大学	174. 80	174. 50	-0. 17
广东茂名幼儿师范专科学校	61. 40	61. 40	—
湛江幼儿师范专科学校	49. 75	49. 75	—
广州航海学院	33. 25	36. 35	9. 32
广东茂名农林科技职业学院	36. 88	38. 04	3. 14
广东江门幼儿师范高等专科学校	—	2. 00	—
深圳技术大学	—	17. 84	—

附表4－8　广东省各普通高校校舍建筑面积

单位：万平方米

学校	2018年	2019年	增长率（%）
中山大学	211.63	217.43	2.74
华南理工大学	195.54	191.72	－1.95
暨南大学	161.76	163.49	1.07
广州民航职业技术学院	33.85	33.85	—
华南农业大学	145.06	145.06	—
南方医科大学	87.36	91.78	5.06
广州中医药大学	79.65	79.30	－0.44
华南师范大学	155.13	152.49	－1.70
广东工业大学	158.99	161.71	1.71
广东外语外贸大学	103.58	97.99	－5.40
汕头大学	56.61	58.56	3.45
广东财经大学	72.84	72.76	－0.11
广东海洋大学	80.97	80.37	－0.73
广东医科大学	58.92	58.95	0.05
仲恺农业工程学院	38.34	38.34	—
广东药科大学	87.29	85.49	－2.06
星海音乐学院	20.01	20.01	—
广州美术学院	41.19	41.19	—
广州体育学院	27.28	27.28	—
广东技术师范学院	53.10	55.44	4.41
岭南师范学院	64.61	67.40	4.31
韩山师范学院	45.01	46.38	3.04
广东石油化工学院	36.02	66.22	83.86
广东金融学院	35.61	31.44	－11.71
广东警官学院	23.91	23.94	0.12
广东第二师范学院	36.97	36.97	—

续附表4－8

学校	2018年	2019年	增长率（%）
广东白云学院	40.37	63.27	56.74
广东培正学院	32.24	32.66	1.30
广东科技学院	48.98	65.40	33.51
广州商学院	36.99	36.99	—
广东东软学院	21.66	21.66	—
广州工商学院	54.61	63.80	16.82
广东理工学院	63.08	68.62	8.79
北京师范大学－香港浸会大学联合国际学院	34.34	31.57	－8.06
香港中文大学（深圳）	39.20	39.20	—
深圳北理莫斯科大学	3.42	29.79	771.41
广东以色列理工学院	10.46	10.46	—
电子科技大学中山学院	41.57	41.96	0.92
北京师范大学珠海分校	71.85	60.41	－15.92
广东工业大学华立学院	25.61	26.07	1.80
广州大学松田学院	14.48	14.30	－1.22
北京理工大学珠海学院	55.46	57.71	4.07
吉林大学珠海学院	62.29	62.29	—
东莞理工学院城市学院	42.15	42.15	—
中山大学新华学院	45.86	60.70	32.36
广州大学华软软件学院	26.92	26.98	0.20
中山大学南方学院	45.26	46.59	2.94
广东外语外贸大学南国商学院	12.55	12.55	—
广东财经大学华商学院	38.75	38.75	—
广东海洋大学寸金学院	54.16	61.39	13.35
华南农业大学珠江学院	20.52	20.49	－0.11
广东技术师范学院天河学院	35.44	34.68	－2.15

续附表 4 - 8

学校	2018 年	2019 年	增长率（%）
华南理工大学广州学院	51. 65	47. 64	-7. 78
广东轻工职业技术学院	42. 63	42. 70	0. 17
广东省外语艺术职业学院	21. 47	21. 47	—
广东机电职业技术学院	25. 34	25. 34	—
广东工贸职业技术学院	26. 85	26. 85	—
广东交通职业技术学院	29. 41	38. 08	29. 46
广东水利电力职业技术学院	32. 37	32. 37	—
广东司法警官职业学院	12. 01	12. 01	—
广东女子职业技术学院	14. 71	14. 53	-1. 26
广东农工商职业技术学院	41. 40	41. 62	0. 54
广东邮电职业技术学院	9. 09	9. 61	5. 71
广东松山职业技术学院	22. 53	22. 71	0. 79
广东建设职业技术学院	14. 14	20. 19	42. 76
广东职业技术学院	26. 49	28. 91	9. 15
广东科学技术职业学院	47. 68	48. 79	2. 32
广东行政职业学院	10. 49	10. 49	—
广东体育职业技术学院	8. 21	20. 84	153. 79
广东食品药品职业学院	23. 42	33. 74	44. 09
广东文艺职业学院	10. 48	9. 87	-5. 77
广东理工职业学院	24. 75	24. 75	—
广东工程职业技术学院	18. 27	36. 74	101. 06
广东科贸职业学院	16. 46	29. 78	80. 91
广东环境保护工程职业学院	17. 13	17. 13	—
广东青年职业学院	16. 80	16. 03	-4. 62
广东舞蹈戏剧职业学院	8. 53	8. 53	—
广东生态工程职业学院	14. 30	14. 63	2. 29
广东南华工商学院	16. 10	16. 10	—

续附表 4－8

学校	2018 年	2019 年	增长率（%）
私立华联学院	20. 10	20. 84	3. 65
潮汕职业技术学院	10. 17	10. 22	0. 49
广东新安职业技术学院	5. 30	6. 36	20. 01
广东亚视演艺职业学院	10. 40	10. 40	—
广东岭南职业技术学院	54. 95	58. 04	5. 61
广州康大职业技术学院	10. 99	10. 99	—
珠海艺术职业学院	9. 35	8. 99	－3. 91
广州涉外经济职业技术学院	20. 78	21. 18	1. 91
广州南洋理工职业学院	17. 79	17. 15	－3. 59
广州科技职业技术学院	37. 05	40. 35	8. 89
惠州经济职业技术学院	21. 10	21. 10	—
广东工商职业学院	38. 56	40. 38	4. 73
广州现代信息工程职业技术学院	25. 50	25. 50	—
广州华南商贸职业学院	7. 75	15. 35	98. 03
广州华立科技职业学院	31. 98	45. 49	42. 23
广州珠江职业技术学院	28. 35	28. 35	—
广州松田职业学院	8. 52	8. 52	—
广东文理职业学院	40. 26	40. 26	—
广州城建职业学院	43. 70	43. 70	—
广东南方职业学院	27. 54	27. 25	－1. 06
广州华商职业学院	22. 40	26. 20	16. 99
广州华夏职业学院	25. 90	26. 27	1. 44
广州东华职业学院	26. 94	26. 94	—
广东创新科技职业学院	33. 47	33. 47	—
广东信息工程职业学院	7. 47	7. 94	6. 26
广东碧桂园职业学院	10. 45	10. 88	4. 09
广东酒店管理职业技术学院	20. 11	20. 11	—

续附表 4－8

学校	2018 年	2019 年	增长率（%）
广东财贸职业学院	—	9. 57	—
广州大学	116. 40	116. 40	—
广州医科大学	48. 19	48. 19	—
深圳大学	159. 65	149. 37	－6. 44
佛山科学技术学院	58. 34	66. 02	13. 17
嘉应学院	61. 98	61. 98	—
惠州学院	37. 64	38. 76	2. 98
东莞理工学院	67. 84	67. 84	—
肇庆学院	53. 14	54. 39	2. 35
南方科技大学	39. 66	52. 21	31. 64
广州工程技术职业学院	15. 54	15. 54	—
广州番禺职业技术学院	32. 98	33. 03	0. 15
广州体育职业技术学院	17. 88	17. 88	—
深圳职业技术学院	61. 42	62. 18	1. 24
深圳信息职业技术学院	58. 48	58. 48	—
珠海城市职业技术学院	20. 97	20. 99	0. 14
汕头职业技术学院	23. 89	23. 89	—
佛山职业技术学院	24. 02	24. 25	0. 97
顺德职业技术学院	44. 30	50. 79	14. 66
河源职业技术学院	26. 21	29. 48	12. 45
汕尾职业技术学院	12. 12	14. 85	22. 54
中山火炬职业技术学院	24. 02	22. 35	－6. 95
江门职业技术学院	29. 25	28. 06	－4. 07
广东江门中医药职业学院	6. 64	7. 67	15. 46

续附表 4 - 8

学校	2018 年	2019 年	增长率（%）
阳江职业技术学院	20. 47	20. 31	-0. 75
茂名职业技术学院	25. 11	26. 39	5. 11
肇庆医学高等专科学校	33. 64	32. 05	-4. 74
清远职业技术学院	23. 72	28. 68	20. 91
揭阳职业技术学院	12. 02	12. 02	—
罗定职业技术学院	19. 57	19. 68	0. 55
广州城市职业学院	20. 58	20. 24	-1. 68
广州铁路职业技术学院	18. 15	17. 94	-1. 18
广州科技贸易职业学院	11. 54	12. 17	5. 44
中山职业技术学院	25. 60	25. 60	—
东莞职业技术学院	31. 48	33. 29	5. 75
惠州卫生职业技术学院	12. 04	12. 04	—
惠州城市职业学院	20. 51	20. 51	—
惠州工程职业学院	15. 78	15. 78	—
广东茂名健康职业学院	8. 50	8. 50	—
广州卫生职业技术学院	13. 02	13. 01	-0. 03
韶关学院	67. 28	75. 48	12. 20
五邑大学	54. 48	56. 70	4. 08
广东茂名幼儿师范专科学校	16. 83	19. 18	13. 98
湛江幼儿师范专科学校	14. 78	15. 10	2. 12
广州航海学院	30. 24	30. 79	1. 82
广东茂名农林科技职业学院	10. 78	17. 44	61. 74
广东江门幼儿师范高等专科学校	—	6. 92	—
深圳技术大学	—	29. 88	—

附表 4-9　广东省各普通高校教学与行政用房

单位：万平方米

学校	2018 年	2019 年	增长率（%）
中山大学	96.03	119.71	24.66
华南理工大学	85.85	97.52	13.60
暨南大学	56.83	60.91	7.17
广州民航职业技术学院	20.87	20.87	—
华南农业大学	67.32	67.32	—
南方医科大学	36.49	35.43	-2.90
广州中医药大学	33.70	33.55	-0.44
华南师范大学	62.07	61.88	-0.31
广东工业大学	79.79	81.10	1.64
广东外语外贸大学	36.75	40.16	9.28
汕头大学	28.73	26.26	-8.59
广东财经大学	28.66	25.89	-9.65
广东海洋大学	33.38	32.87	-1.51
广东医科大学	33.09	32.40	-2.09
仲恺农业工程学院	19.25	19.90	3.34
广东药科大学	54.58	55.77	2.18
星海音乐学院	12.45	12.45	—
广州美术学院	24.98	24.98	—
广州体育学院	16.89	16.89	—
广东技术师范学院	27.26	32.62	19.67
岭南师范学院	27.98	28.21	0.79
韩山师范学院	22.14	23.06	4.13
广东石油化工学院	36.58	33.41	-8.68
广东金融学院	11.80	11.76	-0.26
广东警官学院	10.49	10.49	—
广东第二师范学院	16.87	16.87	—

续附表4－9

学校	2018年	2019年	增长率（%）
广东白云学院	24.71	34.68	40.36
广东培正学院	14.49	14.49	—
广东科技学院	29.46	37.85	28.48
广州商学院	19.83	19.83	—
广东东软学院	15.09	13.21	－12.43
广州工商学院	33.87	46.54	37.41
广东理工学院	36.43	34.28	－5.90
北京师范大学－香港浸会大学联合国际学院	17.02	17.04	0.09
香港中文大学（深圳）	17.91	17.91	—
深圳北理莫斯科大学	11.64	11.46	－1.54
广东以色列理工学院	4.53	5.23	15.38
电子科技大学中山学院	18.21	18.78	3.11
北京师范大学珠海分校	22.78	19.03	－16.47
广东工业大学华立学院	14.94	21.12	41.40
广州大学松田学院	8.61	11.95	38.83
北京理工大学珠海学院	24.50	24.50	—
吉林大学珠海学院	25.27	26.35	4.27
东莞理工学院城市学院	19.60	19.60	—
中山大学新华学院	18.36	32.21	75.42
广州大学华软软件学院	13.20	13.06	－1.12
中山大学南方学院	20.56	22.38	8.86
广东外语外贸大学南国商学院	4.68	4.68	—
广东财经大学华商学院	17.31	17.31	—
广东海洋大学寸金学院	24.73	31.41	27.03
华南农业大学珠江学院	11.53	11.44	－0.81
广东技术师范学院天河学院	19.39	19.39	—

续附表 4－9

学校	2018 年	2019 年	增长率（%）
华南理工大学广州学院	22. 55	22. 25	－1. 29
广东轻工职业技术学院	21. 06	21. 20	0. 65
广东省外语艺术职业学院	11. 74	11. 74	—
广东机电职业技术学院	14. 28	17. 17	20. 28
广东工贸职业技术学院	14. 71	14. 71	—
广东交通职业技术学院	22. 64	23. 13	2. 16
广东水利电力职业技术学院	17. 88	18. 84	5. 34
广东司法警官职业学院	5. 73	5. 73	—
广东女子职业技术学院	8. 83	8. 82	－0. 12
广东农工商职业技术学院	22. 71	22. 92	0. 91
广东邮电职业技术学院	4. 98	4. 98	—
广东松山职业技术学院	14. 44	16. 02	10. 98
广东建设职业技术学院	17. 02	12. 23	－28. 14
广东职业技术学院	12. 68	15. 03	18. 55
广东科学技术职业学院	21. 09	22. 59	7. 13
广东行政职业学院	6. 25	6. 25	—
广东体育职业技术学院	4. 22	9. 64	128. 67
广东食品药品职业学院	13. 51	21. 27	57. 45
广东文艺职业学院	5. 83	5. 23	－10. 36
广东外语外贸大学南国商学院	4. 68	4. 68	—
广东理工职业学院	13. 21	13. 21	—
广东工程职业技术学院	10. 06	22. 71	125. 81
广东科贸职业学院	15. 54	17. 56	13. 00
广东环境保护工程职业学院	1. 00	1. 00	—
广东青年职业学院	10. 56	8. 47	－19. 85
广东舞蹈戏剧职业学院	4. 89	4. 89	—
广东生态工程职业学院	7. 43	7. 43	—

续附表4－9

学校	2018年	2019年	增长率（%）
广东南华工商学院	7.70	7.70	—
私立华联学院	10.53	9.79	－7.01
潮汕职业技术学院	5.84	5.58	－4.33
广东新安职业技术学院	3.70	4.37	18.06
广东亚视演艺职业学院	3.65	3.94	8.00
广东岭南职业技术学院	26.01	26.77	2.93
广州康大职业技术学院	6.57	6.57	—
珠海艺术职业学院	6.20	6.20	－0.09
广州涉外经济职业技术学院	10.19	10.24	0.50
广州南洋理工职业学院	9.64	9.06	－6.02
广州科技职业技术学院	22.79	22.79	—
惠州经济职业技术学院	9.96	9.96	—
广东工商职业学院	30.77	30.77	—
广州现代信息工程职业技术学院	18.24	18.24	—
广州华南商贸职业学院	6.44	12.21	89.51
广州华立科技职业学院	37.03	29.54	－20.22
广州珠江职业技术学院	17.16	17.16	—
广州松田职业学院	3.33	5.50	64.98
广东文理职业学院	24.95	24.95	—
广州城建职业学院	24.92	24.92	—
广东南方职业学院	17.47	27.43	56.96
广州华商职业学院	13.51	20.46	51.35
广州华夏职业学院	15.47	18.88	22.01
广州东华职业学院	17.88	17.88	—
广东创新科技职业学院	19.17	19.20	0.16
广东信息工程职业学院	3.12	3.27	4.81
广东碧桂园职业学院	5.66	6.03	6.50

续附表 4 - 9

学校	2018 年	2019 年	增长率（%）
广东酒店管理职业技术学院	11. 14	11. 14	—
广东财贸职业学院	—	3. 89	—
广州大学	63. 11	63. 11	—
广州医科大学	20. 96	20. 96	—
深圳大学	127. 27	99. 50	-21. 82
佛山科学技术学院	34. 23	41. 87	22. 32
嘉应学院	30. 36	30. 36	—
惠州学院	19. 02	24. 07	26. 58
东莞理工学院	35. 80	35. 80	—
肇庆学院	23. 05	26. 79	16. 23
南方科技大学	45. 29	45. 29	—
广州工程技术职业学院	9. 79	9. 79	—
广州番禺职业技术学院	19. 05	20. 14	5. 71
广州体育职业技术学院	8. 57	8. 57	0. 06
深圳职业技术学院	35. 44	35. 39	-0. 15
深圳信息职业技术学院	27. 14	27. 14	—
珠海城市职业技术学院	15. 20	15. 15	-0. 32
汕头职业技术学院	14. 53	14. 53	—
佛山职业技术学院	14. 17	14. 40	1. 64
顺德职业技术学院	22. 09	28. 59	29. 39
河源职业技术学院	18. 94	19. 35	2. 19
汕尾职业技术学院	5. 59	7. 08	26. 73
中山火炬职业技术学院	15. 55	14. 29	-8. 13
江门职业技术学院	17. 86	16. 91	-5. 32
广东江门中医药职业学院	7. 12	7. 08	-0. 65

续附表4-9

学校	2018年	2019年	增长率（%）
阳江职业技术学院	11.86	12.02	1.28
茂名职业技术学院	14.20	15.48	9.03
肇庆医学高等专科学校	24.54	24.00	-2.21
清远职业技术学院	13.09	18.03	37.76
揭阳职业技术学院	8.87	8.87	—
罗定职业技术学院	10.89	10.87	-0.16
广州城市职业学院	10.66	11.46	7.50
广州铁路职业技术学院	13.17	12.76	-3.14
广州科技贸易职业学院	6.30	6.30	—
中山职业技术学院	16.25	16.25	—
东莞职业技术学院	15.06	15.69	4.18
惠州卫生职业技术学院	6.94	6.94	—
惠州城市职业学院	12.31	12.31	—
惠州工程职业学院	11.58	11.58	—
广东茂名健康职业学院	3.63	4.51	24.47
广州卫生职业技术学院	7.88	8.13	3.25
韶关学院	39.56	39.41	-0.37
五邑大学	32.26	32.26	—
广东茂名幼儿师范专科学校	7.90	8.97	13.59
湛江幼儿师范专科学校	9.61	9.52	-0.95
广州航海学院	16.80	16.53	-1.58
广东茂名农林科技职业学院	10.23	10.36	1.24
广东江门幼儿师范高等专科学校	—	4.25	—
深圳技术大学	—	44.53	—

附表 4－10　广东省各普通高校图书数

单位：万册

学校	2018 年	2019 年	增长率（%）
中山大学	706.01	728.60	3.20
华南理工大学	361.36	367.55	1.71
暨南大学	353.40	368.00	4.13
广州民航职业技术学院	80.72	82.29	1.94
华南农业大学	260.53	265.25	1.81
南方医科大学	259.27	261.91	1.02
广州中医药大学	159.84	160.57	0.46
华南师范大学	391.90	402.28	2.65
广东工业大学	393.83	401.40	1.92
广东外语外贸大学	298.70	307.34	2.89
汕头大学	167.19	171.83	2.77
广东财经大学	282.15	285.04	1.02
广东海洋大学	218.92	228.95	4.58
广东医科大学	182.58	185.38	1.54
仲恺农业工程学院	118.64	122.63	3.36
广东药科大学	230.58	220.58	－4.34
星海音乐学院	36.98	37.40	1.14
广州美术学院	54.11	59.21	9.43
广州体育学院	64.70	67.13	3.76
广东技术师范学院	224.37	225.80	0.64
岭南师范学院	251.00	251.67	0.27
韩山师范学院	175.99	190.45	8.22
广东石油化工学院	163.15	173.34	6.25
广东金融学院	188.23	188.76	0.28
广东警官学院	89.54	92.50	3.31
广东第二师范学院	126.89	130.63	2.95
广东白云学院	144.36	148.88	3.14
广东培正学院	155.73	171.16	9.91
广东科技学院	179.40	195.81	9.15

续附表 4 – 10

学校	2018 年	2019 年	增长率（%）
广州商学院	152. 76	168. 88	10. 55
广东东软学院	62. 96	69. 08	9. 72
广州工商学院	183. 55	278. 76	51. 87
广东理工学院	141. 84	166. 98	17. 72
北京师范大学 – 香港浸会大学联合国际学院	32. 00	36. 46	13. 94
香港中文大学（深圳）	11. 84	12. 90	8. 98
深圳北理莫斯科大学	1. 79	1. 90	6. 15
广东以色列理工学院	0. 10	0. 13	0. 30
电子科技大学中山学院	147. 62	154. 94	4. 96
北京师范大学珠海分校	159. 50	164. 24	2. 97
广东工业大学华立学院	141. 04	145. 61	3. 25
广州大学松田学院	56. 41	57. 85	2. 55
北京理工大学珠海学院	153. 70	158. 17	2. 91
吉林大学珠海学院	161. 14	164. 27	1. 94
东莞理工学院城市学院	147. 26	183. 33	24. 50
中山大学新华学院	135. 94	147. 43	8. 45
广州大学华软软件学院	98. 36	116. 53	18. 48
中山大学南方学院	205. 12	207. 63	1. 22
广东外语外贸大学南国商学院	103. 73	107. 58	3. 71
广东财经大学华商学院	173. 42	206. 50	19. 08
广东海洋大学寸金学院	166. 60	177. 40	6. 48
华南农业大学珠江学院	111. 63	116. 43	4. 30
广东技术师范学院天河学院	129. 90	142. 80	9. 93
华南理工大学广州学院	126. 75	135. 64	7. 02
广东轻工职业技术学院	157. 92	162. 10	2. 65
广东省外语艺术职业学院	76. 73	79. 18	3. 19
广东机电职业技术学院	77. 01	81. 63	6. 00
广东工贸职业技术学院	67. 25	70. 50	4. 83
广东交通职业技术学院	105. 58	108. 35	2. 63
广东水利电力职业技术学院	83. 25	88. 05	5. 77

续附表 4-10

学校	2018 年	2019 年	增长率（%）
广东司法警官职业学院	34.06	35.21	3.38
广东女子职业技术学院	58.17	60.51	4.02
广东农工商职业技术学院	127.77	156.00	22.10
广东邮电职业技术学院	24.07	24.99	3.81
广东松山职业技术学院	58.16	60.61	4.21
广东建设职业技术学院	42.45	44.26	4.26
广东职业技术学院	63.62	67.52	6.13
广东科学技术职业学院	155.92	162.87	4.46
广东行政职业学院	59.49	61.56	3.48
广东体育职业技术学院	16.95	17.72	4.55
广东食品药品职业学院	67.65	101.69	50.30
广东文艺职业学院	31.64	32.64	3.16
广东理工职业学院	61.46	62.13	1.09
广东工程职业技术学院	77.09	86.29	11.93
广东科贸职业学院	53.77	62.13	15.53
广东环境保护工程职业学院	62.13	63.40	2.04
广东青年职业学院	48.12	50.36	4.66
广东舞蹈戏剧职业学院	19.47	20.50	5.27
广东生态工程职业学院	23.89	25.83	8.13
广东南华工商学院	66.99	69.62	3.93
私立华联学院	57.29	58.61	2.31
潮汕职业技术学院	54.18	54.18	0.00
广东新安职业技术学院	38.40	37.60	-2.08
广东亚视演艺职业学院	13.86	15.14	9.27
广东岭南职业技术学院	155.62	160.53	3.16
广州康大职业技术学院	45.24	41.15	-9.05
珠海艺术职业学院	23.99	24.99	4.17
广州涉外经济职业技术学院	92.28	93.30	1.11
广州南洋理工职业学院	88.42	91.80	3.82
广州科技职业技术学院	110.80	187.01	68.78
惠州经济职业技术学院	63.80	70.50	10.50
广东工商职业学院	116.55	122.55	5.15

续附表 4 - 10

学校	2018 年	2019 年	增长率（%）
广州现代信息工程职业技术学院	71. 41	77. 68	8. 78
广州华南商贸职业学院	36. 19	38. 09	5. 24
广州华立科技职业学院	109. 93	120. 90	9. 98
广州珠江职业技术学院	56. 20	59. 30	5. 52
广州松田职业学院	35. 99	36. 18	0. 52
广东文理职业学院	120. 27	122. 88	2. 17
广州城建职业学院	113. 80	122. 06	7. 26
广东南方职业学院	111. 33	114. 83	3. 14
广州华商职业学院	89. 70	90. 75	1. 17
广州华夏职业学院	84. 60	86. 84	2. 65
广州东华职业学院	88. 20	88. 70	0. 57
广东创新科技职业学院	110. 09	110. 32	0. 21
广东信息工程职业学院	25. 85	25. 85	0. 00
广东碧桂园职业学院	9. 60	11. 48	19. 58
广东酒店管理职业技术学院	34. 76	48. 30	38. 95
广东财贸职业学院	—	13. 50	—
广州大学	380. 54	384. 93	1. 15
广州医科大学	127. 47	130. 21	2. 15
深圳大学	457. 00	467. 21	2. 23
佛山科学技术学院	190. 95	197. 49	3. 42
嘉应学院	234. 29	241. 35	3. 01
惠州学院	173. 93	182. 48	4. 92
东莞理工学院	200. 40	201. 52	0. 56
肇庆学院	172. 91	174. 97	1. 19
南方科技大学	22. 95	23. 88	4. 03
广州工程技术职业学院	68. 16	71. 29	4. 60
广州番禺职业技术学院	123. 59	126. 76	2. 56
广州体育职业技术学院	20. 50	21. 71	5. 90
深圳职业技术学院	261. 20	268. 50	2. 79
深圳信息职业技术学院	137. 26	147. 50	7. 46
珠海城市职业技术学院	42. 71	44. 85	5. 00
汕头职业技术学院	56. 27	56. 27	0. 00

续附表 4－10

学校	2018 年	2019 年	增长率（%）
佛山职业技术学院	53. 87	57. 99	7. 65
顺德职业技术学院	119. 23	122. 00	2. 32
河源职业技术学院	108. 94	115. 34	5. 87
汕尾职业技术学院	39. 48	41. 21	4. 38
中山火炬职业技术学院	47. 65	50. 79	6. 60
江门职业技术学院	73. 26	78. 25	6. 81
广东江门中医药职业学院	15. 31	15. 54	1. 48
阳江职业技术学院	56. 33	58. 55	3. 95
茂名职业技术学院	65. 80	70. 50	7. 14
肇庆医学高等专科学校	64. 12	67. 50	5. 27
清远职业技术学院	78. 32	80. 49	2. 77
揭阳职业技术学院	43. 03	43. 26	0. 55
罗定职业技术学院	55. 23	59. 32	7. 40
广州城市职业学院	88. 31	90. 06	1. 99
广州铁路职业技术学院	57. 97	58. 26	0. 49
广州科技贸易职业学院	49. 71	49. 83	0. 24
中山职业技术学院	55. 84	58. 24	4. 30
东莞职业技术学院	87. 05	101. 75	16. 88
惠州卫生职业技术学院	36. 38	38. 62	6. 17
惠州城市职业学院	40. 63	40. 96	0. 83
惠州工程职业学院	16. 89	25. 19	49. 14
广东茂名健康职业学院	17. 49	18. 52	5. 93
广州卫生职业技术学院	29. 09	30. 25	4. 00
韶关学院	290. 22	281. 88	－2. 88
五邑大学	175. 15	186. 69	6. 59
广东茂名幼儿师范专科学校	32. 45	50. 10	54. 39
湛江幼儿师范专科学校	25. 36	50. 24	98. 15
广州航海学院	90. 54	97. 75	7. 96
广东茂名农林科技职业学院	15. 33	15. 83	3. 26
广东江门幼儿师范高等专科学校	—	16. 34	—
深圳技术大学	—	36. 48	—

附表4-11 广东省各普通高校教学仪器设备值

单位：万元

学校	2018年	2019年	增长率（%）
中山大学	427 910.08	524 246.91	22.51
华南理工大学	288 628.23	290 601.67	0.68
暨南大学	166 984.18	198 103.86	18.64
广州民航职业技术学院	25 491.38	25 761.04	1.06
华南农业大学	140 172.65	153 725.84	9.67
南方医科大学	66 652.84	81 611.59	22.44
广州中医药大学	92 448.78	101 513.14	9.80
华南师范大学	108 261.71	116 280.79	7.41
广东工业大学	131 830.39	138 046.12	4.71
广东外语外贸大学	30 480.31	32 243.30	5.78
汕头大学	69 197.50	73 874.99	6.76
广东财经大学	14 048.10	11 230.45	-20.06
广东海洋大学	45 535.81	51 820.86	13.80
广东医科大学	30 194.06	36 690.29	21.51
仲恺农业工程学院	16 451.13	18 144.43	10.29
广东药科大学	35 160.62	38 223.20	8.71
星海音乐学院	8720.79	9569.38	9.73
广州美术学院	6952.16	7639.48	9.89
广州体育学院	6250.42	8203.45	31.25
广东技术师范学院	22 481.72	24 223.44	7.75
岭南师范学院	24 887.35	28 469.00	14.39
韩山师范学院	21 619.91	22 659.91	4.81
广东石油化工学院	23 688.71	26 102.19	10.19
广东金融学院	12 776.00	13 217.00	3.45
广东警官学院	7220.82	9109.47	26.16
广东第二师范学院	11 490.84	13 381.53	16.45
广东白云学院	11 186.10	12 232.37	9.35
广东培正学院	5119.29	5468.78	6.83
广东科技学院	10 915.88	13 039.90	19.46
广州商学院	8767.86	8800.06	0.37

续附表 4 – 11

学校	2018 年	2019 年	增长率（%）
广东东软学院	5068.80	5303.48	4.63
广州工商学院	9310.33	13 303.97	42.89
广东理工学院	15 195.00	17 925.00	17.97
北京师范大学 – 香港浸会大学联合国际学院	6207.73	11 985.41	93.07
香港中文大学（深圳）	6112.80	11 163.46	82.62
深圳北理莫斯科大学	446.72	2793.00	525.22
广东以色列理工学院	383.38	1200.62	213.17
电子科技大学中山学院	12 940.48	14 125.58	9.16
北京师范大学珠海分校	8209.04	8710.19	6.10
广东工业大学华立学院	10 992.40	11 634.01	5.84
广州大学松田学院	3800.12	3878.82	2.07
北京理工大学珠海学院	18 373.91	19 490.15	6.08
吉林大学珠海学院	15 900.33	16 781.29	5.54
东莞理工学院城市学院	9858.65	10 219.73	3.66
中山大学新华学院	9525.39	10 591.58	11.19
广州大学华软软件学院	7338.42	7358.46	0.27
中山大学南方学院	9848.72	9902.75	0.55
广东外语外贸大学南国商学院	3518.73	3688.92	4.84
广东财经大学华商学院	6133.80	6595.54	7.53
广东海洋大学寸金学院	9387.10	11 713.07	24.78
华南农业大学珠江学院	6035.59	6467.32	7.15
广东技术师范学院天河学院	8058.34	8897.63	10.42
华南理工大学广州学院	12 341.43	12 463.76	0.99
广东轻工职业技术学院	20 725.00	24 819.31	19.76
广东省外语艺术职业学院	11 426.88	10 553.54	–7.64
广东机电职业技术学院	15 609.18	17 521.34	12.25
广东工贸职业技术学院	13 554.28	15 386.01	13.51
广东交通职业技术学院	16 125.82	18 829.22	16.76
广东水利电力职业技术学院	16 843.99	19 718.62	17.07
广东司法警官职业学院	3769.33	4265.35	13.16

续附表 4 – 11

学校	2018 年	2019 年	增长率（%）
广东女子职业技术学院	7441.09	7875.79	5.84
广东农工商职业技术学院	10 543.50	12 732.77	20.76
广东邮电职业技术学院	3401.36	3864.48	13.62
广东松山职业技术学院	9342.68	10 443.55	11.78
广东建设职业技术学院	6406.53	6452.97	0.72
广东职业技术学院	8515.55	9860.31	15.79
广东科学技术职业学院	21 159.15	23 333.07	10.27
广东行政职业学院	2859.16	2975.21	4.06
广东体育职业技术学院	2516.57	2771.68	10.14
广东食品药品职业学院	10 428.03	14 355.42	37.66
广东文艺职业学院	2744.72	3222.21	17.40
广东理工职业学院	6791.96	7690.36	13.23
广东工程职业技术学院	9206.69	9799.72	6.44
广东科贸职业学院	8021.36	9306.84	16.03
广东环境保护工程职业学院	8959.25	9237.90	3.11
广东青年职业学院	3889.13	3630.58	–6.65
广东舞蹈戏剧职业学院	2082.16	2143.02	2.92
广东生态工程职业学院	2505.00	2938.00	17.29
广东南华工商学院	3356.94	3562.69	6.13
私立华联学院	3167.37	3161.71	–0.18
潮汕职业技术学院	1917.81	1854.03	–3.33
广东新安职业技术学院	1906.83	1939.62	1.72
广东亚视演艺职业学院	1031.23	1275.47	23.68
广东岭南职业技术学院	15 584.55	16 638.44	6.76
广州康大职业技术学院	2791.70	1406.84	–49.61
珠海艺术职业学院	1279.35	1317.84	3.01
广州涉外经济职业技术学院	4769.39	5055.58	6.00
广州南洋理工职业学院	4711.70	5422.37	15.08
广州科技职业技术学院	11 572.84	11 743.67	1.48
惠州经济职业技术学院	6586.49	7011.41	6.45
广东工商职业学院	11 515.58	12 549.15	8.98
广州现代信息工程职业技术学院	4451.98	4729.84	6.24

续附表 4 - 11

学校	2018 年	2019 年	增长率（%）
广州华南商贸职业学院	1953. 23	2147. 15	9. 93
广州华立科技职业学院	8500. 66	9234. 31	8. 63
广州珠江职业技术学院	3650. 00	4002. 00	9. 64
广州松田职业学院	1359. 93	1883. 25	38. 48
广东文理职业学院	12 831. 91	13 015. 13	1. 43
广州城建职业学院	10 927. 93	12 185. 72	11. 51
广东南方职业学院	6546. 93	8715. 83	33. 13
广州华商职业学院	4759. 07	5204. 29	9. 36
广州华夏职业学院	5571. 56	6828. 74	22. 56
广州东华职业学院	4640. 90	4702. 00	1. 32
广东创新科技职业学院	6222. 98	6717. 85	7. 95
广东信息工程职业学院	1450. 41	1529. 79	5. 47
广东碧桂园职业学院	1019. 50	1541. 13	51. 17
广东酒店管理职业技术学院	2560. 21	2703. 19	5. 58
广东财贸职业学院	—	896. 06	—
广州大学	73 094. 15	92 714. 79	26. 84
广州医科大学	97 355. 02	115 265. 94	18. 40
深圳大学	246 078. 00	284 683. 02	15. 69
佛山科学技术学院	18 352. 17	34 299. 82	86. 90
嘉应学院	24 784. 49	26 844. 65	8. 31
惠州学院	19 644. 87	24 745. 09	25. 96
东莞理工学院	50 229. 89	62 559. 76	24. 55
肇庆学院	23 261. 14	24 951. 19	7. 27
南方科技大学	128 029. 58	192 573. 86	50. 41
广州工程技术职业学院	11 052. 33	12 304. 75	11. 33
广州番禺职业技术学院	27 169. 54	29 666. 74	9. 19
广州体育职业技术学院	3982. 13	4068. 12	2. 16
深圳职业技术学院	92 290. 15	96 162. 93	4. 20
深圳信息职业技术学院	46 027. 28	51 219. 19	11. 28
珠海城市职业技术学院	8107. 49	8996. 56	10. 97
汕头职业技术学院	7601. 57	8533. 67	12. 26
佛山职业技术学院	16 947. 00	18 063. 00	6. 59

续附表 4－11

学校	2018 年	2019 年	增长率（%）
顺德职业技术学院	35 916. 32	37 094. 93	3. 28
河源职业技术学院	10 251. 15	11 637. 14	13. 52
汕尾职业技术学院	4783. 82	6249. 03	30. 63
中山火炬职业技术学院	11 526. 98	12 688. 62	10. 08
江门职业技术学院	10 614. 99	13 337. 37	25. 65
广东江门中医药职业学院	2436. 19	3227. 63	32. 49
阳江职业技术学院	12 230. 28	12 608. 26	3. 09
茂名职业技术学院	5361. 95	5984. 34	11. 61
肇庆医学高等专科学校	8503. 97	9764. 41	14. 82
清远职业技术学院	8156. 60	9294. 38	13. 95
揭阳职业技术学院	6805. 82	7305. 70	7. 34
罗定职业技术学院	5112. 92	5368. 06	4. 99
广州城市职业学院	14 319. 04	15 464. 58	8. 00
广州铁路职业技术学院	29 582. 80	28 611. 95	－3. 28
广州科技贸易职业学院	4643. 24	4710. 03	1. 44
中山职业技术学院	15 144. 17	17 517. 80	15. 67
东莞职业技术学院	19 311. 96	21 223. 80	9. 90
惠州卫生职业技术学院	4545. 82	5328. 48	17. 22
惠州城市职业学院	3759. 05	4189. 23	11. 44
惠州工程职业学院	6441. 39	6891. 04	6. 98
广东茂名健康职业学院	3187. 29	3352. 02	5. 17
广州卫生职业技术学院	8886. 33	8549. 09	－3. 80
韶关学院	30 050. 20	33 424. 64	11. 23
五邑大学	20 251. 05	24 840. 08	22. 66
广东茂名幼儿师范专科学校	4114. 62	5049. 22	22. 71
湛江幼儿师范专科学校	3694. 87	3060. 46	－17. 17
广州航海学院	16 997. 18	18 665. 46	9. 82
广东茂名农林科技职业学院	1628. 09	1738. 00	6. 75
广东江门幼儿师范高等专科学校	—	408. 25	—
深圳技术大学	—	13 769. 60	—

附表 4－12 广东省各普通高校生均信息化设备资产值

单位：元

学校	2018 年	2019 年	增长率（%）
中山大学	87 079. 05	101 891. 29	17. 01
华南理工大学	71 658. 79	50 541. 78	－29. 47
暨南大学	49 690. 41	59 840. 41	20. 43
广州民航职业技术学院	6397. 65	6401. 28	0. 06
华南农业大学	31 349. 42	32 930. 64	5. 04
南方医科大学	18 709. 43	16 392. 17	－12. 39
广州中医药大学	11 062. 70	10 893. 54	－1. 53
华南师范大学	35 498. 30	29 444. 76	－17. 05
广东工业大学	36 609. 10	38 078. 31	4. 01
广东外语外贸大学	23 938. 22	26 270. 76	9. 74
汕头大学	17 191. 91	18 525. 61	7. 76
广东财经大学	12 366. 30	12 049. 08	－2. 57
广东海洋大学	9359. 59	11 093. 64	18. 53
广东医科大学	6374. 68	6896. 84	8. 19
仲恺农业工程学院	6957. 51	7387. 72	6. 18
广东药科大学	9193. 31	9765. 45	6. 22
星海音乐学院	2190. 96	3582. 11	63. 49
广州美术学院	3340. 79	3668. 19	9. 80
广州体育学院	2658. 00	7527. 59	183. 21
广东技术师范学院	8450. 49	10 915. 54	29. 17
岭南师范学院	13 135. 02	14 710. 12	11. 99
韩山师范学院	9587. 83	11 670. 31	21. 72
广东石油化工学院	4097. 48	5168. 57	26. 14
广东金融学院	11 237. 00	11 921. 00	6. 09
广东警官学院	2870. 26	3317. 44	15. 58
广东第二师范学院	3911. 78	4036. 43	3. 19
广东白云学院	3899. 62	4201. 42	7. 74
广东培正学院	5075. 84	5350. 65	5. 41
广东科技学院	6160. 59	6952. 99	12. 86
广州商学院	2573. 31	2619. 41	1. 79

续附表 4－12

学校	2018 年	2019 年	增长率（%）
广东东软学院	2241. 45	2368. 03	5. 65
广州工商学院	3944. 90	4307. 81	9. 20
广东理工学院	2759. 88	3297. 60	19. 48
北京师范大学－香港浸会大学联合国际学院	2658. 61	5820. 23	118. 92
香港中文大学（深圳）	16 756. 78	21 693. 97	29. 46
深圳北理莫斯科大学	366. 96	441. 84	20. 41
广东以色列理工学院	644. 10	1009. 08	56. 67
电子科技大学中山学院	4773. 44	5219. 92	9. 35
北京师范大学珠海分校	9488. 08	10 638. 01	12. 12
广东工业大学华立学院	1500. 00	1607. 00	7. 13
广州大学松田学院	1189. 00	1270. 08	6. 82
北京理工大学珠海学院	10 141. 17	11 388. 77	12. 30
吉林大学珠海学院	6164. 71	6690. 37	8. 53
东莞理工学院城市学院	4967. 47	5221. 56	5. 12
中山大学新华学院	4628. 80	5157. 86	11. 43
广州大学华软软件学院	559. 85	608. 56	8. 70
中山大学南方学院	3251. 74	3632. 04	11. 70
广东外语外贸大学南国商学院	4124. 93	4540. 56	10. 08
广东财经大学华商学院	3707. 42	3786. 78	2. 14
广东海洋大学寸金学院	882. 20	938. 85	6. 42
华南农业大学珠江学院	1876. 37	2008. 86	7. 06
广东技术师范学院天河学院	2151. 60	2200. 00	2. 25
华南理工大学广州学院	4430. 94	5530. 14	24. 81
广东轻工职业技术学院	9372. 48	10 628. 68	13. 40
广东省外语艺术职业学院	6181. 18	6753. 44	9. 26
广东机电职业技术学院	5267. 73	6663. 51	26. 50
广东工贸职业技术学院	8570. 85	9898. 58	15. 49
广东交通职业技术学院	3475. 63	4041. 50	16. 28
广东水利电力职业技术学院	5942. 73	8148. 95	37. 12
广东司法警官职业学院	799. 80	1000. 66	25. 11

续附表 4-12

学校	2018 年	2019 年	增长率（%）
广东女子职业技术学院	5831.64	6564.00	12.56
广东农工商职业技术学院	3968.50	8305.18	109.28
广东邮电职业技术学院	2081.03	2257.62	8.49
广东松山职业技术学院	5837.64	6332.28	8.47
广东建设职业技术学院	971.12	1780.55	83.35
广东职业技术学院	5208.33	6023.34	15.65
广东科学技术职业学院	13 620.62	15 979.47	17.32
广东行政职业学院	2597.65	2901.93	11.71
广东体育职业技术学院	1018.88	1120.44	9.97
广东食品药品职业学院	4158.80	4164.90	0.15
广东文艺职业学院	1131.40	1131.40	0.00
广东理工职业学院	4113.29	4643.06	12.88
广东工程职业技术学院	1654.30	4819.39	191.33
广东科贸职业学院	1888.18	5923.62	213.72
广东环境保护工程职业学院	2744.32	3295.49	20.08
广东青年职业学院	3843.41	3592.00	-6.54
广东舞蹈戏剧职业学院	2324.12	2424.90	4.34
广东生态工程职业学院	1836.00	2045.00	11.38
广东南华工商学院	3498.26	3819.28	9.18
私立华联学院	464.87	688.00	48.00
潮汕职业技术学院	112.00	191.92	71.35
广东新安职业技术学院	291.50	437.43	50.06
广东亚视演艺职业学院	698.54	743.78	6.48
广东岭南职业技术学院	8338.61	9143.33	9.65
广州康大职业技术学院	1198.77	716.63	-40.22
珠海艺术职业学院	665.49	767.57	15.34
广州涉外经济职业技术学院	3792.69	4204.43	10.86
广州南洋理工职业学院	2945.73	2945.00	-0.02
广州科技职业技术学院	2621.15	2685.15	2.44
惠州经济职业技术学院	4744.70	5161.63	8.79
广东工商职业学院	1428.00	1428.90	0.06

续附表 4 - 12

学校	2018 年	2019 年	增长率（%）
广州现代信息工程职业技术学院	434. 56	434. 56	0. 00
广州华南商贸职业学院	410. 80	673. 61	63. 97
广州华立科技职业学院	976. 85	976. 85	0. 00
广州珠江职业技术学院	397. 00	361. 00	-9. 07
广州松田职业学院	529. 08	869. 00	64. 25
广东文理职业学院	748. 51	749. 91	0. 19
广州城建职业学院	2498. 81	2765. 96	10. 69
广东南方职业学院	1917. 38	2488. 96	29. 81
广州华商职业学院	683. 21	839. 49	22. 87
广州华夏职业学院	1583. 23	1809. 36	14. 28
广州东华职业学院	315. 90	334. 40	5. 86
广东创新科技职业学院	761. 49	877. 47	15. 23
广东信息工程职业学院	571. 00	645. 15	12. 99
广东碧桂园职业学院	1544. 55	1307. 89	-15. 32
广东酒店管理职业技术学院	602. 08	743. 92	23. 56
广东财贸职业学院	—	14. 73	—
广州大学	4011. 98	5293. 20	31. 93
广州医科大学	10 699. 77	12 917. 38	20. 73
深圳大学	53 611. 00	60 738. 14	13. 29
佛山科学技术学院	3800. 07	9746. 85	156. 49
嘉应学院	7545. 94	9244. 24	22. 51
惠州学院	8596. 91	10 600. 59	23. 31
东莞理工学院	13 045. 12	15 479. 15	18. 66
肇庆学院	10 431. 15	14 081. 20	34. 99
南方科技大学	39 736. 79	55 884. 99	40. 64
广州工程技术职业学院	5226. 00	1698. 30	-67. 50
广州番禺职业技术学院	1238. 00	3914. 14	216. 17
广州体育职业技术学院	630. 79	630. 79	0. 00
深圳职业技术学院	18 184. 90	19 002. 30	4. 49
深圳信息职业技术学院	23 484. 99	18 551. 36	-21. 01
珠海城市职业技术学院	3212. 75	3505. 74	9. 12

续附表 4－12

学校	2018 年	2019 年	增长率（%）
汕头职业技术学院	4212.26	4561.32	8.29
佛山职业技术学院	6777.00	8144.00	20.17
顺德职业技术学院	16 823.60	18 320.14	8.90
河源职业技术学院	3701.45	3925.76	6.06
汕尾职业技术学院	2059.46	3270.74	58.82
中山火炬职业技术学院	749.10	929.23	24.05
江门职业技术学院	911.43	962.09	5.56
广东江门中医药职业学院	83.00	241.35	190.78
阳江职业技术学院	4357.93	4625.93	6.15
茂名职业技术学院	1260.73	1511.21	19.87
肇庆医学高等专科学校	3115.29	3341.04	7.25
清远职业技术学院	3652.00	4046.34	10.80
揭阳职业技术学院	3032.49	3299.01	8.79
罗定职业技术学院	3480.17	3575.24	2.73
广州城市职业学院	11 221.94	12 098.27	7.81
广州铁路职业技术学院	6543.50	7058.60	7.87
广州科技贸易职业学院	3217.81	3674.20	14.18
中山职业技术学院	1504.10	1780.97	18.41
东莞职业技术学院	10 457.12	10 448.47	－0.08
惠州卫生职业技术学院	1888.38	2047.13	8.41
惠州城市职业学院	880.26	1171.34	33.07
惠州工程职业学院	1300.77	1371.58	5.44
广东茂名健康职业学院	1400.00	1400.00	0.00
广州卫生职业技术学院	2281.10	2508.00	9.95
韶关学院	6997.49	7788.68	11.31
五邑大学	6859.85	8331.62	21.45
广东茂名幼儿师范专科学校	2149.07	2977.02	38.53
湛江幼儿师范专科学校	1366.62	1688.33	23.54
广州航海学院	7028.82	7834.98	11.47
广东茂名农林科技职业学院	2655.70	2655.70	0.00
广东江门幼儿师范高等专科学校	—	759.00	—
深圳技术大学	—	7571.20	—

附表 4-13　广东省各普通高校每百名学生拥有教学用计算机台数

单位：台

学校	2018 年	2019 年	增长率（%）
中山大学	28.71	29.37	2.30
华南理工大学	87.58	72.67	-17.02
暨南大学	22.06	25.84	17.12
广州民航职业技术学院	25.43	22.06	-13.25
华南农业大学	25.91	23.45	-9.49
南方医科大学	37.41	37.09	-0.84
广州中医药大学	19.87	20.52	3.29
华南师范大学	47.28	40.86	-13.59
广东工业大学	35.46	34.17	-3.64
广东外语外贸大学	36.74	36.02	-1.97
汕头大学	46.47	35.12	-24.42
广东财经大学	22.50	21.47	-4.60
广东海洋大学	21.26	21.76	2.33
广东医科大学	21.06	20.36	-3.29
仲恺农业工程学院	20.09	19.91	-0.91
广东药科大学	29.02	30.28	4.34
星海音乐学院	20.30	22.89	12.77
广州美术学院	15.84	16.61	4.85
广州体育学院	17.87	12.58	-29.58
广东技术师范学院	36.12	32.65	-9.61
岭南师范学院	29.00	30.35	4.65
韩山师范学院	32.51	36.29	11.61
广东石油化工学院	14.68	20.02	36.36
广东金融学院	12.84	13.91	8.35
广东警官学院	15.23	27.06	77.74
广东第二师范学院	22.71	23.68	4.26

续附表 4 – 13

学校	2018 年	2019 年	增长率（%）
广东白云学院	31. 98	28. 62	–10. 52
广东培正学院	24. 28	23. 62	–2. 71
广东科技学院	22. 58	22. 68	0. 42
广州商学院	31. 76	33. 60	5. 80
广东东软学院	10. 48	10. 78	2. 87
广州工商学院	29. 30	31. 01	5. 82
广东理工学院	17. 93	17. 21	–3. 96
北京师范大学 – 香港浸会大学联合国际学院	30. 77	33. 42	8. 62
香港中文大学（深圳）	25. 26	22. 29	–11. 74
深圳北理莫斯科大学	38. 22	33. 62	–12. 04
广东以色列理工学院	13. 81	10. 12	–26. 68
电子科技大学中山学院	26. 04	25. 36	–2. 62
北京师范大学珠海分校	28. 01	34. 00	21. 40
广东工业大学华立学院	39. 80	34. 36	–13. 66
广州大学松田学院	30. 10	27. 35	–9. 13
北京理工大学珠海学院	24. 63	26. 25	6. 58
吉林大学珠海学院	17. 60	16. 52	–6. 11
东莞理工学院城市学院	20. 75	21. 20	2. 18
中山大学新华学院	20. 47	21. 94	7. 15
广州大学华软软件学院	39. 92	40. 92	2. 50
中山大学南方学院	15. 86	16. 51	4. 07
广东外语外贸大学南国商学院	18. 57	18. 87	1. 63
广东财经大学华商学院	17. 07	16. 56	–3. 01
广东海洋大学寸金学院	11. 57	13. 50	16. 70
华南农业大学珠江学院	21. 84	18. 45	–15. 53
广东技术师范学院天河学院	23. 46	27. 23	16. 06

续附表 4－13

学校	2018 年	2019 年	增长率（%）
华南理工大学广州学院	22. 44	23. 15	3. 16
广东轻工职业技术学院	43. 79	42. 46	－3. 04
广东省外语艺术职业学院	37. 51	34. 08	－9. 16
广东机电职业技术学院	30. 65	33. 57	9. 50
广东工贸职业技术学院	31. 55	29. 85	－5. 37
广东交通职业技术学院	43. 44	39. 92	－8. 11
广东水利电力职业技术学院	21. 71	23. 70	9. 17
广东司法警官职业学院	27. 40	30. 02	9. 53
广东女子职业技术学院	71. 83	67. 97	－5. 38
广东农工商职业技术学院	33. 42	36. 92	10. 47
广东邮电职业技术学院	25. 85	28. 21	9. 13
广东松山职业技术学院	40. 88	44. 21	8. 15
广东建设职业技术学院	40. 23	26. 76	－33. 49
广东职业技术学院	29. 71	26. 84	－9. 67
广东科学技术职业学院	53. 94	52. 68	－2. 33
广东行政职业学院	36. 10	41. 23	14. 19
广东体育职业技术学院	19. 56	19. 38	－0. 94
广东食品药品职业学院	20. 24	14. 67	－27. 51
广东文艺职业学院	30. 25	30. 10	－0. 49
广东理工职业学院	27. 07	29. 01	7. 18
广东工程职业技术学院	36. 60	29. 69	－18. 87
广东科贸职业学院	32. 84	33. 03	0. 58
广东环境保护工程职业学院	22. 16	16. 02	－27. 71
广东青年职业学院	58. 90	61. 35	4. 16
广东舞蹈戏剧职业学院	22. 15	23. 46	5. 91
广东生态工程职业学院	31. 20	31. 69	1. 58
广东南华工商学院	16. 46	16. 79	1. 96

续附表 4 - 13

学校	2018 年	2019 年	增长率（%）
私立华联学院	37.20	36.94	-0.69
潮汕职业技术学院	18.61	21.87	17.52
广东新安职业技术学院	26.40	29.53	11.83
广东亚视演艺职业学院	21.06	22.82	8.36
广东岭南职业技术学院	37.52	37.54	0.07
广州康大职业技术学院	576.65	145.00	-74.85
珠海艺术职业学院	19.00	21.24	11.81
广州涉外经济职业技术学院	29.28	27.87	-4.80
广州南洋理工职业学院	20.46	21.38	4.50
广州科技职业技术学院	29.73	19.70	-33.72
惠州经济职业技术学院	35.24	41.99	19.17
广东工商职业学院	47.86	44.91	-33.72
广州现代信息工程职业技术学院	41.69	42.78	2.60
广州华南商贸职业学院	23.75	25.66	8.03
广州华立科技职业学院	25.84	22.76	-11.92
广州珠江职业技术学院	15.26	18.00	17.98
广州松田职业学院	20.32	29.66	46.01
广东文理职业学院	18.64	23.24	24.69
广州城建职业学院	35.65	37.01	3.82
广东南方职业学院	17.35	21.08	21.48
广州华商职业学院	32.40	31.32	-3.33
广州华夏职业学院	22.80	23.31	2.26
广州东华职业学院	12.28	17.56	42.95
广东创新科技职业学院	27.97	43.00	53.72
广东信息工程职业学院	37.69	44.62	18.39
广东碧桂园职业学院	27.91	33.57	20.30
广东酒店管理职业技术学院	11.90	11.15	-6.29

续附表 4－13

学校	2018 年	2019 年	增长率（%）
广东财贸职业学院	—	40. 13	—
广州大学	31. 45	33. 17	5. 47
广州医科大学	31. 85	54. 84	72. 16
深圳大学	47. 99	49. 19	2. 51
佛山科学技术学院	21. 03	19. 30	－8. 24
嘉应学院	22. 44	23. 25	3. 61
惠州学院	28. 10	28. 14	0. 16
东莞理工学院	43. 79	43. 09	－1. 60
肇庆学院	22. 76	20. 42	－10. 27
南方科技大学	20. 51	20. 77	1. 26
广州工程技术职业学院	44. 97	44. 00	－2. 15
广州番禺职业技术学院	75. 34	80. 32	6. 60
广州体育职业技术学院	16. 43	17. 02	3. 56
深圳职业技术学院	66. 16	62. 03	－6. 25
深圳信息职业技术学院	79. 94	78. 73	－1. 51
珠海城市职业技术学院	49. 79	53. 31	7. 07
汕头职业技术学院	52. 89	56. 13	6. 13
佛山职业技术学院	50. 48	52. 32	3. 64
顺德职业技术学院	48. 70	51. 92	6. 61
河源职业技术学院	31. 47	29. 85	－5. 12
汕尾职业技术学院	27. 66	26. 32	－4. 84
中山火炬职业技术学院	49. 15	44. 30	－9. 85
江门职业技术学院	32. 47	32. 56	0. 28
广东江门中医药职业学院	16. 59	15. 80	－4. 78
阳江职业技术学院	23. 69	24. 08	1. 64

续附表 4－13

学校	2018 年	2019 年	增长率（%）
茂名职业技术学院	8. 30	8. 48	2. 18
肇庆医学高等专科学校	19. 67	19. 61	－0. 29
清远职业技术学院	24. 29	26. 06	7. 31
揭阳职业技术学院	37. 58	36. 79	－2. 10
罗定职业技术学院	21. 41	21. 62	0. 97
广州城市职业学院	86. 54	84. 47	－2. 39
广州铁路职业技术学院	46. 13	45. 62	－1. 10
广州科技贸易职业学院	51. 73	39. 11	－24. 39
中山职业技术学院	79. 00	60. 71	－23. 15
东莞职业技术学院	49. 74	43. 33	－12. 89
惠州卫生职业技术学院	28. 51	27. 99	－1. 83
惠州城市职业学院	25. 96	21. 76	－16. 15
惠州工程职业学院	62. 14	37. 11	－40. 28
广东茂名健康职业学院	15. 45	13. 15	－14. 91
广州卫生职业技术学院	46. 95	39. 67	－15. 50
韶关学院	30. 97	31. 05	0. 26
五邑大学	22. 90	16. 59	－27. 53
广东茂名幼儿师范专科学校	13. 51	11. 80	－12. 68
湛江幼儿师范专科学校	21. 25	19. 31	－9. 11
广州航海学院	42. 11	46. 55	10. 54
广东茂名农林科技职业学院	50. 45	11. 05	－78. 09
广东江门幼儿师范高等专科学校	—	47. 06	—
深圳技术大学	—	239. 75	—

附表 4－14　广东省各普通高校上网课程数量

单位：门

学校	2018 年	2019 年	增长率（%）
中山大学	—	—	—
华南理工大学	574	762	32.75
暨南大学	1218	1229	0.90
广州民航职业技术学院	286	291	1.75
华南农业大学	170	100	－41.18
南方医科大学	513	680	32.55
广州中医药大学	174	53	－69.54
华南师范大学	594	786	32.32
广东工业大学	125	143	14.40
广东外语外贸大学	2400	2485	3.54
汕头大学	1728	1758	1.74
广东财经大学	1772	1866	5.30
广东海洋大学	360	170	－52.78
广东医科大学	255	242	－5.10
仲恺农业工程学院	155	164	5.81
广东药科大学	101	101	—
星海音乐学院	—	—	—
广州美术学院	114	144	26.32
广州体育学院	66	66	—
广东技术师范学院	307	307	—
岭南师范学院	273	345	26.37
韩山师范学院	300	320	6.67
广东石油化工学院	25	4301	17 104.00
广东金融学院	964	951	－1.35
广东警官学院	29	29	—
广东第二师范学院	128	133	3.91
广东白云学院	444	519	16.89
广东培正学院	21	117	457.14
广东科技学院	300	325	8.33

续附表 4 – 14

学校	2018 年	2019 年	增长率（%）
广州商学院	122	123	0.82
广东东软学院	35	66	88.57
广州工商学院	—	—	—
广东理工学院	—	23	—
北京师范大学 – 香港浸会大学联合国际学院	1030	1111	7.86
香港中文大学（深圳）	296	358	20.95
深圳北理莫斯科大学	—	—	—
广东以色列理工学院	1	—	—
电子科技大学中山学院	66	72	9.09
北京师范大学珠海分校	421	425	0.95
广东工业大学华立学院	—	—	—
广州大学松田学院	—	—	—
北京理工大学珠海学院	438	212	–51.60
吉林大学珠海学院	170	285	67.65
东莞理工学院城市学院	—	—	—
中山大学新华学院	419	128	–69.45
广州大学华软软件学院	—	—	—
中山大学南方学院	—	—	—
广东外语外贸大学南国商学院	278	548	97.12
广东财经大学华商学院	82	112	36.59
广东海洋大学寸金学院	90	98	8.89
华南农业大学珠江学院	16	23	43.75
广东技术师范学院天河学院	—	—	—
华南理工大学广州学院	56	54	–3.57
广东轻工职业技术学院	389	453	16.45
广东省外语艺术职业学院	459	477	3.92

续附表 4 - 14

学校	2018 年	2019 年	增长率（%）
广东机电职业技术学院	548	674	22. 99
广东工贸职业技术学院	348	534	53. 45
广东交通职业技术学院	478	510	6. 69
广东水利电力职业技术学院	833	860	3. 24
广东司法警官职业学院	37	37	—
广东女子职业技术学院	178	193	8. 43
广东农工商职业技术学院	259	337	30. 12
广东邮电职业技术学院	163	156	-4. 29
广东松山职业技术学院	25	25	—
广东建设职业技术学院	84	74	-11. 90
广东职业技术学院	115	83	-27. 83
广东科学技术职业学院	339	342	0. 88
广东行政职业学院	46	46	—
广东体育职业技术学院	18	—	—
广东食品药品职业学院	84	95	13. 10
广东文艺职业学院	—	—	—
广东理工职业学院	312	323	3. 53
广东工程职业技术学院	78	655	739. 74
广东科贸职业学院	25	27	8. 00
广东环境保护工程职业学院	79	89	12. 66
广东青年职业学院	58	58	—
广东舞蹈戏剧职业学院	—	3	—
广东生态工程职业学院	32	12	-62. 50
广东南华工商学院	26	26	—
私立华联学院	—	—	—
潮汕职业技术学院	—	—	—
广东新安职业技术学院	15	—	—

续附表 4 - 14

学校	2018 年	2019 年	增长率（%）
广东亚视演艺职业学院	—	20	—
广东岭南职业技术学院	450	460	2.22
广州康大职业技术学院	15	5	-66.67
珠海艺术职业学院	1	1	—
广州涉外经济职业技术学院	28	28	—
广州南洋理工职业学院	—	20	—
广州科技职业技术学院	10	10	—
惠州经济职业技术学院	1	27	2600.00
广东工商职业学院	30	30	—
广州现代信息工程职业技术学院	17	17	—
广州华南商贸职业学院	—	—	—
广州华立科技职业学院	8	8	—
广州珠江职业技术学院	—	—	—
广州松田职业学院	—	—	—
广东文理职业学院	—	—	—
广州城建职业学院	118	153	29.66
广东南方职业学院	45	45	—
广州华商职业学院	—	37	—
广州华夏职业学院	219	51	-76.71
广州东华职业学院	35	33	-5.71
广东创新科技职业学院	43	35	-18.60
广东信息工程职业学院	—	—	—
广东碧桂园职业学院	—	—	—
广东酒店管理职业技术学院	—	—	—
广东财贸职业学院	—	6	—
广州大学	522	211	-59.58
广州医科大学	—	—	—

续附表 4 – 14

学校	2018 年	2019 年	增长率（%）
深圳大学	652	82	–87.42
佛山科学技术学院	392	585	49.23
嘉应学院	460	474	3.04
惠州学院	54	65	20.37
东莞理工学院	724	330	–54.42
肇庆学院	10	34	240.00
南方科技大学	603	130	–78.44
广州工程技术职业学院	689	133	–80.70
广州番禺职业技术学院	240	240	—
广州体育职业技术学院	24	24	—
深圳职业技术学院	820	910	10.98
深圳信息职业技术学院	—	—	—
珠海城市职业技术学院	276	371	34.42
汕头职业技术学院	—	—	—
佛山职业技术学院	456	456	—
顺德职业技术学院	62	62	—
河源职业技术学院	125	125	—
汕尾职业技术学院	—	21	—
中山火炬职业技术学院	100	100	—
江门职业技术学院	68	72	5.88
广东江门中医药职业学院	62	80	29.03
阳江职业技术学院	42	65	54.76
茂名职业技术学院	—	359	—
肇庆医学高等专科学校	250	350	40.00
清远职业技术学院	657	876	33.33
揭阳职业技术学院	18	64	255.56
罗定职业技术学院	22	22	—

续附表 4 – 14

学校	2018 年	2019 年	增长率（%）
广州城市职业学院	344	344	—
广州铁路职业技术学院	135	145	7.41
广州科技贸易职业学院	55	55	—
中山职业技术学院	411	411	—
东莞职业技术学院	119	130	9.24
惠州卫生职业技术学院	6	17	183.33
惠州城市职业学院	102	466	356.86
惠州工程职业学院	15	17	13.33
广东茂名健康职业学院	—	40	—
广州卫生职业技术学院	5	9	80.00
韶关学院	92	97	5.43
五邑大学	1420	1422	0.14
广东茂名幼儿师范专科学校	21	31	47.62
湛江幼儿师范专科学校	5	1	–80.00
广州航海学院	671	748	11.48
广东茂名农林科技职业学院	—	—	—
广东江门幼儿师范高等专科学校	—	—	—
深圳技术大学	—	—	—